特殊教育和我：

朴永馨口述史

朴永馨　口述

江小英　赵梅菊
汪斯斯　赵勇帅　整理

北京师范大学出版集团
BEIJING NORMAL UNIVERSITY PUBLISHING GROUP
北京师范大学出版社

朴永馨

代序言：本土化的特殊教育研究

——朴永馨教授学术思想探微

肖　非　刘全礼　钱志亮[①]

在一个快速变革的社会里，教育工作者毫无疑问承担着巨大的社会责任和使命。在过去的几十年里，朴永馨教授无论是做一个特殊学校教师还是做一个著名大学的教授，都一如既往地热爱着他的特殊教育事业，以高昂的热情、科学的态度、实事求是的作风辛勤耕耘在特殊教育这片热土上，对中国特殊教育的发展做出了一个北师大人应有的贡献，同时也在特殊教育领域赢得了崇高地位。

一、对特殊教育对象的科学解释

朴永馨教授长期致力于特殊儿童研究，形成了自己对特殊教育对象的辩证唯物主义解释。他认为，任何一种事物的发展都有自己的规律，且这对该种事物的绝大多数是适用的，但也有例外情况。人类的身心发展也是一样：多数少年儿童有着正常的发展规律，少数人由于各种因素不能完全按照正常的规律发展，在基本按照一般规律发展时有一些特殊的规律，这样的儿童就叫特殊儿童。一个儿童的身心发展水平，即生理、心理等方面的发展对其个体的发展、受教育的方式及可能性等有较大的影响。较大偏离正常发展水平的差异使一部分儿童变成了与普通儿童有较大差异的特殊儿童。

对特殊儿童或有特殊需要的儿童有两种理解：一种是广义的，即把正常发

展的普通儿童之外的各类儿童都包括在内，既有各种能力超常的儿童，也有行为问题儿童、智力落后儿童、视觉或听觉障碍儿童、肢体残疾儿童、言语障碍儿童、学习障碍儿童、情感障碍儿童、多重残疾儿童等；一种是狭义的，即专指生理或心理发展上有缺陷的残疾儿童。

1. 特殊儿童的缺陷对其心理发展的影响

毫无疑问，特殊儿童的缺陷会给他们的身心发展带来一系列不利的影响。朴永馨教授认为，每个有生理缺陷的儿童在其发展过程中都会表现出很多特点，这些特点错综复杂、互相影响。有不同缺陷的儿童，其认识活动发展的途径、速度及各种心理活动的相互关系等依缺陷的不同而各有特点。不同缺陷使这些儿童总的发展受到不同阻碍。

特殊儿童表现出的缺陷有主次之分，主要的第一性缺陷引起了第二性的其他缺陷，甚至还会引起（第三性的）次生的其他缺陷。对儿童发展影响最大的有时不一定是第一性缺陷。每一个特殊儿童都首先是先天或后天疾病造成的病人，这种疾病造成的缺陷是首要缺陷，即第一性缺陷。第一性缺陷可以派生出第二性、第三性甚至更多的缺陷。特殊儿童心理发展过程中的问题与第一性缺陷有关系，但发展中的主要问题并不是都由第一性缺陷直接造成的，第一性缺陷和派生的其他缺陷是相互联系、相互作用的。一般而言，第一性缺陷是需要医学帮助的，第二性缺陷、疾病造成的心理损害是需要心理学、教育学来补偿的。

朴永馨教授认为，对残疾儿童缺陷的分析要一分为二，既要看到残疾给他们心理活动和教育带来困难与不利的一面，也要看到残疾给儿童心理发展带来的新的动力和积极的影响。这样才可以扬残疾人之长，避残疾人之短。

2. 特殊儿童的共性与个性

长期以来，朴永馨教授一直秉持的一个观点是，特殊儿童与普通儿童相比，既有基本的共性又有其特殊性。不管其残疾的种类和程度如何，特殊儿童首先是在社会上生活的人，是正在成长、发展着的儿童。因此，他们同样具有人的社会性，有与普通儿童一样的基本发展规律和生理基础。特殊儿童的身体在自然发展，各种感觉器官在外界刺激下也在发展，其心理现象按产生方式来说也是反射。特殊儿童的高级神经系统有发展的可能性与可塑性，各种放射活动的基本规律与普通儿童是一致的。特殊儿童也是按照从乳儿、婴儿、幼儿、童年、少年等阶段的顺序发展着的，一直到成年。这些共同的特质是正确认识特殊儿童的基础，是对特殊儿童进行特殊教育和科学研究的一个基本观点。首先，我们要把各种特殊儿童当成正在迅速发展、成长着的儿童看待，绝不能因为他们有某些缺陷而使其得不到全面发展和公平待遇。其次，特殊儿童在生理上的异常使其在心理发展、高级神经活动上表现出特殊性，这在进行特殊教育时是不能忽视的。对特殊儿童的特殊性至少应该进行两方面的分析：一方面，要区别各种特殊性中哪个是原因、哪个是结果；另一方面，要具体分析诸多第二性、第三性缺陷中的主要缺陷和次要缺陷。

强调特殊儿童和普通儿童的共性并不是说要把二者等同起来，认识二者的共性并不排斥也不否认特殊儿童的教育和心理发展有个别差异。在分析特殊儿童的时候，要以共性为前提；在进行教育和科研时，要从特殊儿童的特殊性出发，把共性和特殊性紧密结合起来。

3. 特殊儿童的缺陷补偿

"三因素补偿理论"是朴永馨教授长期研究的结晶。补偿是在机体失去某种器官或某种机能受到损害时机体自身的一种适应，是一种与正常发展过程不完全相同的有特殊性的发展过程。在这种有特殊性的适应和发展过程中，被损害的机能可以被不同程度地恢复、弥补、改善或替代。补偿多利用机体内部的力量来进行，也可以借助于外部力量，通过为被损害机能的人创造更适宜其发展的条件或者利用新的科学技术、工具手段使其更快地适应生产和劳动，从而把缺陷所带来的不利影响降到最低限度或者使缺陷已带来的影响得到最大限度的克服。

特殊教育中，缺陷的补偿有三个主要的影响因素。一是生物因素。人的比较稳定的各种解剖结构、机能和本能在一代代繁衍中遗传。人的神经系统是社会人所特有的。人出生以后就有某种先天素质和为未来生理和心理发展奠定的基础并能适应变化的外界条件，这些都是生物的、本能的东西。这些生物因素在人产生了功能损害时首先起着重要的作用，是补偿的物质基础，为补偿过程提供了可能性。二是社会因素。人是有社会性的，人本身的遗传素质没有一定的外界条件就不能存在和发展。社会环境尤其是社会和家庭为其创造的教育条件、康复条件等使残疾人潜在的可能性、潜在的能力可以更顺利地变为现实性和现实的能力。社会环境因素包括社会政治、经济和文化发展水平以及社会对残疾人的认识和态度等。良好的社会条件可以产生积极的补偿，不良的社会条件可以产生消极的补偿。三是意识（或心理）因素。人的意识是人脑的属性，是社会存在的反映，同时又可以反作用于存在和社会。人对社会存在和发展的认识、对环境的认识、对人际关系的认识等是人的意识的构成部分，这里面也应包括残疾人对自身缺陷和残疾的认识与态度。这对于缺陷的补偿和潜能开发同样具有重要作用。残疾人正确、科学地认识残疾和对待残疾，正确地认识和对待自己，正确地认识和对待社会正反两方面的言行，面对现实积极主动地创造补偿条件，用坚强的意志和乐观的态度对待缺陷，这些都可以使潜能发挥与缺陷补偿过程更顺利。人的意识因素是受生物因素和社会因素制约的因素，又是使生物因素和社会因素发挥作用的、后天产生的因素。人的自觉的有意识的活动，使人的补偿与动物的补偿具有完全不同的性质。

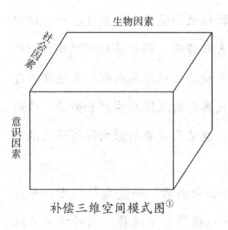

补偿三维空间模式图①

朴永馨教授认为，以上三个因素在补偿过程中是统一的、相互作用的和协调平衡的。补偿是需要发挥潜能的，潜能的发挥是为了补偿缺陷的，二者是统一的、一致的。在一个补偿过程中或在补偿的某一个阶段，我们要具体地分析每一个因素的作用。有时某一个因素可以构成事物的主要矛盾，在另一时期又有变化。但从总的方面说，过分强调生物因素而忽视后两者就可能使补偿成

① 朴永馨. 特殊教育学［M］. 福州：福建教育出版社，1995：71.

为自发的过程；过分强调后两个因素也可能导致提出超过客观可能性的补偿要求。这三个因素可以归结为补偿的生物—社会—意识（或心理）模式（见上图）。

补偿不是静止的瞬间状态，而是一种动态的变化和发展过程。补偿中的三个因素也是发展变化的。如果把补偿的三个因素中的每个因素作为空间理论和几何学中的一维，那么三因素可以构成一个立方体式的三维空间模式。随着时间的变化，三个因素是会发展变化的。只要有一定的条件，它们都可以朝着有利于补偿的方向发展。我们只有全面地、动态地分析补偿的诸因素，并在不断的变动中求得补偿过程诸因素的发展中的平衡，才能对补偿有正确的认识，并按照客观规律自觉地促进补偿过程。

二、对中国特殊教育发展的理论思考

朴永馨教授不仅是特殊教育相关理论的研究者、探索者，还是特殊教育实践的一贯参与者。1956年至1961年，朴永馨教授在苏联国立莫斯科列宁师范学院学习特殊教育（主要学习聋教育、盲教育、智力落后教育及言语矫正）时，就曾在莫斯科聋校等学校进行教学实习。回国以后，他更是直接在北京的特殊教育学校的一线从事残疾儿童教学工作。1961年至1979年，他先后在北京市第二、第四聋哑学校做教师、教导主任，直接教授从低年级到高年级聋生的数学、语文课；同时，他还参与了新中国最早的智力落后儿童班的创办、教学和领导工作。即使在1980年创办了我国第一个特殊教育研究室之后，他还不时地直接参与特殊学校的一线工作，如参与制订我国特殊学校的教学计划、中国手指字母的最后方案等。

正是这些理论的熏陶和实践经历，才使朴永馨教授形成了马克思主义的特殊儿童观和特殊教育观，奠定了我国科学教育残疾儿童的理论基础，从而为我国的特殊教育实践做出了巨大贡献。朴永馨教授关于特殊教育理论与实践的探索和倡导主要表现在以下几方面。

1. 马克思主义的特殊儿童观和特殊教育观

以"特殊儿童既有共性也有特性"为代表的特殊儿童观和以"特殊教育既

有共性又有特性"为代表的特殊教育观，以及由此提出的残疾儿童的三因素补偿论，是朴永馨教授的主要特殊教育理论观点，其对特殊教育实践的探索与倡导也是在这些理论的指导下开展的。

2. 对特殊教育史的马克思主义式的探索

作为新中国第一批特殊教育理论工作者，朴永馨教授很早就意识到，开展特殊教育的历史研究（包括对残疾儿童的认识的研究）对于我国特殊教育事业具有重要的理论意义和现实价值。因此，他积极投身于特殊教育史的研究并成为新中国大陆第一批研究中外特殊教育史的专家，在研究中他总结出一些对于现实工作具有指导意义的观点。

第一，他认为，中国古代和近代的特殊教育有其进步的一面，也有其不足的一面。从进步的一面看，我国古代对残疾人的认识和对策比西方同时代的欧洲的观点要先进和进步。例如，"鳏寡孤独，废疾者，皆有所养"（《礼记·礼运》）的观点就具有巨大的进步性。从不足的一面看，近代我国的特殊学校主要由教会或传教士举办，带有一定的殖民色彩。朴永馨教授认为，要用马克思主义的辩证唯物主义观点看待近代外国人在我国进行的特殊教育活动。他认为，教会办的学校既有其文化侵略、宣传宗教教义的一面，但也有给中国带来新的特殊教育理念和方法、开创残疾人学校教育的一面。

第二，朴永馨教授认为，要客观地看待外国的特殊教育历史实践，要站在该国的具体时空条件和文化背景下来看待其特殊教育的历史实践。他认为，美国、俄罗斯有自己的发展历史、文化背景、哲学观点，在研究他们的特殊教育理论和实践时，应该对这些背景、观点仔细了解，不能仅仅停留在表面上、字面上，更不能因此就照搬照抄或简单否定。他利用这个基本的历史唯物主义原则分析了美国的回归主流，并和中国随班就读加以比较，找出了其中的异同点，从而坚定了走具有中国特色的特殊教育道路的决心。

第三，要坚持古为今用、洋为中用的方针。经过多年的思考和探索，朴永馨教授深刻体会到，发展我国的特殊教育应该博采众长，要仔细了解、用心分析我国、外国的实践和理论，经过一番去粗取精的过程，取其有益和适用我者，这样才能够消化、创新，并靠我们自己的努力开辟出中国的特殊教育之路。

第四，要坚持民族性，这样才有世界性。针对一些人盲目崇洋媚外的思想和实践路线，朴永馨教授旗帜鲜明地提出要坚持民族性。这个结论主要来自他对古今中外特殊教育实践史的考察。他认为，特殊教育的民族性和国际性是并存和相互促进的。"中国特殊教育加强民族性时，也在发展着国际性。""有了自己民族的东西才可能更好地与各国交流"，"事实上，各国特殊教育的差异才是国际交流和探讨的重要方面之一"。他强调，重复别国早已有过、做过的东西，不探讨自己的规律，没有自己的独创，那也就失去了在信息极为发达的未来社会中平等交流的资格。

正是基于这些认识，他才提出了认识我国特殊教育需要把握的几个共性、几个特殊性，即中国的普通教育与特殊教育既有共性也有特殊性；中国的特殊教育与国外的特殊教育既有共性也有特殊性；学前特殊教育、高等特殊教育、成人特殊教育等与一般学前教育、高等教育、成人教育等既有共性也有特殊性。它们既有共同的规律和原则，也有各自的特点，这二者是密切统一、相互联系的。在理论与实践中，我们不可过分强调或夸大其中的一个方面，也不可忽视或贬低另一个方面，否则就不能正确认识、对待和从事特殊教育，不能促进特殊教育事业和学科的发展。

3. 对具有中国特色的特殊教育模式的探索

20世纪80年代，我国迎来了特殊教育大发展的时期。当时，随着改革开放的推进，一些外国的观点和做法开始进入中国。一时间众说纷纭，各种观点杂陈。朴永馨教授站在历史的高度，在清醒认识、认真总结国外特殊教育发展的是非功过后提出，我国的特殊教育应该走有自己特色的道路。

第一，关于发展特殊教育的条件。发展特殊教育肯定离不开经济条件或者说离不开经济的支持，但一味强调经济的决定作用并不见得正确。

朴永馨教授认为，发展特殊教育不仅要考虑经济的发展，还要考虑当时、当地的人们（主要是执政者）对残疾人的认识和态度。光有经济发展是不够的，经济发展了，但对残疾人不能正确地认识和对待，特殊教育也不可能产生和发展。世界和中国的特殊教育历史都证明了这一点。因此，他特别强调观念在发展特殊教育中的作用。

第二，在上述观点的支配下，结合中国实际和国外发展特殊教育的经验、教训，朴永馨教授提出了自己的特殊教育模式。他认为，美国、俄罗斯、日本等国早期举办特殊教育学校以发展特殊教育的做法有其合理的地方，但也走了一些弯路。为了避免我们再走这些弯路，他明确提出要在举办特殊教育学校的同时，可在普通学校举办各种性质的特殊班，并认为这是发展特殊教育的一个又快又省的途径。

第三，支持随班就读工作。在20世纪80年代末期，随着我国特殊教育发展大好形势的到来，大量的残疾儿童需要在普通学校的普通班级就读。这种土生土长的、我们称之为"随班就读"的、具有中国特色的教育模式诞生后，朴永馨教授就积极支持，并多次撰文予以分析、说明。他认为："中国的随班就读与欧洲的融合、美国的回归主流有相同之处，但又有不同的地方。"随班就读体现的是有中国特色的特殊儿童的安置方式。

第四，强调特殊教育学校的作用要多元化。在中国的办学模式下，朴永馨教授在分析了特殊教育学校的产生及历史作用、中国特殊教育学校面临的变化后指出，中国的特殊教育学校的功能应该有所变化，并指出新时期的特殊教育学校应该有七大作用，即成为培养教育残疾儿童的中心与示范点、师资培训（或进修）中心、教研中心、咨询与辅导中心、科研中心、信息资料中心和职业劳动教育中心。这从操作层面对我国特殊教育体系的功能进行了新的界定，从而完善了我国特殊教育的体系。

4. 探索具有中国特色的特殊教育学校的课程体系

朴永馨教授不仅是理论的思索者，还是实践的亲历者。他曾经主持或参与了多种基础教育课程或计划的制订工作，为建立我国特殊教育学校的课程体系做出了重要贡献。

第一，朴永馨教授参与制订了我国盲、聋等学校的教学计划，论证了教育目标的制约因素及其特点。他认为，盲、聋学校作为我国各级各类学校中的一种，其培养目标应受如下因素制约：一是建设中国特色社会主义的基本路线的要求；二是国家经济发展要求等决定的总的教育目的和有关法令；三是社会文化发展水平和目前盲、聋教育的现状；四是盲、聋特殊教育学校教育对象的特点。他认为，第一个因素是决定性因素，第二个因素是国家规定的教育总目的和相关法令，第三、第四个因素是一个时期具体目标制定的依据。他在论证1993年国家教育委员会下发的盲、聋学校教学计划规定的培养目标时指出："一是在培养目标中把社会需要与个人发展相结合，这是与外国规定的一些培养目标的不同。二是共同（普遍）目标和特殊目标的结合。这是特殊教育与普通教育培养目标上的不同。"这种目标特色决定了我们课程体系的特色。

第二，朴永馨教授具体组织制定、论证和探讨了中度智力落后儿童的课程纲要。他结合教育部的任务，经过国内外大量调研，从中国智力落后学生的实际出发，提出了中度智力落后儿童的全面发展和补偿缺陷结合的培养目标，提出了改革单纯语文、数学等学科教学，代之以"实用语数""生活适应"和"活动训练"领域的课程。在谈到有关课程的目标时，他论述道："适合身心发展特点的教育与训练使中度智力落后儿童在德、智、体诸方面得到全面发展，最大限度地补偿其缺陷，使其掌握生活中的知识，形成基本能力和习惯，为他们将来进入社会参加力所能及的劳动、成为社会平等的公民打下基础。"这是马克思主义特殊儿童观在课程领域的具体实践。他倡导的中度智力落后儿童的教学原则，即普遍性和特殊性统一原则、实用性原则、实践活动性原则等以及强调用中学、做中学的观点，在智力落后教育领域也是有影响的。

第三，他主持编写了我国第一套聋幼儿语言训练教材，开创了我国此类教材的先河。这套教材根据我国的教育方针和国家规定的幼儿教育任务，结合聋幼儿的特点编写，努力使他们在德、智、体、美方面全面发展，补偿缺陷，在交往过程中适时地使聋幼儿的言语能力初步形成和发展，为他们进入学校打下语言基础。朴永馨教授认为："语言训练形式要符合幼儿心理的发展特点，主要应在游戏活动中进行，以激发聋幼儿学说话的兴趣。"这对于正确指导我国聋幼儿语言训练的实践具有重要的价值。他强调，在训练中要正确认识和对待手势，不可过分强调，也不能禁止。朴永馨教授在此问题上的基本认识是耳聋人和非耳聋人同处一个社会，要双赢、要和谐。这反映了他一贯坚持的特殊儿童既有共性又有特性的观点。

第四，他积极支持盲文改革，大力推介双拼盲文。在双拼盲文出现前，盲人在阅读上的速度和理解都受到限制，主要就是受同音字的影响。那么，如何解决同音字问题就成为盲文改革的首要问题。他多次参与有关的讨论和调研，并且当黄乃把新盲文双拼盲文（包括语调的盲文）发表后，朴永馨教授不仅热情推介，而且还撰文论证其优越性。他说："与口语一致的、表示了音与调的盲文就比只表音不表调的盲文表现出优越性。带调的盲文给予盲人的言语信息更多，更准确，更符合人们的口头语言，这些准确、完善的信息使盲人更易于正确理解词和句，不会因为有音无调产生歧义。盲童对于前一句话和词的准确、迅速认知反过来又加速了对下一句的摸读、知觉和理解。"理解是阅读的标志，有了理解才能有阅读。要使盲童很好地理解，就需要好的盲文系统。双拼盲文就是一个比现行盲文优越的、完善的阅读工具。

三、对中国特殊教育学科建设的探索

作为新中国"一五"计划时期派到苏联学习特殊教育的最早的两名留学人员之一，朴永馨教授视建设中国特色的特殊教育学科为己任，为中国特殊教育学科的建设做出了自己的贡献。

1. 探索有中国特色的特殊教育学

国外和国内的一部分辞书关于特殊教育的概念多强调教育对象、手段等特殊性。20世纪80年代后，朴永馨教授坚持从特殊教育是整个教育的组成部分出发，并与普通教育相结合的角度来定位特殊教育："使用一般的或经过特别设计的课程、教材、教法和教学组织形式及教学设备，对特殊儿童进行的旨在达到一般和特殊培养目标的教育。"他提出，特殊教育的课程、教学原则、手段、方法、目标等与普通教育有相同的一面，也有因教育对象的特殊性而不同的一面，二者是密切联系、相互融合统一的。这个特殊教育与普通教育相统一与结合的思想，不仅对中国特殊教育学进行了根本性的定位，也为国家从"八五"计划时期开始形成"以特殊教育学校为骨干，以普通学校附属特教班和随班就读为主体"的特殊教育发展格局奠定了理论基础。20世纪90年代初，为适应国家正规培养特殊教育师资的需要，朴永馨教授领衔主编了新中国第一本特殊教育学教材《特殊教育概论》和国家"八五"计划重点图书《特殊教育学》。两本开拓性的中国特殊教育学教材，构建了中国特殊教育学的基本框架：跨学科性地研究特殊教育的概念、意义、理论基础、历史、目的与任务、体系、组织形式、方法、内容、手段、设备、管理、师资、各级各类特殊教育等，为形成特殊教育学科群奠定了坚实的基础。

朴永馨教授认为，特殊教育的研究方法除使用普通教育的研究方法外，还可以更多采用普通儿童教育与特殊儿童教育比较研究的方法、中国特殊教育与外国特殊教育比较研究的方法。他所主持和进行的研究多是与普通教育、外国教育相联系与比较的研究。

1988年，在朴永馨教授的努力下，北京师范大学成立了由国家教委和北京师范大学双重领导的特殊教育研究中心，由该中心主办、朴永馨教授任主编的《特殊教育研究》杂志为全国特殊教育学科研究的启蒙和繁荣做出了不可磨灭的贡献。作为中国教育学会特殊教育研究分会、中国高等教育学会特殊教育研究分会的发起人和主要领导人之一，朴永馨教授与全国同行有着非常友好、密切的合作，并在我国特殊教育学科的形成与发展、地位与学术性的提高、群众性科研的普遍开展等方面都做出了一定贡献。

2. 构建有中国特色的特殊教育学学科体系

特殊教育师资的培养培训方面也体现了朴永馨教授在特殊教育学科建设方面的思想。1982年，南京特殊教育师范学校开始筹建，朴永馨教授受国家教委委托牵头研制中等特殊教育师范学校课程方案，自此，中国特殊教育师资培养与培训体系和学科体系建设的进程开启了。对于三级师范教育的中等师范教育，他根据中国当时特殊教育与师范体系的情况提出：分建盲教育专业、聋教育专业、智力落后教育专业；各个专业分别开设眼、耳、神经及精神医学基础课程，开设特殊教育概论、各类特殊儿童心理课程，开设三类特殊教育学校语文、数学、常识教材教法、现代教育技术、特殊教育手段等课程。总之，就是开设医学基础、心理学基础、教育学基础和教材教法基础几个板块课程。1989年11月，国家教委正式颁发了由朴永馨教授执笔起草的《中等特殊教育师范学校教学计划（试行）》并由人民教育出版社出版。在此基础上，我国特殊教育领域当前盲教育学科群、聋教育学科群和智力落后教育学科群的雏形逐步形成了。此后，随着课程方案的实施、教学大纲的制定和教材的编写，中国特殊教育学科体系日臻完善。朴永馨教授还参加了这些教学计划中课程的实际教学以及其他课程教学大纲和教材的编写、审定。

在朴永馨教授的不懈努力下，1986年，特殊教育作为国家批准的专业在北京师范大学率先招生。在借鉴苏联、美国等国家以及我国台湾高等师范特殊教育专业课程建设经验的基础上，根据我国大陆当时还没有高等特殊教育系科和各省急需特殊教育专业高等师范毕业生的实际情况，他提出本科生要综合学习盲、聋、智力落后等多领域知识，以便毕业生能胜任与特殊教育相关的行政、科研或教学实际工作，或为其以后报考研究生做准备。为此，北京师范大学建立了一套高等师范特殊教育课程体系，丰富了特殊教育学科体系。1989年10月，国家教委师范司在北京师范大学召开全国高等师范院校特殊教育专业课程方案研讨会后，向全国印发了以北京师范大学方案为主的《高等师范院校特殊教育专业教学计划（草案）》。朴永馨教授积极建议并参与了我国高等教育自学考试特殊教育专业的建立和各门课程大纲及教材的编写与审定、题库建立等工作，为丰富和完善我国特殊教育人才培养、培训和学科体系做出了努力。

2001年春，根据我国基础特殊教育的发展情况和已建立高校特殊教育专业、建立专门招收残疾人的高等院校及系科的情况，朴永馨教授积极倡议成立中国高等教育学会特殊教育研究分会，以配合特殊教育事业和学科的发展。在第一次学术研讨会上，朴永馨教授提出了有中国特色的高等特殊教育的概念。他认为，高等特殊教育应包括有各类特殊教育需要（含各类残疾）的高等教育（单独院校系科和在普通高校随班就读）和为特殊教育服务的各类专业的高等教育（培养特殊教育师资以及残疾人社会工作者等），将高等残疾人教育也纳入了特殊教育学科体系，使特殊教育各个门类的协调发展成为社会协调发展的一个组成部分。他认为，高等特殊教育是与高等师范教育、单纯残疾人教育既有共通性又有区别并密切相连的高等教育，是边缘学科，有其相对独立性。

3. 人才培养与学术交流

50多年来，为多少个各级各类特殊教育培训班义务讲课、到过多少个特殊教育学校和随班就读点指导工作，朴永馨教授自己也记不清了。但有一点可以说明的是，全国特殊教育学校的教师、特殊教育行政干部中的绝大多数都听过或见过朴永馨教授，把他称作老师。澳门协同特殊教育学校校长林剑如向朴教授讲，她是通过看朴教授的书了解特殊教育、参加特殊教育工作的。

为了适应社会发展需要，培养高层次的特殊教育人才，朴永馨教授于1986年在我国大陆首创特殊教育本科专业并担任多门课程的授课任务。在教学中，他注意让学生自己动手、动脑，多开展课堂讨论，鼓励学生提出问题，大胆质疑，鼓励学生多去基层学校接触各类残疾学生，教育学生了解和热爱专业、热爱残疾学生。退休后，他还一直接受返聘，坚守讲坛，为国育才。1993年，特殊教育作为二级学科在北京师范大学创建了硕士点，自此特殊教育研究高级人才的培养获得了制度化的保证。他所指导的研究生论文涉猎智力落后教育、视障教育、听障教育、学习障碍、言语障碍、早期干预、特殊教育基本理论等诸多领域。

留学归国的朴永馨教授还特别注意与国际特殊教育界交流，让国外同行听到来自历史悠久的特殊教育大国的声音。他曾经在美国、俄罗斯、意大利、日本、波兰、匈牙利、以色列、挪威、英国、韩国等国家的书刊上发表介绍我国大陆特殊教育的文章。《美国特殊教育百科全书》《聋人百科全书》（1986年）和多种特殊教育杂志几次向他约写关于中国特殊教育的条目和文章。中国古代的"鳏寡孤独，废疾者，皆有所养""耳不听五声之和为聋"等就是通过这些条目、文章让美国和俄罗斯等国了解的，而那时欧洲的主流思想是灭绝残疾人。中国特殊教育的情况在《美国特殊教育百科全书》第一版中是由美国人写的，但第二版的这个词条则第一次由中国人朴永馨教授撰写。此前他为美国加劳德特大学出版的《聋人百科全书》撰写了关于中国的词条，从而使欧美特殊教育工作者直接听到了中国人的声音；他曾应邀到美国、俄罗斯、英国、韩国等国的多所大学做演讲，如加利福尼亚大学、加利福尼亚州立大学、内布拉斯加大学、俄亥俄大学、国立莫斯科师范大学、国立赫尔岑师范大学、伦敦大学、布里斯托大学、曼彻斯特大学、奥斯陆大学、大邱大学、釜山大学等，并把国内的年轻同行推荐到美国、俄罗斯、英国、日本、挪威等国进修学习。

朴永馨教授积极与我国港澳台的特殊教育界同行进行交流，他翻译和编写的书在港澳台有一定影响。香港曾把他翻译的《智力落后学生心理学》作为教师的参考书；台湾的几种教育杂志几次刊登他撰写的介绍大陆特殊教育的文章并两次邀他赴台参加特殊教育学术交流。他关于聋人与普通人要共赢、共存、共享的观点曾在《澳门日报》发表。

从在聋校教聋生、智力落后学生到在大学教本科生、研究生、进修生，从到外国当留学生到后来教外国留学生，从特殊教育学校普通教师到聋校主任、大学副系主任、研究中心主任，从一人开辟特殊教育专业到建立特殊教育研究中心、特殊教育二级学科、硕士点并培养了一支专业较齐全的队伍，朴永馨教授坚守的信念就是，努力运用辩证唯物主义观点分析和认识特殊教育，探索具有中国特色的特殊教育事业和学科的发展道路！

（本文原载于《国家教育行政学院学报》2007年第5期，部分内容有修改）

前　言

　　早在2015年年初，北京师范大学特殊教育研究所的领导和老师就与我谈为我庆贺80岁生日的事。我极力谢绝庆贺一事，建议应该以特殊教育专业建立30周年纪念专题研讨为主，找一个晚上以参会人员自愿参加的小型座谈会的形式聚聚足矣。另外，我建议不按80岁生日在79岁庆贺的习惯，改在整80岁时再聚。北京师范大学特殊教育研究所的老师建议出版我的口述史，他们在繁忙的工作中抽出时间安排此事，请了4位研究生（江小英、赵梅菊、汪斯斯、赵勇帅）来做这项工作。我十分感谢这些老师的关心。这几位学生查阅和参考各种资料拟写访谈提纲，并分组安排日程来我家访谈、记录。在这个过程中，我努力回忆和查找我过去保存的资料，但因为参加工作后这些年，我曾7次搬家，每搬一次家就要把各种物品装箱一次，整理的时候只能把当时急需要用的资料放在手边，而其他资料就被压在箱底，所以这次整理口述史的时候，我记忆中的有些材料找不到了。因此，资料无法完整地呈现给诸位。4位研究生经过两年多的努力完成了这个书稿，在这个过程中，他们还查找和参考了不少资料，帮助我回忆。我十分感谢这些研究生的辛勤劳动。

　　书名原本叫《朴永馨口述史》，但我认为，我不过是一个普通的特殊教育老师，不敢与那些著名学者相比，也没有什么特殊经历和事迹。先有特殊教育，然后历史的机遇让特殊教育选择了我、培养了我。我只是在中国特殊教育发展历史长河的一小段中、一个小领域中参与了一点工作，绝不自诩为整个"中国特殊教育的第××"。因此，我建议这本书叫《特殊教育和我：朴永馨口述史》，把特殊教育放在第一位，使自己的定位更加确切和客观。人贵有自知之明，谦受益，满招损。一个人在社会事业和学科中的贡献和作用，不应由自己去吹嘘，而应由世人和后代根据事实去评说。我一生最珍贵、最珍视的称呼是"特殊教育学校的老师"。这是事实，并不吹嘘。

2016年春节，中国残疾人联合会程凯副理事长偕同教育处韩咏梅处长、教就部李冬梅副主任等人来我家慰问。交谈特殊教育的发展后，程凯副理事长建议我出版文选，我负责选文，他们负责出版。因我的身体和精力，加上刚做完双眼的白内障手术，我没敢立即答应。但他的建议很好，是对特殊教育事业的关心。于是，我就利用这次口述史的机会，在书后附了几篇自己有代表性的文章一起出版，也算是回应了中国残联领导的关心和部分落实了领导的建议。

借这个机会，我想说说自己几十年来从事特殊教育的体会，与各位同行切磋。我记得我在四中读书的时候，听华罗庚讲过，书越读越厚，书越读越薄。这句话的意思是说，人开始做学问时是两眼一抹黑，到处都是不明白的问题，研究越深入问题越多。当一个个问题经过钻研得到解决后，人就越来越清楚，杂乱无章的东西开始变得有条理，客观规律慢慢地显现出来，众多厚厚的书也就变薄了。这几十年来，对于特殊教育我总结出了八个字：客观认识、平等对待。这主要就是说，正确认识和对待各种有特殊教育需要的人，才能搞好特殊教育，才能搞好有特殊教育需要学生的教育教学。客观认识，就是全面了解有特殊教育需要的人群，首先将他们看作我们社会的一部分，认识到他们与整个人群有基本的共性，但是他们同时面临某些困难，有特殊性和差异。我们不能只看到他们的某一方面，而要把共性和特性统一起来。平等对待，就是尊重他们，让他们平等享有各种权利，给予他们必要的特殊关怀，但同时也要求他们尽社会公民的义务。事实上，他们也能做到这点。这八个字也可以说是大道至简的表现，是我从事特殊教育这些年努力用辩证唯物主义来探讨特殊教育、分析国内外特殊教育现状和自己实践总结出来的体会。但这算不算认识到了特殊教育的规律，还要请各位评说。我虽做了一点事情，但还有很多做得不尽满意的地方。我要向学生道歉，请他们原谅我未能完成的事。我将尽力弥补，但也许不可能完全实现，只能遗憾终生。

我希望通过大家的努力能让这本书的出版带来一点正能量：给后来者提供一些20世纪后半叶一个特教工作者的历史资料，让后来者可以了解这个时期一位特教老师的一些工作和观点。对于我的观点，大家可以借鉴，可以批判，也可以把这本书当作特殊教育前进道路上的一块铺路石。

发展中国特殊教育事业和学科是一项艰苦的工作，要靠年青一代的特殊教育工作者！使中国成为有自己特色的特殊教育强国，我相信我们特殊教育的后一代人能够做到！

目　录

第三章　基层耕耘（1961—1979年）

第四章　风雨创业路（1980—1986年8月）

第五章　十年磨一剑（1986年9月—1996年）

第六章　老骥伏枥（1997年至今）

附　录

后　记

第一章 年少时代（1936—1956年）

"朋友再见，朋友再见，今天已经到点，千万明天别停电，别停电，别停电，大家听得见……"因为那个时候老停电，一旦停电就听不到讲故事了，所以大家期盼千万别停电，就编了这首歌。

我很少提及我的童年过往，因为那个年代家里生活困难，父母带大我们几个孩子不容易，有些事情是痛苦的记忆、不愉快的经历。如今我已是杖朝之年，虽说只想记起让人高兴的事情，但往事依然历历在目，喜怒哀乐交织在一起，这就是我的生活，也是我们的生活！

"汉族"的由来

我是"朴"姓，我们家族祖上是朝鲜族，但由于历史原因，我的户口本上一直写着"汉族"。

我的先祖叫朴星星利，朝鲜族人；父亲叫朴焕臣，沈阳人；母亲叫许智魁，沈阳市城南浑河边天坛村人，汉族。1931年"九一八"事变后，我们举家（包括我父亲、母亲和三个姐姐）从东北迁到北平（今北京）。1933年我哥哥出生。当时日本侵略中国，我们对日本人恨之入骨；对朝鲜人也是，他们中很多人卖毒品、抽大烟，所以我对外不说自己是朝鲜族。那个时候政府查得不严，上报时说我是"汉族"，户口本上就写"汉族"。新中国成立后可以恢复民族，但要经过专门的行政流程，特别麻烦，而且我的生活习惯已完全与汉族相同，改不改民族也就无所谓了，于是"汉族"就沿用下来。对我的孩子来说，如果他是少数民族，在那时的冬天可以多得到些大白菜，升学考试时还能加分，可我不想费这么多事，也不想从中得到任何优惠，所以就一直写的"汉族"。

跳动的童年音符

　　1936年6月27日，农历五月初九，我出生在北平，小名平生（意为北平出生）。我们家住在崇文门外东茶食胡同52号的一个大院里，院里有五户人家。我记得王家是开鞋帽铺的，刘家开工厂，还有一户姓杨的人家。我家对面是一个制肥皂的小工厂；东面路北是人们排队买混合面①的一家粮店，旁边有一个糊纸人的冥衣铺，对面的香串胡同有一个小油盐店；东口外南边是一个肉铺；北边有一个理发店和湖笔徽墨店。东茶食胡同现在还在，但原住房已拆。我们举家迁往北平后，东北老家还有一些产业，老家的人能给我们寄点钱，补贴日常家用。母亲和姐姐会帮着开鞋帽铺的王家做些手工缝补的活儿，做鞋帽剩下的一些小边角料成为我童年难得的"玩具"。另外，我哥哥认了一个山西人作义父，这个人在北平的银号②工作，困难时我们也能找他借些钱。后来我的三个姐姐工作了，家里就又多了经济来源。姐姐们先后成了家，姐夫们也能多少帮衬家里一点。我有一个姐夫是开膏药店的，还有一个姐夫是姜凤山，他曾是著名京剧表演艺术家梅兰芳的琴师。现在看来，当时家里的日子还能凑合过，不好也不坏。

儿时照片

---

① 混合面本来是喂牲口用的，但在抗日战争时期成为北平市民的主要口粮。它由豆饼、高粱、黑豆、红薯干等数十种杂料混合而成，糠秕、皮壳、豆饼是主要成分。虽然有点杂粮但也多是发了霉的，蒸出来的窝头黑黑的，难以下咽。战争年代即使是混合面也不好买，人们半夜就得起来到粮店排队。
② 银号是中国旧时的一种信用机构。

我们小时候可玩的地方和游戏不多，觉得火车新鲜，就常到崇文门铁道口看开往北京站（现在的中国铁道博物馆）的火车，还去看花市大街启明茶庄的霓虹灯。我有时还去逛花市大街每月逢四（原为农历初四、十四、二十四，1922年以后改用阳历逢四）的北京花市庙会。

1943年我正式开始上学，在东茶食胡同对面的手帕胡同小学。手帕胡同口有个千芝堂药铺，现在这条胡同已经没有了。我上小学时，北平还处在日本侵略时期。为了防止被飞机轰炸，各家即使瓦数很小的灯都要罩上黑布，窗户的玻璃也要贴上纸条。战争年代物资极为匮乏，老百姓都逃难去了，没人种粮食，我们吃的只有政府配给的混合面。我不愿意回忆那个时候的日子，只想简单提一下，想想也确实觉得挺苦的，即使有钱也没地儿买东西。我上的小学在手帕胡同中间路南。学校不大，进门的小过道里挂着孔子像，我们进门先给孔子像鞠躬。每到冬天，学校要求每个学生早晨带4~5块木材（劈柴）给教室生火用，以补学校取暖费的不足。上国文课时，我记得第一课是一轮太阳升起有公鸡叫的彩图，图上竖着写了三个字"天亮了"；第二课是"太阳升起来了，快来看太阳"。回忆小学里的学习，印象最深的就是音乐和唱歌。老师教我们认五线谱，不像现在有的孩子到中学了都不识五线谱。当时学的一些歌我到现在都记得，"念故乡，念故乡，故乡真可爱……"后来才知道它用的是捷克大音乐家德沃夏克《自新大陆》的曲子；还有根据名曲改编的"我的家庭真可爱……"摇篮曲"快快睡，好宝贝，闭上眼睛快快睡……"等，这些都是小学三年级前学的。我们在歌唱的同时也学到了很多语言知识，如"满天里纷飞着皎洁的白雪，大地上变成了银样的世界，雪雪雪……""远山浮云变成晚霞，夕阳像灿烂绢红纱，小牧童儿催着牛羊，成群结队快回家，树林中倦鸟声声叫着，睡睡睡，睡着啦……"等。那个时候文艺节目、娱乐节目少，我们就听电台广播中的孙敬修[1]讲名著故事，如《孤儿历险记》。他讲的故事内容我不记得了，但故事结束后都会有一首歌，我到现在都记得，用的是美国一首名曲的调，他

---

[1] 孙敬修（1901—1990），中国著名儿童教育家、讲故事专家。他潜心钻研儿童心理及儿童语言，在学校和中央人民广播电台给儿童少年讲了几十年的故事，被孩子们亲切地称作"故事爷爷"。

配的词，"朋友再见，朋友再见，今天已经到点，千万明天别停电，别停电，别停电，大家听得见……"因为那个时候老停电，一旦停电就听不到讲故事了，所以大家期盼千万别停电，就编了这首歌。音乐和唱歌是我童年最深刻的记忆。

抗日战争时期，我上了三年小学。小学刚要开始学日语时，抗日战争胜利了！我在东单看到了抗战胜利的军队进入北平，车子经东单直接开往中南海。1945年，我们家从崇文门外搬到西直门北草厂后牛角胡同9号。那个时候小学分初小四年和高小二年，我刚好是三年级升入四年级时要转学。按规定，初小四年级和高小六年级相当于毕业年级，学生一般是不允许转学的，否则就要留一级。我不愿意留级，所以就一直哭。家里向学校解释了半天，最后学校才勉强同意我转到了四年级。

1946年，我转学到内四区十六保第二国民小学（后称西直门南草厂小学），校长是薛迪武，教音乐的。在这里，我也学了很多著名的歌曲，到现在都记得，像《五月的鲜花》，歌词是"五月的鲜花开遍了原野，鲜花掩盖着志士的鲜血。为了挽救这垂危的民族，他们曾顽强地抗战不歇……"学校里有一些人和事对我后来的成长影响深远，如教体育的金老师。我印象中的金老师是一个特别要强的人。一次课上，他教我们扔垒球。他先示范了一次，然后再让学生扔。没想到我们班有个身材魁梧的同学扔得比他还远。金老师顿时觉得面子上过不去，就非要再扔一次，一定要跟那个同学比一比。结果那个同学"输"了，一个小学生终究是抵不过成人的。但金老师当年的那股好胜劲儿我到今天都记得。还有一次，我好奇地翻看了姐姐的毕业留言簿，学到一句话：一粥一饭，当思来之不易。但这句话的下一句是什么呢？我很想知道，于是就问金老师。金老师一下子答不上来，还有点生气，以为我是故意刁难他。其实不是，我是真不知道……当我逐渐淡忘这件事时，有一天金老师突然找到我，告诉我后半句是"半丝半缕，恒念物力维艰"。没想到金老师对我这个不经意的问题会如此认真对待，也正是他的这股认真劲儿对我产生了很大影响。后来我当老师，学生提的问题也有我不知道的，我会像金老师一样尽自己所能找到答案并回答他们。从此，我就记住了这句出自《朱子家训》的话，而且一记就是一辈子。后来，我常拿它来教育我的孩子。

第二国民小学的生活是丰富多彩的。因为酷爱唱歌，我参加了校合唱团，曾到电台演出。我买过北平市为小学生办的《小朋友》杂志，曾猜对杂志上的谜语得过奖。每天早晨我们在操场集合都要恭读孙中山先生的遗嘱："余致力于国民革命，凡四十年，其目的在求中国之自由平等……"

动荡的学习生活

1948—1949 年，西直门附近驻扎了傅作义的青年团 208 师，他们分住在老百姓家里。我家住的胡同窄，进出不便，就没住兵，但经常能听见枪声和看见子弹飞过。我记得有一次，巨大的飞机轰鸣声从房顶掠过，后来得知是一架英国的蚊式轰炸机失事，摔到了家后边的胡同。1949 年 1 月，北平和平解放。2 月，我在西直门看到解放军昂首阔步入城。"庆祝北平解放""欢迎解放军""解放全中国"的标语贴满了装甲车，解放军入城规模空前，战士们士气高涨，那激动人心的一刻我至今难以忘怀。也就是这一年夏天，我小学毕业考入初中——西四帅府胡同（现在的西四北二条）的北平私立平民中学（现在的北京四十一中）。

我和哥哥都在平民中学读书，要从西直门一直走到西四北二条，路程比较远。初中每学期学费是 1.9 袋面的价格，高中每学期学费是 2.1 袋面的价格。因为当时通货膨胀很厉害，物价不稳，所以当时用的是"折实单位"（折合实物的价格），即根据固定实物定价。我和哥哥中午不回家吃饭，早上从家里带点干粮出门。学校对面的小院里有个老头，他生个小火煮清汤挂面卖，加点酱油作调料。中午我和哥哥经常会去他那里吃面条，再配上点咸菜，感觉特别好吃。下午我们继续上课，晚上放学后一起走回家。

初中一年级时，我们班有 80 人，我是 77 号。当年的教室至今还在，我有时路过都会不自觉地瞅一眼四楼西南角教室的最后一个窗户。上初中后，我们最初学的是英语，但初一下半学期开始改学俄语。教俄语的老师是郭启卜，他曾翻译过苏联的一些小说和儿童读物。学生时代我读书是很努力的，愿意做个好学生，成绩也不错。与其他学校不同，平民中学学生的成绩单上不会注明各科分数，而是按甲、乙、丙的标准评级，然后给出总分的平均分。我的成绩总评比较高，接近90分。由于学习好，我也就顺理成章地当上了校学生会的学习部部长。各科成绩里，我数学成绩特别好，平时考试都是"甲"，具体的分数并不知道。最后教数学的老先生告诉我，每次数学考试我都得100分，这让我非常高兴。竟然每次都是满分，这大大出乎我的意料。我在课余时间读了很多趣味数学的书，进一步激发了我学数学的兴趣，并将这个兴趣一直保持到高三毕业，高考时就考虑报考数学专业。因为我学习好，又是学生会干部，我顺利入团，入团介绍人是邢天元。

当时新中国成立不久，国家需要宣传党的政策和思想，所以学校就在团员中间发展党的宣传员，后来选中了我。我升高中时，由于在初中是党的宣传员，涉及组织关系转接事宜，这在当时是比较少见的。为了考上市立中学，我努力学习，把曾经学过的功课和作业全部从头到尾复习了一遍，还专门到文津街的北京图书馆院内的树下学习，那里环境幽静，特别适合学习。我在图书馆也看了一些书和杂志。记得有一本《人物》杂志介绍了留美回国的科学家高士

中学时代

其，他把自己的名字由"高仕镇"改为"高士其"，理由是"去掉人旁不做官，去掉金旁不要钱"，这使我深受鼓舞。我还听过中国人民志愿军回国做的报告，黄继光的事迹深深地震撼了我，让我明白了自己要做一个什么样的人。有一年寒冬，我们在学校操场听区团委书记的报告，她开场就说"我们很暖和"。我听了一愣，天气明明很冷，怎么还说暖和？她接着讲起了朝鲜战场上中国人民志愿军在枪林弹雨中的艰苦生活。我这才恍然大悟，原来我们现在

穿着棉衣，沐浴在祖国的阳光下，坐在操场上听报告是一件多么幸福的事情。可是在朝鲜冰天雪地的战场上，中国人民志愿军物资缺乏，他们的艰难困苦是我们难以想象的。我这才明白，原来我生活的小圈之外还有更大的一片天。

在平民中学时，我还做过一件囧事，现在想起来印象还是很深刻。一次，全校做完操后，我作为校学生会学习部部长，要上台面向全体同学通知各班学习委员来开会。那是我头一次上台讲话，看见下面那么多人都望着我，顿时就紧张了，头脑一片空白，半天憋不出一句话来。"各班学习委员到学生会来开会"，就这么简单的一句话，我磕磕巴巴半天才说完。现在我上课或讲话，不管下面坐了多少人，有多大的领导，我都不磕巴，但当时毕竟是生平第一次，还是很紧张的。

政治思想的成熟

1952年我升高中，报考了北京市第四中学（简称四中）。过去北京高中录取名单的公布是各个学校在门口贴红榜。我考高中那一年，北京市的高中录取名单由《光明日报》放榜，那个时候人也不多，《光明日报》登了一个多版面。四中的名单里，第一名是张季伦，第二名是乔立恭（也是我平民中学的同学），第三名便是我。我被分到高三（一）班学习，班主任是周成杰老师。

进四中后，一个班40多人，同学们团结一致，互相帮助，学习氛围浓厚。学校师资力量强，教我们化学的老师是刘景昆、沈松源，教物理的是张子鄂，教语文的是向锦江、黎靖，教数学的是管翔、周成杰，教地理的是周额青，教历史的是孙荫柏，教音乐的是凌青云，教体育的是韩茂富等人。其中，韩茂富老师是国际篮球裁判，曾执法国际赛事，这在当时的

在四中的体育场

中学老师里是头一个。他是我们很尊敬的一位老师，虽然文化水平不算高，但体育很好，还是第六届和第七届全国人大代表。我记得他的一件趣事：早上做早操，他在前面带操，要求我们左右两臂和两腿分开，他说"前腿在前，后腿在后"。大家一听顿时懵了，哪一只是前腿，哪一只是后腿？后来大家缓过神来哈哈大笑，原来应该是"左腿在前，右腿在后"，老师嘴快说错了。

学校有爱祖国运动会和劳卫制①，我们大家努力争"三好"（身体好、学习好、工作好），非常重视体育锻炼。我努力锻炼身体，跑步和引体向上等项目都能达标。高中的学习对我影响比较大的是社会发展史这门课。那时候我个人的政治思想也逐渐成熟，愿意了解社会的发展。讲课的老师是留校任教的聂大江老师（后来当了中宣部的副部长）。我从他那里懂得了世界发展的客观规律，知道了一个人活在世上应该按照社会发展规律做一些有意义的事。在老师的指导下，我看了苏联出版的中文小册子《论个人在历史上的作用问题》（普列汉诺夫著）。我记得在四中饭厅兼礼堂听过一次地质队员的报告，知道他们为祖国找矿的艰苦生活，很感动，当时心中就萌发了为祖国需要读书和贡献自己的想法。四中的学习和丰富多彩的活动，使我的人生观、价值观、世界观逐渐形成，使我明确了自己要做一个什么样的人，一辈子要如何度过。

高中时我努力学习，依然偏爱数学，保持数学全是满分的成绩。后来，我做了班上团支部的组织委员。高一适逢斯大林去世，我曾作为学校代表去苏联驻华大使馆吊唁。1954年6月27日，我满18周岁那天提出了入党申请，成为我们班第一个提出入党申请的人。现在想起来，这天提出入党申请也是我个人荣誉的见证。1955年1月15日在四中，党组织讨论同意我加入中国共产党，入党介绍人是刘铁岭和石俊池，1956年1月在留苏预备部转正。1955年6月，我以"三好学生"的身份从四中毕业。

---

① 劳卫制源于苏联，即劳动和卫国。新中国成立后，国家确立了重视国民体质健康的指导思想。我国全面学习苏联，也包括学习在苏联行之有效的"劳卫制"，提出锻炼身体的目的是劳动和卫国。1954年，国家体委颁布《准备劳动与卫国体育制度预备级暂行条例》，后多部委共同颁布《关于在中等以上学校中开展群众性体育运动的联合指示》，从而掀起了全国中学和大学群众性体育活动的热潮。

四中团小组　　　　　　　　在建设中的人民英雄纪念碑前留影

1954年春季和四中同学一起游清华大学和颐和园

　　高三（一）班共40多人，毕业后我们班的同学总会找机会回母校聚聚，也会邀请老师参与。2015年是我们毕业60周年，这次聚会来了20多人。同学们都已年过八旬，大多数来自北京，有的从外地赶来，有的专程从美国回来，少数同学已不在人世，包括韩振东、贾曾德、卢盛煌、王燕农、史道宣等人。大家让我首先发言。回首60年的同学情谊，我感触颇多，当场赋诗一首："毕业一甲子，返校耄耋丁。但愿人长久，畅叙少年情。"

1954年四中高三（一）班和幼师赵国有班女同学联欢后合影

1955年在四中和老师、同学合影留念，后排右三为班主任周成杰老师

1955年四中毕业纪念，一排右二是刘铁岭，二排右一是石俊池，我在三排右二

1955年出国前在姐姐家

　　四中毕业60周年同学聚会，前排左一是我，右三为一同考入留苏预备部的同学李埠，后排右一是一同考入留苏预备部的同学梁之滨

第二章 留苏岁月（1956—1961年）

傍晚六点多，毛主席到了大礼堂。当毛主席等领导人出现在莫斯科大学礼堂时，全场沸腾，欢声雷动。"同志们！我向你们问好！"台下立刻爆发出雷鸣般的掌声。"世界是你们的！也是我们的，但归根结底是你们的！"毛主席的话语几乎被掌声淹没了。

1949年10月1日，毛主席在天安门城楼上宣告了新中国的成立。经历抗日战争和解放战争洗礼的中国可谓千疮百孔，百废待兴。过去艰苦战争环境培养出来的工农干部，无论是知识结构还是专业技术，都无法满足新中国经济发展的需要。当时美国封锁中国，苏联首先承认和帮助新中国。1951年，新中国首派375名留苏学子分两批奔赴苏联，拉开了新中国大规模派遣留学生的大幕。按照国家的发展计划，除了国内培养人才外，一批又一批青年学子怀揣学成报国的梦想奔赴苏联和其他东欧社会主义国家学习。

国内选拔

新中国成立之初，我国"一五"计划明确提出派遣留学生到苏联学习。四中有选派高三毕业生作为留学生预备人才的名额。我毕业那年，高三共有4个班合计200多人，学校拟出大约20人的留学候选名单，选拔条件有3个：政审、体检和学习。政审了解本人、家庭和社会关系有没有政治问题；身体检查从头部开始仔仔细细地查到脚部，有一张很复杂的体检表；学习以高考分数为参照标准。整个选拔过程很严，3个条件层层把关，任何一项不符合都不行，没有所谓的"凭关系""走后门"一说。

我所在的高三（一）班包括我在内共有4位同学（其他三人是梁之滨、丛进阳和李垶）进入了北京俄语学院留苏预备部。我的高考成绩是80多分，在北大、清华录取标准以上，当时报的专业是数学和半导体物理。我喜欢理科，尤其偏爱数学。报考数学专业首先因为从初一到高三，我的数学成绩几乎全是满分，学数学已变成我的一种爱好；另一个原因是我读初中时，一本苏联的趣味数学书《数学万花筒》让我读后欲罢不能，让我更加爱好数学，也就愿意学数学。报考半导体物理专业是因为当时刚刚兴起的半导体属于那个时候的高科技。

留苏预备部

留苏预备部时期

1952年，经国务院批准，北京俄文专修学校①设立专门的留苏预备部，留学生出国前要接受为期一年的培训。1955年9月，我正式进入留苏预备部学习。当时一共有80多个班，一个班30人，这样一下子招进了2000多人。学校根据我们的俄语水平分班。学校从1班开始编班，1班同学的俄语水平是最差的，要从最基础的字母开始学起。班级数字越大，学生的俄语水平越高。我的俄语还行，但不是最好的。我从初中就开始学俄语。四中时期有个苏联人叫阿洛夫教我们俄语发音、阅读和口语练习。最后我和丛进阳被分到了76班，梁之滨在77班，李垾被分到俄语水平较低的班级。我们班同学基本都是北京的，来自北京师范大学（简称北师大）附属中学、中国人民大学附属中学、北京市第101中学、北京市第八中学、北京市第二女子中学等校。76班、77班和78班三个班是一个党支部，因为高中生里党员数量没那么多。

留苏预备部学习的课程内容主要是俄语和政治课，其中俄语学习是重中之重。由于我国社会主义事业建设的需要，苏联派遣了一大批专家来华协助"一五"计划建设。苏联专家一般会带着家属一起过来。家属里面的一些女眷来到中国，并没有太多合适的工作，所以我们国家就安排她们教我们俄语。一个专家夫人教两三个班的俄语。考虑到大家来自全国各地，将来到苏联学习各

---

① 1955年改名为北京俄语学院。

1955年留苏预备部76班全体同学与中俄教师合影，第一排右二是我，右三是丛进阳，第二排右三是陈乐修女士

类专业，所以留苏预备部就把联共（布）党史简明教程（以下简称苏共党史）当成俄语课程内容来教。政治课上，我们学中国革命史、思想教育类的课程。

陈毅是当时的外交部部长，给我们做过多次报告，介绍国际形势。除此以外，我们还会学习交际礼仪。外交部礼宾司的人给我们做报告，讲讲各个国家的风俗，教我们如何吃西餐和待人接物。礼宾司的报告中还有一个笑话。西餐里喝汤时，出于礼节，有的国家要求不许端着汤盘子喝，只能用勺子舀着喝。如果你在火车上用餐，喝汤喝到最后汤盘子里剩一点舀不上来，怎么办？不急，这个时候你就别喝了，等着……一直等到火车上坡，

1955年出国前，四中高三（一）班同学前往留苏预备部告别，左二是我，右一是丛进阳

汤盘也顺势倾斜，这样就可以很容易地把剩下的汤舀起来喝了。

留苏预备部的伙食标准比国内一般学校要高一些。国家补助大概是一人一个月14块钱，而一般普通学校是一个月6~7块钱。与他们相比，我们的生活水平很高，几乎每天都能吃到肉。国家提供的待遇还是不错的，住宿也不花钱，6人间宿舍，两个双床铺，两个平铺。现在有时路过学校，我还会看看当年住过的宿舍，和原宿舍里的同学还保持联系。

浪漫邂逅

留苏预备部除了带给我出国深造的机会外，更重要的是让我邂逅了我的人生伴侣陈乐修。我们都是76班的同学，她是师大（今北师大）女附中毕业的。当时的师大附中不像现在分为第一附中、第二附中和第三附中，那时就两个：一个女附中，都是女学生；一个师大附中，都是男学生。我和她特别投缘，谈得来，有很多共同语言和爱好：她喜欢唱歌，我也喜欢唱歌；都喜欢看文艺书籍；喜欢对事情刨根问底。当时中苏关系紧张，预备部有一批同学暂缓出国，其中就有陈乐修，最后这批同学就留在国内上大学。留苏期间，我和她一直通过书信往来保持联系，在信中我和她分享在苏联忙碌而充实的生活，畅谈未来回国发展特殊教育事业的雄心。她觉得我是一个胸有大志、淡泊名利的人，渐渐地我俩的心就越靠越近。1961年，我从苏联回国，我们开始了正式恋爱；1964年我们结婚；1966年我们的孩子出生。她一直都非常支持我从事特殊教育事业，认为我做的是对残疾孩子和社会都非常有意义的事情。即使在我在基层工作的20年间，有人质疑我"一个留学回国的高才生去聋校工作，是不是犯了什么错误"的时候，她也坚定地站在我这一边，为我无怨无悔地付出，甚至放弃了她自己心爱的专业。所以，我一直很感激和难忘留苏预备部的经历：一是国家给了我学习特殊教育的机会；二是让我和爱人相识相知，后来逐渐相爱并组建了自己的家庭，如今相濡以沫携手走过半个多世纪的风风雨雨。

结缘特教

我们在留苏预备部学了一年以后，就分配到苏联学习的专业。分专业涉及很多复杂因素。我们这么多人，肯定是文科理科的各种专业都要学，但有些是苏联的保密专业，特别是和原子能、武器有关的，即使党员也不一定能学；分专业还要考虑我们的语言水平和政治条件。另外，苏联那边也有要求，规定有的专业能学，有的专业只能听课，不能去工厂实践。

虽然个人可填报志愿，但我们都坚持一条原则：坚决服从国家分配！我们那个年代就是一切以祖国为先，祖国的需要就是我们的需要，祖国需要什么我们就学什么。学生时代，我在四中听过很多先进人物的事迹报告，了解到他们为了祖国的今天付出了很多，这对我的触动很大。我觉得我们也应该像他们一样，一切为国家。国家需要我学什么，我就学什么，回国后肯定用得上，无关个人兴趣爱好。例如，当时国内有个大学毕业生去苏联读研究生，国家分配他研究蜗牛。堂堂一个大学高才生出国研究蜗牛，这在当时是一件让人无法理解的事情。但苏联有个专家就是专门研究蜗牛的，既然他们有这项研究，咱们就先学，至于学成回来怎么用，国家应该有考虑。

国家分配给我的专业叫"缺陷学"（盲聋哑教育），当时苏联的特殊教育叫"缺陷学"（дефектология）。今天俄罗斯的特殊教育仍然叫作"矫正教育学"，研究所叫"矫正教育研究所"，他们认为缺陷就是矫正。我不了解这个专业，便去北京图书馆找相关书籍来看，只找到一本凸起点字的盲文宗教刊物，根本看不懂，没有找到其他的特殊教育资料。即便我后来启程去苏联时，对专业的认识还是空白，只知道和盲聋哑教育有关。不管怎样，我心里想的是先把苏联的东西学回来再说。

当时国内的特殊教育是怎样的发展状况呢？新中国成立后，尽管我们有国办（南京盲哑学校）和市立（如北京市第一聋哑学校）特殊教育学校，但大多数特殊教育学校都是教会办的。1951年颁布的《政务院关于改革学制的决定》把特殊教育纳入国民教育体系。1953年教育部成立盲聋哑教育处，所以在

"一五"计划里，国民教育体系中开始有了特殊教育。盲聋哑教育处的领导希望派两个人出国学习特殊教育，回国后培训教师，所以国家留学生派遣计划里就有了特殊教育。在这样的历史背景下，特殊教育选中了我。

整装出发

出发的时候我们说好五年不回国，所以国家一次性置办好了我们在苏联的全部装备。当时国家的经济状况是相当困难的，但对派遣留学生的工作非常重视，我们的个人生活物资完全由国家供给。留苏预备部有2000多人，国家为每个人量体裁衣，准备服装、鞋和日常装备。最后出发时，一个人两个箱子、两套西服、一套中山装、一件棉大衣、一件呢大衣、一双皮鞋、一双凉鞋、一顶皮帽子、一顶夹帽；就连手套、手绢、袜子这些小物件都是国家配好的。准备上千人的行头可不是一项简单的工程，那时没几个人能在学生时代有机会穿呢子大衣和西装，可见国家当时真是下了大功夫的。

经过在留苏预备部一年的学习，我们终于要踏上前往苏联的旅程了。1956年8月出发前一天，教育部专门派人给我们送行，向我们提出了殷切的期望，同我们吃了出发前的最后一顿中国饭。第二天，我们便搭上了承载着国家希望和未来的火车专列，缓缓驶向莫斯科。整个专列里都是留学生。一节车厢40多人，我们2000多人一趟列车载不了，所以分了4批出发。在国内行驶时，国内的列车给我们让路。就这样，教育部派人一直把我们送到了满洲里。8月的北京还是夏天，可一到满洲里顿时阵阵寒意袭来，晚上已经需要穿大棉袄了。火车的每节车厢都有小锅炉，烧煤取暖和供应热水。我因水土不服，一下子适应不了天气的突变，在火车上生病了，感冒发烧。但病好得也快，一是毕竟年轻，二是生平第一次出国让我整个神经系统都处于高度兴奋的状态。

中国和苏联铁轨的宽度不一样，中国是标准铁轨，即窄轨，而苏联是宽轨，所以中国的车驶到边境进入苏联前需要换轮。首先工作人员把车厢吊起来，把国内用的车轱辘顶出去，再把苏联的车轱辘顶进来，然后继续一路行进。

火车驶过满洲里，在苏联边境外的贝加尔斯克站要检查护照，我们就下车上洗手间。在国内，我们对苏联的认识是很好的。我们看过苏联的电影，读过艾青的诗《给乌兰诺娃》和郭沫若的《访苏游记》，所以把苏联想象得很美好，包括他们的厕所。但一进厕所，我们立马就失望了。后来我在莫斯科看到有醉汉躺在街上睡觉，所以当时对苏联的印象一下子就从天堂跌落了下来。这就像我后来到美国一样，国内一直有人鼓吹美国是多么多么好，可到美国后发现他们也有人乞讨，也有一些不好的事情，这就教会我们还是要客观地看待问题和分析事物。虽然想象中的苏联和现实有差距，但它给我的总体印象还是好的，特别是沿途的无限风光。在西伯利亚大铁路上，我们看到了天边一望无际的森林，看到了地理课上学到的流向北极的勒拿河、鄂毕河与叶尼塞河，看到了世界最深的贝加尔湖，看到了穿越乌拉尔山的亚欧分界标志等。一路上不同于国内的异域风情、诗情画意的景象美极了，让我们无比兴奋。

在苏联境内，列车行驶的情形和国内相反，一路上都是我们的车给别的车让路，不能因为我们的专列打乱其他列车的行进时刻。我们有时会在一个地方停车让路，一停就是一两小时，大家就下车去逛逛，看看风景，聊天散步。因为我们都是年轻人，加上又是第一次出国，看什么都新鲜，出国的兴奋盖过了旅途的疲惫。同学们聚在一起赞叹苏联境内的秀美风光，所以等待的时间一点也不无聊。

苏联国土跨越多个时区，火车上统一使用莫斯科时间。经过10天11夜的漫长火车之旅，我们终于平安抵达莫斯科，在雅罗斯拉夫尔车站有国立莫斯科列宁师范学院①的同学接我们，帮我们安顿打理好一切。和国内比，这里的学校整体不大，但住宿条件比国内好，是木质地板，有女工为我们擦地板。第二

---

① 国立莫斯科列宁师范学院于1990年更名为国立莫斯科师范大学。

1956年冬在莫斯科河畔，背景是克里姆林宫

天，同学带我们去看了莫斯科的红场和列宁墓，乘坐了地铁。莫斯科在20世纪30年代就有地铁了，我们国内当时还没有，就不用说坐地铁了，所以我们看到像宫殿一样的地铁站很是兴奋了一阵。自此，我们在苏联长达五年的学习生活之旅就拉开了。

攻克语言关

学校的教学楼和宿舍分散在莫斯科各地。我所在的特殊教育系在城市中心偏南，宿舍在城市的西北。每天我要先乘六七站电车到雄鹰地铁站，再转乘地铁到莫斯科地铁基辅火车站，最后走到学校。有的苏联同学每天则要乘近郊火车由莫斯科州的家来上学。

学校分配的宿舍是四人间。第一年我与来自河南省临颍的中国同学银春铭和来自布良斯克的苏联同学瓦洛加·别林斯基同住。后来学校考虑我们留学生学语言的问题，安排宿舍时会特意把中国学生分开，每间宿舍只留一个中国人，其他都是苏联人。在学校安顿好之后，我们开始学习了。那个时候，我们总的想法是过来学习不容易，国家千挑万选送我们出国，我们肩上承担着祖国和家人的期盼。按照当时苏联的规定，中国留学生的津贴标准是，大学生每人每月500卢布（相当于国内250元人民币），研究生每人每月700卢布，中国和苏联各负担一半费用。我们的津贴比苏联学生还要高，他们是每人每月200~300卢布。我们在苏联住宿和学习不花钱，生活费主要用于吃饭、交通、买书，剩下的钱用来买点生活用品。后来算算，国家送一个留学生到苏联学习的费用相当于国内25~30个大学生的费用，所以我们心中时刻都有责任感，要为国家好好学习。当时的思想教育对我们这代人还是挺重要的。

在国外学习，语言是头等问题。

首先是专业术语的问题。到苏联，我才发现凭以前在国内学的俄语根本不够用，连课程名称都看不明白，如有的课程是古斯拉夫语，我连俄语都不熟练，更不用说古斯拉夫语了；神经病理学和医学类的课程我都没学过，所以这些课程名称我都看不懂，也听不懂。虽然有教材，但教材里也有不认识的专业术语。我从国内带去的《俄华辞典》不够用，有些专业术语查不到，特别是我们需要学习的大量医学类词汇不好找。于是我就请国内的哥哥朴晋生寄给我专业的《俄华医学辞典》和已翻译成中文的《病理学》等书籍。这样我自己先用中文学习一遍，再用俄语学习。

其次是听课的问题。解决阅读的问题后接下来就是听课的困难。在留苏预备部时，虽然我感觉俄语水平还过得去，但完全置身于俄语语境下发现竟然听不懂课。刚开始听课时，我的感觉就是一堂课下来像坐飞机一样，听得晕头转向，耳边是"呜呜呜"的声音，下课后如果你问我这堂课讲的什么，不知道！只知道耳边传来的就是类似于"呜呜呜"的声音。即使听不懂，我也只能硬着头皮去听。最初一堂课下来，我只能听懂俄文的"但是""所以""不对"之类的词汇或是自己熟悉的几个词和

初到苏联时宿舍三个同学的合照，左起为我、银春铭和苏联同学瓦洛加

几个近似的音，完全抓不住老师讲课的核心内容，这样笔记也记不下来，只能抄黑板上的个别词汇，回来再查。就怕有的老师讲课，一讲就是一两小时，一点板书都没有。给我们上课的老师中有一个是盲人，上他课时，我们什么都记不下来，只能听，又没有笔记抄，全当在练耳朵了。上课听不懂，笔记记不下来，课后我们只得借苏联同学的笔记。但抄人家的笔记也有问题，他们记笔记时可能会字迹潦草或用缩略语，缩略语的完整表达方式是什么我们不知道，还得请教同学。还好苏联同学都很热情，每次都耐心地向我们解释。这样我们听一节课，课后自己得花5~7倍的时间来抄笔记、问同学、查字典和消化知识……经过一段时间的积累，渐渐地，我们也能听懂一些课了。每次课前，我们都会预习，熟悉教材和老师要讲的内容，查阅词汇，然后在课堂上尽量张大耳朵听，能听明白一些关键词。比如，老师解释概念的时候，一般会有一个固定的表达句式，听得多了，我们也就渐渐熟悉了这些句式，能抓住听课的要义，下课后再看书巩固。一年下来，我基本能听懂老师的课，词汇量也渐渐多了，专业学习算入门了。

再次是口语表达的问题。刚到苏联，我的口语不行。虽说在国内，我初中开始接触俄语，后又在留苏预备部接受了一年的语言培训，但在国内学的是思想教育类的内容，不能一下子适应莫斯科的学习生活。我也因为语言问题在苏联闹了不少笑话。我们有时在食堂吃饭，有时会自己做，也就是在那个时候我学会了自己做饭。中国同学聚在一起做饭，这就需要买菜。有一次我出去买胡萝卜，我对卖菜的人说了好几遍，人家也不明白我要什么。后来我才知道，原来我把俄语的公里（километр）和公斤（килограм）弄混了，说成了要买"半公里胡萝卜"，人家当然听不懂了。还有一次在体育课上，老师要求跑1000米（метр），我向老师确认是不是跑1000公里（километр），弄得老师哭笑不得。还有一个是我们同学闹的笑话。有一次他出去吃饭，看不懂菜单不会点菜，心想西餐一般点三样，按顺序是汤、主食和甜点，于是就拿着菜单按顺序随意指了三道菜。结果第一道菜是汤，他庆幸自己点对了，就喝了；没想到第二道菜还是汤，只能硬着头皮继续喝；第三道菜竟然还是

1959年参加夏令营，六排画圈者是我

汤，顿时就傻眼了……因为菜单里的汤都排在一起，他点餐时看不懂以为按顺序点三个就对了，结果就上来三道汤，闹笑话了。后来，我开始积累生活用语，尤其注意数字和单位。我深知这是在书本里学不到的，需要在生活里去学习和运用。

在苏联，我们也学俄语，学校还特意请老师给我们上课，让我们阅读他们的中学教材，这样也增加了我们的词汇量。但我觉得这样学外语还不够，便要求自己用俄语写日记，这样长期积累下来，俄语水平逐渐提升。我还有一个学俄语的方式就是听广播。学校每个宿舍都配有一个广播喇叭，我们只能开关，不能调台，可以听一天，直到晚上12点，播的都是新闻。我在宿舍的时候就一直开着听，当是练习听力。长此以往，我坚持听俄语、说俄语、用俄语思考，语言当然能进步。现在中央电视台的俄语频道我也天天听，已经养成习惯了。

特教全才

20岁刚到莫斯科时

当时苏联全国只有两个学校有特殊教育专业：一个是国立列宁格勒赫尔岑师范学院，分三个专业方向，即聋教育、盲教育和言语矫正专业；另一个就是我们所在的国立莫斯科列宁师范学院，这里的特殊教育系有聋教育、智力落后教育和言语矫正专业。学生学习这些专业不是只学单一特殊儿童的心理与教育，如聋教育专业的学生可以选择学聋兼语文或聋兼数学，这样毕业后，既能教聋生，又能教普通学生的语文或数学，而我认为这恰好是现在值得我们国家学习的。如果让咱们北师大特殊教育专业毕业的学生去教数学就很困难，但那个时候的苏联已经考虑到了这点。苏联的毕业生可以在普通学校教高中数学，也可以到特殊教育学校任教，相当于同时学了特殊教育和数学两个专业。智力落后教育专业是一样的情况，毕业生可以教学科或智力落后儿童。学科教学中，无论是语文还是数学，学生不仅学普通教育的学科教学法，还会学特殊教育的学科教学法。

国立莫斯科列宁师范学院给我安排的是智力落后教育专业，银春铭是聋教育专业。但学了一段时间，我们感觉情况不太对，因为特殊教育专业人才培养体系里，学生除要学习专业课程外，还要学习其他与专业不相关的必修课程，如高等数学、古斯拉夫语、俄罗斯语言文学等。我觉得我们中国留学生不需要学习苏联的数学，普通的数学我们在中国就能学；俄罗斯语言文学是一门很大的课程，我们不用像苏联同学一样修这门课程，我们只要集中精力研究特殊教育就好了。因此，我们希望学校能为我们调整学习计划，删掉不必学的课程，增加我们想学的内容，比如我们想学的盲教育专业。有了这个想法后，中国驻苏联使馆出面和学校谈，为我们两个留学生调整教学计划。最后学校同意了，将高等数学、俄罗斯语言文学等课程删掉，保留苏共党史、政治经济学和哲学的相关课程，同时给我们增加专业课。盲教育课程安排我们到莫斯科的苏联教育科学院的矫正教育研究所（现在仍保留有）去学习，他们有专门的盲教育研究室。研究室的老师给我们两人单独开课，每个星期一次。研究室的盲人和其他研究心理学的老师给我们讲与盲有关的教育学、心理学、教法类的课程，同时我们也有机会接触盲人。几年下来，我们在莫斯科把专业课程学得差不多了，也实习过了。系主任为我和银春铭争取到了去国立列宁格勒赫尔岑师范学院学习的机会，向那里的盲教育专家请教，并在那里的盲校实习，我们前后一共待了两个月的时间。这样我们都学习了盲教育专业，智力落后教育和聋教育专业我们也各学习了一个，但特殊教育系的言语矫正和聋教育专业我也想学。于是在熟悉学校课程的基础上，我就要求多听一点课，多学一点，充分利用时间。因为我的俄语基础好一些，于是主动向系里表达了想多学一点专业知识的想法，系里同意了我的请求。大一结束后，我的语言能力达到了基本能听懂专业课的水平，从大二开始我利用空余时间去听大一聋教育专业的课，跟着两个年级的同学听课，跟着他们参加实习，也认识了两个年级的同学。到了大三、大四的时候，我就去听言语矫正专业的课，一起实习。言语矫正的内容有点复杂，特别是实习时我作为一个中国人矫正苏联人的语言是很困难的，所以我想了个办法：因为我的俄语发音并不是都标准，就让言语矫正专业的同学来矫正我，以此作

和银春铭在学校宿舍里研讨学习

在苏联挑灯夜读

在苏联莫斯科第77辅助学校实习

为我的实习。在他们矫正我的发音的过程中，我也了解和认识了矫正的方法、过程、器具等。

现在回想起当时的学习劲儿，我还是挺佩服自己的。在个人语言能力有限的情况下，我坚持把能学的四个专业都学了。因为我心中的信念是特殊教育选择了我，也培养了我，帮助我成长和成才！国家在如此艰难的条件下挑选我们出国，我要学习所有我在苏联能学到的特殊教育知识，学成后回报祖国。

除学知识外，我们还了解了苏联师范院校特殊教育专业的实践。苏联重视师范生的实践，常常会安排各种学生和孩子接触的机会。我在列宁格勒盲校、莫斯科聋校和莫斯科第77辅助学校都实习过，为班主任做过助教，通过实践了解苏联特殊教育的状况。我第一次实习去了莫斯科第77辅助学校的预备班。我在聋校的低年级和高年级都实习过，这样算是实习了两次。我的盲校实习是在列宁格勒盲校，内容比较简单，是手工课。我实习时得知莫斯科盲校有一个老师发明了一套盲人制图器具，还写了本介绍盲人学制图的书，就专门去向他学习，回国时我就买了一套他们的制图仪器带回来。说实话，这个我完全可以不学，我分配的专业和这个没关系，但责任感促使自己多学，这样我的眼界也开阔了。实习对我们留学生来说还是挺困难的，第一是我们没有教过孩子，第二是我们要教外国孩子，还是外国的残疾孩子。因此，我实习时的备课过程很辛苦，要比别人多费工夫。我备课不仅备上课内容，还要备语言；不仅备自己教的语言，还要备学生回答时可能会用到的语言，每一种回答我又如何来处理，各种情况都要考虑到，教具也是自己准备的。尽管实习的过程很累，但我觉得值。平时在学校里只听理论课是远远不够的，感谢实习的经历教会了我很多。我后来一直说特殊教育选择了我，特殊教育既给了我专业知识，又树立了我的专业思想。

实习期间的学生作业

实习期间的教案手稿

论文获奖

国立莫斯科列宁师范学院就像今天的北京联合大学一样，各系分布在全市各地，特殊教育系在一所中学里。学校里的一个小办公室，既是系秘书办公的地方，也是系资料室，里面放着五六张桌子，也是我们上小课的教室。刚开始我们住的地方离学校比较远，后来换了宿舍，搬到离学校近一点的地方，这样花在上学路上的时间少了，也能腾出更多的时间学习。

我们的上课时间一般从下午开始。上午中学的学生上课，我们自己看书学习；下午中学放学了，我们3点开始上课；晚上下课回到宿舍已经是十一二点了。上课时我都坐前排，这样看和听都会清楚点。上完一天的课回宿舍后我有时会肚子饿，没有地方吃饭，只能自己做，而且还得做作业温习功课。一天下来，我很少在晚上12点之前上床睡觉。学校里有图书馆，系里也有图书馆，还有社区图书馆和列宁图书馆，平常周末没课我们就会去图书馆看书。列宁图书馆分为大学生阅览室和研究生阅览室，研究生阅览室的条件更好，专门供研究生阅览资料。这些图书馆为我们的学习提供了便利的条件。莫斯科的书店也多，有专门的教育书店和二手书店，书比较便宜。

和苏联同学相比，我们语言基础不好，但我们勤奋好学。为国家建设需要，如果不好好学就对不起国家和自己。留学期间，学校也会有一些交际娱乐活动，比如舞会。我没有专门去学跳舞，所以不会跳。有些苏联同学非常热衷于这些交际活动，我觉得这也可以理解。他们也是从全国各地到莫斯科学习的，就像国内我们从外地到北京一样，一到大城市感觉很新鲜，加上是年轻人，肯定爱玩爱闹。经常会有苏联同学说我们不解风情，嘲笑我们不会跳舞，不会跳舞就交不到女朋友，但我不后悔。因为深知身上背负着国家兴衰的使命，我在学习上不敢有丝毫懈怠。苏联同学忙着跳舞、喝咖啡，我则抓紧时间读书。有时我们上完一节课后，老师安排课堂讨论，要求学生发言。我们语言基础不好，说不了多少，但一些关键的词和观点还能说出来。与此形成鲜明对比的是，苏联同学语言好，但他们有人说很多也说不到关键。为此老师就批评他们，说他们说得不着边际，反而我们能得到老师的赞许。

在苏联学习期间，我也参加了学校组织的一些活动，像社团、科研小组等的活动，但我总觉得不够，还想对自己要求更严一点。大三时学校有一个年级论文（不是毕业论文）比赛，要求学生写一篇论文参加全校评比。那个时候我的语言条件也正好成熟了，心想自己也可以写篇论文去参评。当时有一位专业课老师为我们讲聋人心理学，刚好我又同时学习智力落后教育和聋教育专业，就希望自己的研究能做得与众不同。我们专业其他同学写的论文都只关注某一

1960年获得有校长签名的学科论文二
等奖的奖状

苏联同学协助开展实验研究

类特殊孩子，我想做两类孩子的研究，用实验法来比较聋孩子和智力落后孩子认知心理的差异。后来我和老师谈论文选题，老师觉得这个研究很有意思，具有可行性，这增强了我研究的兴趣和信心。接下来我自己找资料，联系特殊教育学校做调查，然后统计分析，最后撰写成文。本来我是想把这个研究经历作为学习过程中的一次练习，同时也可以了解特殊孩子的发展情况；另外这类研究之前没有人做过，我能这么想也算是一个创新吧。论文写完后我就交给学校了。我无心插柳的一次平常练习竟然在全校的评比中得了二等奖！这是我事先没有想到也不敢想的事情！学校颁发了校长亲笔签名的奖状，还奖励了一整套文学著作和一本苏联博物馆的画册。那套文学著作太重没能带回，因为我要腾出更多的空间带特殊教育的资料，所以只把纪念画册带回了国。这个事情给我的启示是我们国内也可以鼓励学生在大学二三年级的时候多做点小研究，当作练习，不一定要等毕业时才让学生做研究、写论文。只有提供机会让学生锻炼，学生才会逐渐成长和进步。

恩师挚友

在苏联学习的5年间，系里为我们制订了专门的课程计划，因此我有机会先后在国立莫斯科列宁师范学院、国立列宁格勒赫尔岑师范学院和苏联教育科学院矫正教育研究所学习。我系统学习了智力落后教育专业、聋教育专业、盲教育专业和言语矫正专业，结识了苏联当时特殊教育领域最具影响力的一批专家，他们是扎姆斯基、沃洛克娃、里亚别夫斯基、石夫、鲁宾什坦、捷姆佐娃、库拉金、科瓦连科等。

扎姆斯基是国立莫斯科列宁师范学院特殊教育系的系主任，教智力落后学生教育学和特殊教育史。他曾在1945年到中国参加攻打日本帝国主义的战争，所以对中国有着深厚的情谊。他帮助我们重新制订了专业学习计划。沃洛克娃教聋生口语，讲课深入浅出，有理论有实践。她一上课就能用粉笔在黑板上迅速画出一个发音的口腔剖面图，这让我无比钦佩。我后来回国讲课时能熟练画出汉语发音图就是向她学的。里亚别夫斯基是一个既严肃又和善的老头，教神经病理学基础等医学类课程。他熟悉授课内容，讲课时从不带任何讲稿，全部内容记在脑子中。他曾在课上讽刺做小抄的学生："我一学期讲课都不用小抄。"石夫是苏联教育科学院缺陷教育研究所的研究员，教聋生心理学，也是我的年级论文导师。我前面提到的跨两个专业的实验研究就是在他的支持下完成的。鲁宾什坦是苏联女病理心理学家，1945年获副博士学位，1971年获博士学位，长期从事教学和临床实践工作，在莫斯科大学等高校讲授神经病理心理学和智力落后学生心理学，担任过苏联心理学会病理心理学部的领导。她为我们讲智力落后学生心理学，后来送给我一本她的课程讲义和正式出版的修订本教材，我回国后翻译出版[①]。捷姆佐娃是苏联教育科学院缺陷教育研究所盲缺陷研究部主任，她专门为我们两名中国学生讲授盲人心理学和教育学。她特别关心我们的生活，教我们如何在严寒的苏联预防感冒，这个方法我至今仍在使用。库拉金是苏联教育科学院的研究员、心理学家，教盲童心理学。科瓦连科是国立列宁格勒赫尔岑师范学院特殊教育系的一位盲人教授，属遗传性致盲（在他们家族里男性遗传的概率大

---

① 《智力落后学生心理学》1983年由人民教育出版社出版，鲁宾什坦著，朴永馨译。

于女性），他女儿是系里的副教授。为了让家族的遗传性盲不再遗传给下一代男性，他劝说女儿不结婚、不生育。我们专程到科瓦连科教授家里听他讲课，他对中国人民非常友好。其他有印象的老师还有费欧科吉斯托娃（与科瓦连科教授是同事）、缺陷教育研究所的鲁鲍夫斯基、鲁里亚、索科良斯基、孜科夫等。

这些老师不仅教给了我知识，还教会我做人，使我热爱特殊教育，一起学习的苏联同学也给了我如兄弟姐妹般的温暖和帮助。在苏联，大家把这些共同学习、共渡难关和共享欢乐的同学称作"同喝一碗粥的人"。我和同学建立了深厚的情谊，他们是别林斯基、雅伊茨卡娅、萨斗夫尼克娃、丹尼亚·沃洛克娃、扎瓦莉申娜、尼

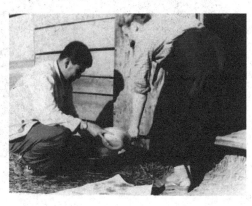

和同学扎瓦莉申娜一起在哈萨克斯坦劳动

基金娜、马丽娅·拉乌等。第一年我们听课时完全听不懂，有些同学经常借笔记给我们抄写，还会耐心向我们解释笔记中的缩略语。比如雅伊茨卡娅同学，她为人热情，不仅把她的笔记借给我，还在我参加论文比赛期间协助我做调查，记录孩子们说的话，帮助我积累了宝贵的第一手资料。我参加过苏联同学组织的活动，到过工人家庭出身的同学家里做客，也到过克里姆林宫卫队长家里，这样可以比较全面深入地了解苏联社会的发展，能用客观和真实的眼光看待苏联。因为我们系里男生少，苏联同学也会拉上我们参加系篮球队，我们到列宁中央运动场打过球。为参加晚会表演唱歌，苏联同学还教我唱人民诗人莱蒙托夫写的歌。至今我与一些苏联同学还保持联系，毕业后我回过几次莫斯科，都见到了同学。有的同学会特意乘火车从几百千米外赶来看我，至今我生日时还有苏联同学打长途电话来祝贺。

1997年，鲁鲍夫斯基教授来中国讲学

2011年4月，俄罗斯教育科学院院士、矫正教育研究所所长鲁鲍夫斯基教授向我赠送他写的《特殊儿童心理学》

课余点滴

在国外就得适应国外的生活。因为年轻，所以我们能很快适应，吃和住都还习惯。

离开国内的时候说好5年不回国，我担心家人挂念，来苏联后就拍了一些照片寄回家。我们也要为一些生活琐事操心，在苏联生活几年下来，西装已经陈旧，袖子也破了，怎么办？我们只好自己把里面的线拆了，把破的地方往里折一点，缝好后继续穿；西装衬衣领子破了，我们就把它拆下来翻过来缝上继续穿。出国时国家一次性给置办了服装，后来再也没有添置过。国内的家里经济条件也不宽裕，不能寄钱，所以只能自己攒点钱来买衣服。在苏联我还是很注意锻炼身体的，由于学习紧张，我从来没有在晚上12点以前睡过觉，所以没有健康的身体不行。苏联的冬天很冷，但即使是在那样的天气下，我都可以穿着背心光着膀子在雪地里跑步、举哑铃。

要学好苏联的特殊教育，就要了解苏联，了解苏联的社会，这就需要参加一些社会活动。我有时间就会去参观各种博物馆、古迹和画展；参加晚会和新年活动；攒钱去听歌剧和看电影；参加苏联劳动，帮他们一起开荒、收割麦子

冬练三九

1960年在冬宫前

1957年参加"五一"国际劳动节红场群众游行时和老师们合影,左四是我,右二为银春铭,中间戴礼帽的是系主任扎姆斯基

等;也会和苏联同学联络,到同学家里去,了解真实的苏联社会。和苏联同学接触过程中,有一件事情让我很高兴。我高中时学习俄语,知道中苏两国关系友好,就尝试写信到苏联,没想到我竟然接到回信了!就这样我和一个苏联同学联系上了,你来我往彼此就熟悉了。我来苏联留学后和这个同学见面了,去他家做客,了解到他学的是食品科学,专攻制奶工艺。在苏联5年,每年我们都会参加"五一"国际劳动节和十月革命游行,一共参加了10次。我还参加过世界上第一个航天员苏联的加加林返回地球后的庆祝游行。每次游行时,我们一大早在学校集合,准备好标语、花束等,走到红场参加群众游行,结束后再走回来。

在苏联参加的活动中,有些至今印刻在我的脑海里。1957年,莫斯科举办第六届世界青年与学生"和平与友谊"联欢节,当时国内派了艺术团体代表参加,其他大部分代表让留苏学生担任。我们学校只有一个名额,就推荐我去参加了。其间,我们几个学生遇到国内代表团的负责人便聊了起来,有同学问"什么时候咱中国也能办一次这样的活动",负责人听了长叹一声:"咱们国家现在还不行。"听完这番话,同学们都沉默不语……联欢节开幕式当天,我乘车到体育馆的路上,沿途看到一位老人,他那经过战争洗礼、饱经风霜的脸庞清晰地刻着道道沧桑。他在人群中振臂高呼，凌厉的眼神中闪着泪光，坚定地喊道："争取和平！争取和平！争取和平！"第二次世界大战期间苏联伤亡惨重，老人在战争中活了下来。那一幕让我久久难以平静，并铭记终生！

见到毛主席

在苏联，我们通过订阅《人民日报》和阅读当地报纸，能了解一些国内形势，但因为相隔遥远，有些消息也不能及时获取，了解有限。当时中央有这么一项规定，凡是经过莫斯科的中央领导一定要抽时间去见见留学生，跟留学生讲国内形势。那个年代培养出来的民族责任感和爱国情怀，是我们这一代人真切感受到的，极具时代意义，也深感国家发展之不易！参加的这些活动里，最让我激动的莫过于见到了毛主席，聆听了毛主席的教导！

1957年11月，毛主席率代表团访问苏联，参加俄国十月革命40周年庆祝活动，并出席在莫斯科召开的社会主义国家共产党、工人党代表会议和64国共产党、工人党代表会议。16日晚上，莫斯科各大学的中国留学生接到通知，第二天一大早全体同学在莫斯科大学大礼堂集合，由当时的中宣部部长给大家做国内外形势报告。同时还有一个消息传遍校园：毛主席可能会来看望大家！得知这个消息后大家非常兴奋，期盼能见到毛主席。当时大使馆通知我们带两个护照，一个是中国护照，另一个是在苏联居住的护照。平常我们参加此类活动是不用带两个护照的，大家猜可能会见到毛主席，所以检查比较严格，既要证明中国人的身份还要证明留苏学生的身份。17日一大早，几乎全莫斯科的中国留学生集体出动，从四面八方赶到位于列宁山的莫斯科大学，能够容纳3000人的大礼堂当天座无虚席。但随后听说毛主席很忙，可能来不了，我们顿时倍感失望，觉得无比遗憾。这时，刘晓大使带来喜讯：毛主席将参加一个重要的国际会议，会后很有可能到这里来和同志们见面。大使还没说完，同学们马上就欢呼起来。大使接着说："但是，会议不知道开到什么时候，有可能很晚才结束。"同学们齐声高喊："等到什么时候我们都愿意！"

傍晚六点多，毛主席到了大礼堂。当毛主席等领导人出现在莫斯科大学礼堂时，全场沸腾，欢声雷动。"同志们！我向你们问好！"台下立刻爆发出雷鸣般的掌声。"世界是你们的！也是我们的，但归根结底是你们的！"毛主席的话语几乎被掌声淹没了。我们自己不敢拍照，于是就请使馆工作人员和新华社的记者帮忙，这样才留下了几张珍贵的照片。现场不许记录，我们只能拼命用脑子记，回去后大家凭记忆把现场的情景写了下来。我后来又找了一些资料，把自己回忆的内容补充完整。

中途回国

从国内离开的时候，我们说好中途不回国，直至毕业。但到苏联的第四年，我们有了一次回国的机会。那时我们在苏联也会进行政治学习，但对国内形势不能完全了解。国家也觉得我们这批人在外待了4年，错过了1959年新中国成立10周年大庆，这期间国内发生了翻天覆地的变化，应该让我们回国学习。1960年的暑假，国家组织我们这批在苏联的学生回国看看，感受一下祖国的发展。

对这一次回国机会，大家都翘首企盼。但不巧的是，那一年暑假前我拉肚子，身体不适。医院诊断结果是我可能得了痢疾，会传染，不允许我回国，要我住传染病院。如果住院，回国的日期耽误了，意味着我就不能回国。我当时一心想回国，不愿意住院。后来，传染病院的车来接我住院，我就与医护人员谈判，坚持不住院，要回国。医院的人拗不过我，最后同意我不住院，但我必须亲自写个字条：病人拒绝乘车，不愿到医院住院！我就写了，然后跟着大部队一起回国。

回国后，国家安排我们住在清华大学宿舍，组织我们参观北京新建的几大建筑，包括人民大会堂、中国历史博物馆与中国革命博物馆、中国革命军事博物馆、北京民族文化宫、北京民族饭店、北京华侨大厦、北京火车站、全国农业展览馆和北京工人体育场，然后听听报告，了解国内形势。最后国家给我们放了几天假，让大家回家看看。

这次回国前后大概有一个多月的时间，当时的中苏关系已经很紧张了。因此，返回苏联时有些理工类专业的同学没有回去。苏联专家离开，正好这些理工科的同学能顺势顶上去。随后，中国教育部颁发给他们毕业证书，行李由返苏的同学帮忙寄回国。学非保密专业和文科专业的留学生（包括我和银春铭），则按时回莫斯科继续学习。

留苏影响

国立莫斯科列宁师范学院的学习不仅让我学到了特殊教育的专业知识，而且他们的教学方式、学术道德、学生考评等方面也一直影响着我。

首先是教学方式。有的给我们上课的老师在讲台上一站，就可以一直讲，讲义、提纲、教材之类的统统没有，知识全在老师自己的脑子里。教党史的盲人老师就是最好的例子。苏德战争前他就是老师，但在战争中失明，还失去了一条胳膊。他给我们讲课就不用讲稿，全凭个人记忆把史料讲出来，试想讲历史需要多少数据、多少资料啊，而这些都在他的脑子里。这种授课方式对我影响很大，回国后我给学生上课也从不念讲稿，要求能用自己的话把知识讲出来，而不是读出来。老师要把知识讲出来，而不是读出来，这才是讲课。

其次是学术道德。上一年级的时候，我们的系主任（研究聋校俄语教学法）涉嫌学术抄袭，被苏联的报纸公开批评。学校因此把他的行政职务撤了。这件事对我的影响很大，让我深感做学问应该老老实实。虽然创新很难，但要有自己的学术思想和观点，千万不能抄袭，抄袭与"偷"和"抢"没有区别。

所以我一直很反对抄袭，强调学术端正，这其实是对年轻人的一种警示，要自己思考，不要抄人家的。

再次是学生考评。苏联高校很重视学生的课堂讨论，喜欢学生发表意见，这样课堂气氛才活跃。我有时也会提问，并觉得这种师生互动的形式很好。后来在北师大讲课，我也欢迎学生提问，希望学生发表和我不同的意见，甚至发表反对我的意见，能把我问倒最好。对于我答不上来的问题，课后学生会去查资料，我也去查资料，这对我们而言是一次学习的机会。考试也一样。苏联高校的考试也一样重视学生自己独立的看法。考试一般都是口试，很少笔试，即使国家考试也有口试。比如特殊儿童心理学课程结束后，老师出30~40道题，事先将这些题告诉学生，让学生回去认真准备。考试时两个老师安排抽签，要求学生抽完签稍做准备后立即回答，口头回答完后马上给学生打分。我觉得这种考试方法比死记硬背答题要强，这样能要求学生把语言和知识结合起来。我在答题时可能会写错别字或出现语法错误，但老师都能理解，所以最后也能顺利通过。回国后我在教学中也用到了这种考试方法。

学成归国

在苏联，当我的俄语能运用自如时，我便想着要为回国后的工作准备资料，作为将来我们国家发展特殊教育的财富。当时给我们讲智力落后儿童心理学的老师是鲁宾什坦，她自己编写了一本《智力落后儿童心理学》的小册子。我觉得这本书比较通俗易懂，便在假期尝试翻译，想着翻译完后带回国会有用，能让更多国人看到。那时候，这本书只是学生用的内部教学参考书，没有出版。我平时会攒钱买书，把它们作为特殊教育研究的参考资料，最后毕业回国时我总共带了两大箱书。我将这些书看得无比珍贵，即使在"文化大革命"期间，苏联的书我也一本都没舍得丢过。

　　1961年6月，我以全优成绩从国立莫斯科列宁师范学院特殊教育系毕业。7月我们按时回国，投身到国内轰轰烈烈的社会主义事业建设当中。

毕业证书

毕业证书
优秀

H NO.487229号

　　本毕业证书授予 朴永馨。他在1956年进入国立莫斯科列宁师范学院，并于1961年修完学院缺陷教育学专业的全部课程。

　　国家考试委员会 1961年6月23日 决定朴永馨 获得特殊教育学校（智力落后儿童学校、聋哑儿童学校和盲童学校）教师资格。

国家考试委员会主席（签名）
学校校长（签名）
秘书（签名）
1961年 莫斯科
登记号 112

　　1961年的毕业照，第二行左一是我，第二行右一为银春铭，第一行中间是系主任扎姆斯基

第三章　基层耕耘（1961—1979年）

哪个年级缺课了，哪个老师有事不能来了，我就去代课。所以从低年级到高年级，从语文、数学到写字、政治等，我都教过。

我从苏联学成归来后，主动申请到基层特殊学校工作，到1979年年底正式调往北师大，前后大概20年。这20年间，特殊教育教会了我很多，我也为特殊教育做了一点事情。

新中国成立后，我已经上初中了，中学阶段的一些经历和见闻，对我的人生观、世界观、价值观的形成有很大的影响。比如，前边提到的高士其改名字的故事，的确影响了我的一生，我觉得这类事迹对当时像我这样的年轻人的影响都挺深。那时候我的学习成绩还不错，担任私立平民中学学生会的学习部部长，所以有很多机会参加各种活动。当时的活动也多，像"抗美援朝"报告会、各种展览会等。有时我还去文化宫听北京市职工业余艺术学校的课，这里经常会有一些响当当的人物去讲课，像侯仁之讲地理，老舍讲文学等。我印象很深刻的是老舍讲的《龙须沟》。他特别幽默地说："龙须沟，是不能把这个'沟'搬到舞台上来的，如果把这个'沟'搬到舞台上，那这剧场就不能待了，因为臭啊！"那时候，这些名人给我们普通学生讲课是很常见的事情，不像现在，看名人一眼都很难。也是从那个时候，我开始知道"为人民服务"。后来我又陆续接触到一些名言警句，像"世界怕就怕'认真'二字""祖国的需要就是我们的志愿"等，这些和我从苏联回来之后最后选择到基层学校去工作，都是有关系的。

分配工作

1961年6月，我在国立莫斯科列宁师范学院的毕业手续和一些其他的交接工作基本完成了。7月，我正式回到国内。当时有一大批人从苏联回来，我们被安排住到清华大学和北京大学的宿舍，等待分配。理工科的留学生优先分配，而我属于文科毕业生，分配要晚一些，就被借到当时的留学生分配办公室去帮忙。我在分配办公室待了差不多3个月，每天的工作就是给各地的留学生转户口、写介绍信、联系报到等。等这一大批留学生都被分配完毕，我被分配的时候已经差不多到10月了。当时情况有点复杂，我是学特殊教育的，教育部对教育类的留学生的去向有两个安排：一个是北师大的教育系；另一个是当时的中央教育科学研究所（现在的中国教育科学研究院），在教育部的一座小红楼里。我当时考虑了两点：

第一，我出国学习之前，并没有了解过自己国家特殊教育的实际情况，更没有参加过教学实践。虽然1949年我去看过北京的"启明瞽目院"（现在北京市盲校的前身），但当时是抱着看热闹的心态去的。那时候我在北京私立平民中学读初中，学校的劳动基地就在启明瞽目院旁边的一块菜地里。去劳动的时候，我们都是早晨自己准备好干粮，然后从阜成门出发，到菜地劳动。那时阜成门还有门脸儿，但没有马路，只有土路。土路中间是一条很深的大车沟，我们得顺着大车沟走八九里地才能到达目的地。中午的时候，我们就在那儿吃饭，吃完饭后继续干活。因为菜地旁边就是启明瞽目院，所以我就趁着中午的空当去看过几次，回来还写了篇相关的作文。那时候根本没有想过，这会和自己一辈子要从事的事业有什么关系，只是将它作为一种社会见闻了解一下罢了。因此我觉得，在出国之前，我自己对中国特殊教育的情况了解得并不系统，包括特殊教育的发展历史等，更缺少中国本土的特殊教育实践经验。

第二，1961年我回国时，国家对心理学的态度基本是"下放"，甚至有"取消"的意思，心理学被称为"伪科学"，是被批判的。

在这样的情况下，我在苏联所学的理论就很难派上用场。另外，我自己也想更多地了解一些中国的实际情况，所以我就主动提出："我不到北师大教育系去，也不去中央教育科学研究所，而希望能够到基层去。"和我一起从苏联回来的银春铭也是这个意思。当时教育部的态度是："你们可以先到基层去，但是国家什么时候需要你们，你们什么时候就得回来。"

我和银春铭在苏联学的都是特殊教育，我学了包括聋教育和智力落后教育在内的4个专业，银春铭学的则是单纯的聋教育。当时北京市第二聋哑学校^①（简称二聋）不光有聋生班，还有智力落后儿童教育班，所以我被分到了北京的二聋；上海市第二聋校是纯粹的聋校，有聋幼儿教育，没有其他类型的残疾学生，所以银春铭被分到了那里。教育部分配我们的时候并不知道我们俩的老家在哪儿，都是直接分配的，而实际上正好我是北京人，银春铭是河南人，这样分配倒也合适。

全科教师

进入二聋之后，学校给我的职位是普通教师，因为校长、教导主任、教导师副主任等职位都已经有人担任，所以只能安排我到教导处做了一名普通教师。我的日常办公在教导主任的办公室里，但是我特别想教课，所以常常跑到任课老师的办公室，可是他们的办公桌刚刚够用，我就没有办公桌可以用。当时有一个教律动的老师，他的办公桌有三个抽屉，他特地腾出一个来给我用。这样我也算有一个抽屉了，可以在里面放碗筷、图书和笔记本之类的东西，还可以趁着桌子没人使用的时候在那儿坐一会儿。

初步了解学校的情况之后，我开始尝试着教课。最开始我教的是低年级聋生的算术应用题。这是聋生最难理解的，因为他们不清楚文字的意思，所以好多应用题的文字内容部分靠猜。我就用一种在苏联时学到的"综合分析法"教聋生应用题。后来实践证明这种方法是有效的，不仅教会了聋生知识，还培养了他们的分析和思维能力。

需要指出的是，我虽然开始教课了，但并没有固定的班级，因为原来每个班、每门课都已经有固定的老师，所以我基本算是个"打杂"的教课老师。哪

---

① 由于过去人们对残疾和残疾人的认识有限，招收听觉障碍学生的学校称作"聋哑学校"；后来随着认识的深入，人们了解到听觉障碍学生虽"聋"但不一定"哑"，所以这些学校改称"聋人学校"，简称"聋校"。

20世纪60年代，二聋工作期间

个年级缺课了，哪个老师有事不能来了，我就去代课。所以从低年级到高年级，从语文、数学到写字、政治等，我都教过。这样一来，我对中国聋生的教育情况基本了解了。虽然我在苏联的时候也参加过多次教育实习，去特殊教育学校当实习老师，教过低年级、高年级，但说实话，因为语言、手语等方面的问题，苏联比较重要的课还是不让我们留学生教的。回国以后就不一样了，我基本什么课都教过，和所有老师的关系近了，跟所有的老师都能谈得来，有共同语言。后来我做学校教师团支部工作，几乎去每个老师家做过家访。这些老师家里几口人，性格怎么样，做什么工作等，我都一一记录在家访笔记里。我离开二聋之后，有些老师家里闹矛盾了，还找到我去调解。

除了教课，我还去随堂听课。既然要听别人的课，我就需要对他们的授课班级及讲授内容有所了解，我还利用在苏联学到的一些理论去解释老师们的课。我给自己定了一条听课的规矩，就是听完课一定要和讲课的老师探讨。这些老师的课准备了那么长时间，我们听完之后，敷衍一句"还不错""还行""挺好"之类的，是不好的，我从来不这样做，这是不负责任的。我会和讲课的老师谈，从备课到教学目标，从讲课过程到效果，再到他自己怎么评价这节课，有没有完成教学任务，完成了的话是怎么完成的，哪方面做得还不够，为什么不够等。我还会分析评价他的课，指出他哪里好，为什么好，符合哪一条教育学原理，符合什么儿童心理发展特点，还指出他哪里有问题，为什么不符合教育发展规律，为什么不符合儿童心理发展特点等。这些都是我在苏联学到的，因为在苏联听课，我们必须要做听课笔记，不能随便应付，甚至连老师在哪个环节说了哪句话，做了哪个动作都要记录下来，然后加以评价，包括老师做得对还是不对，为什么等。我不知道我的这些做法对老师们的影响如何，但老师们知道我是从苏联回来的，很愿意让我去听课，和我交流。后来到北京市第四

1961年在二聋的部分听课记录

聋哑学校，我也一直这样听课。除了随堂听课，我还听过不少公开课。课后大家要做讨论发言，我也会辩证地分析评价老师的课，并运用教育学、心理学的理论去阐述。

我听课的时候，一定要事先了解班里有多少学生，学生都是什么情况，因为只有了解了这些班级情况才有发言权。我听课时一般不愿意坐在最后面，而愿意坐在前面，因为我要看到学生的反应。听课不只是听老师怎么讲课，还要看学生的反应。这是给聋童上的课，不是给我们这些有听力的人上的课。事实上，还真有老师是为听课的人而不是为学生讲课的情况。有时候一些领导来学校听课，听完后很感动，为什么？因为这节课是给他讲的，他当然很感动。学生到底接受了多少，得到了多少，我们不知道。听完一节课后，我还常常要求学生把笔记本和书拿出来，我要看看这节课是不是"重复表演"，是否已经上过。有的课一看就是在"重复表演"，因为老师讲的题目，学生笔记本上面都有。上课的时候，学生回答问题虽然挺好，但这是假的。这时候我就有话说了："你这是在欺骗我，这节课是你已经上过一遍后再表演给我看的？"除了看学生笔记，我还会在课间直接问学生，问他们这节课听懂没听懂，学的是什么，这节课教的东西原来学过没学过，老师教没教过等。说实话，我这些招儿挺得罪人的，可我还是要这样，因为这是我的工作，也只有这样我才能真正了解些东西，真正学到些东西。

在听课中，我也发现了一些老师专业水平方面的问题。二聋的绝大多数老师是从社会上招聘的，或是从普通中等师范学校毕业的。"文化大革命"期间的中等师范学校学生，大多是从农村招收上来的工农兵学员，政治成分好，家庭出身好，但限于当时的历史条件，这些人的文化水平大多只有小学水平。这样的毕业生来到学校工作，一般会出问题。我曾经听过一堂数学课，老师教怎样用量角器画角，结果他把画角的步骤和方法都弄错了。虽然我不是学数学的，但我的基础知识至少是四中的高中水平，所以我一下就看出这个问题了。在有的新老师刚到学校的时候，我还常常给他们讲专业知识。

当时聋校学生的年龄比普通学校的学生偏大，因为很多学生7岁的时候上不了学，入学时间本身已经有点晚了，加上聋校的学制是十年，高年级的学生其实已经很大了。高年级有很多已经十六七岁的孩子。聋校是小学性质的，所

1963年二聋毕业生和全体教职工合影，二排左四是我

以学校里只有少先队。这些十六七岁的孩子，每天上学还得戴着红领巾。学生在学校里面戴着红领巾，看起来问题不大，但我总觉得这个事情有点不平等，况且当时区团委也没想过要在聋校成立团组织。我就想，普通中学里面是有团组织的，我们聋校为什么不能有？于是我开始想办法向区里申请，得到同意后，我开始在聋生中间发展团员，尝试建立团支部。后来我在二聋发展了第一批聋学生团员。孩子们成了共青团员后都很高兴，我觉得这一点是做对了。后来我又接着组织学生开展各种活动。在二聋，除了有少先队，还有团组织，学生到了一定年龄也可以在组织发展上获得平等机会。

补发工资

我是1961年10月底到二聋报到的。国家当时规定，新人到单位报到，如果是1日到15日报到的可以领到当月的全月工资，15日以后报到的可以领到当月的半个月工资。我是月底去的，也没干多少活儿，却领了半个月的工资，这件事我记得很清楚。

当时二聋的性质是基层小学，隶属于区教育局小学科。我去报到的时候，学校领导都很惊讶，一个留学生怎么跑到这样的学校？这是从来没有过的事情。一个小学层次的学校却进来一个留苏回来的大学生，在当时确实是少见的事情。

我到学校后还注意到，整个学校的党员只有校长和门口传达室的老工友两个人。党员人数不够3个，学校连独立的党支部都成立不了，只能和周围的一两所小学共同成立联合党支部。我去之后，学校就有3个党员，可以成立独立党支部了。当时在基层小学成立独立党支部，还是件很不容易的事。

除了刚来报到时领了半个月工资，后来学校还给我补发了一次工资。我刚到二聋的时候，工资待遇是按照当年国内大学毕业生的标准来发的，是一个月46元钱。但是国家同时也规定，留学生回来应该是享受研究生待遇的，因为我们出国之前先在国内学习了一年，在苏联又读了5年，前后一共是6年时间，已经足够达到研究生的学习年限了。我最初并没有觉得学校给的工资待遇有什么问题，后来区里调查发现，学校发给我的工资不对。我应该享有62元的研究生工资标准，另外特殊教育学校教师还有额外15%的补贴，补上这些，我的工资应该是71.3元。这样在学校的年轻老师里面，我的工资一下子就变成最高的了。学校按照这个标准给我补发了一年的工资，总共有100多元，这在当时可是很大一笔钱，因为那时候，2分钱就可以买到一根冰棍。

执教"低能班"

1959年"大跃进"的时候，国家也掀起了让青少年入学的高潮，算是教育系统的"大跃进"。二聋顺势设立了"低能班"，就是招收智力落后孩子的班级。其实在这之前，中国科学院心理所已经有人开始关注智力落后问题。新中国成立后不久，我们国家也翻译过苏联这方面的资料。当时特殊教育学校只有聋校和盲校。"大跃进"的时候，聋校招进来的孩子除了有聋孩子，还有其他各种各样有缺陷的孩子。这样二聋就成立了全国第一个"低能班"。可是"低能班"成立了，却没有合适的老师。考虑到智力落后学生的智力水平和幼儿差不多，学校就从幼儿园招聘了一个老师，来教这些智力落后的孩子。

1961年我来到二聋，去看过这个班。后来老师请产假了，我就开始带这个班，当孩子们的班主任，教孩子们课。当时二聋校舍有限，正好区里"少年之家"的活动站有几间空房，这个班就被学校安排在"少年之家"，其中一间房是教室，另外两间小房成为学生宿舍。"少年之家"在鼓楼，离二聋的校区还有段距离，所以这个班有几个孩子平时就在"少年之家"住，学校配一个保育员老师照看他们。每天早晨老师带着孩子们到二聋吃饭，吃完饭再回到鼓楼上课，中午再带回二聋吃饭，每天就这样来来回回。"少年之家"平时是不开火的，但冬天要生炉子让孩子们取暖。我带这个班的时候，早晨就要早点过去，先把教室的火炉子生好，然后让孩子们过来上课。这里有个小插曲，我从小是在城里长大的，后来又到苏联去。苏联那边有暖气，不用煤球炉。在家的时候有母亲和姐姐，也用不着我生火，所以我从来都没生过煤球炉。那时候的煤球炉不像现在烧蜂窝煤，而是烧鸡蛋大小的煤球。生煤球炉子是挺讲技巧的。我用火柴去点木头劈柴却总也点不着，煤球也点不着，后来用报纸点也不行。点不着就干着急，孩子们只好冻着，我也冻着。当时班上有个学生叫李秀英，她会生火，最后她教会了我怎么生煤球炉：先把劈柴劈细点，用一张报纸引着几根小细棍，再把大的劈柴放上去引着，最后再把煤球引着。这些步骤看似很简单，但没操作过就很难。虽然我是在教育这些孩子，但同时我也在被教育。这个事情也促发我进行一些思考，我们应该怎样辩证地认识和平等对待这些孩子？这些事情教育了我，让我真实感受到这些孩子的长处，而不是空谈"人都是平等的"。

"文化大革命"开始后，二聋的"低能班"被解散了。当时市里有个文件，要求这些孩子能就业的就业，没能力就业的就回家。到了"文化大革命"后期，中国科学院心理研究所的茅于燕和我们一起向上级提建议恢复"低能班"。当时我们通过北京市的副市长和一些业界名人一起反映这个事情，包括北京医学院第一医院（现在的北京大学第一医院）的教授、儿童青少年卫生研究所的原所长叶恭绍、北师大教育系的印尼归侨学生、北京市人大代表陈爱苾。我们写提案，通过这些人在人大代表大会上提议，希望能够在北京恢复智力落后班。

应该说，北京的智力落后教育在全国是最早的。因为早在1959年，二聋就已经有"低能班"了，所以这次提案不是"新建"，而是"恢复"。后来北京市教育局相关部门的一个负责人对我们说："你们的材料已经交到教育局，意见很好，我们要回去研究。"我们听到这个答复，很不满意，我们的要求不是"去研究"，而是真正落实这件事。后来我们又找到教育局的负责人谈这件事，和北京医学院第六医院的杨晓玲、贾美香等业界同人联合起来，最终让北京市智力落后儿童的特殊教育慢慢恢复了。

不忘初心

1961年我去二聋的时候，教育部要求我们若国家需要随时回来，可是1961年过后不到两年，"社会主义教育运动"也就是"四清"运动就开始了。那时候我作为年轻教师，也是年轻干部，就被安排下工厂劳动。我到过低压电器厂，下过郊区的城子煤矿，当过一段时间的工人。1963年"四清"运动正式开始，我又被安排到北京通县（现在的通州区）的牛堡屯公社于家务大队搞"四清"。当时我就住在老乡家里，与当地的农民同吃、同住、同劳动。借着这个机会，我开始了解农民，亲身体验了自己要为之服务的人民到底是怎样生活、怎样劳动的。接着从1964年到1966年，我参加了顺义北小营公社（在公社当工作组组长）、通州高辛庄公社北刘各庄村（工作组长）和后沙峪公社铁匠营村（在村中当工作队长）的"四清"运动。当时的教育部被解散了，我们调到高校这件事也就根本不用想了。

这段时间的经历使我受了不少教育，比如说怎么做群众工作。我进中学时就知道要"为人民服务"，可是"为人民服务"到底是什么，在莫斯科、在北京，我了解不到那么多。在莫斯科，我不用操心吃喝，在北京城里的时候，我也基本衣食无忧。可是到了北京的郊区，我才真正了解到，为我们种粮食的那些人是怎么生活的，粮食是怎么来的。过去我们都知道"一粥一饭，当思来之不易；半丝半缕，恒念物力维艰"，"谁知盘中餐，粒粒皆辛苦"，可是当真知道吗？没有在农村待过、干过，就不知道。北京市郊区——靠着首都北京——的农民到底是怎么生活的，农民的日子到底怎么样，只有看过了，和农民一起干过、生活过了，才知道。

"文化大革命"期间，我还被下放到西城区"五七干校"劳动过。那时种水稻需要到几里地外去运沙子、填水坑。当时我推着独轮车，带着铁锹，从干校往北，沿着马路去运沙子，一个上午只能推一趟。我还到过农村挑水抗旱，一担水一挑就是二里地，从这边打一桶水，到那边去浇地。这些活都是在那个时候学会的，现在我还可以轻松挑起一担水。北京为2008年奥运会建设奥林匹克公园时，我就帮建筑工人们挑过水、修过厕所。"文化大革命"期间下放的干部们都分散在老乡家干活吃饭，我们要把粮票和钱交给派饭的老乡家。哪家农户被派到这个任务，我们就按规定把粮票给他们，他们做什么饭都是这个价钱，做好的、不好的都是这个钱。开春的时候粮食不够吃，我们就吃发了黑的白薯干。把白薯干蒸一下，蘸点盐水，就是一顿饭。这还是在北京的郊区，其他地方是什么情况，就可想而知了。20世纪60年代的生活真的不敢想象，老乡种的粮食是给我们吃的，我们的粮票都是老乡辛辛苦苦种出来的。因此，我们要为人民服务，就要真正了解中国的民情。

在农村搞"四清"时，我最开始是工作队队员，后来当了一个村小队的工作组组长，再后来当了整个村的工作队队长，最后是在顺义后沙峪公社铁匠营村当"四清"工作队的队长。在"四清"时期，我一直没忘记自己的老本行：特殊教育。中国农村的残疾人情况到底是什么样的，我并不了解，所以我在这期间做了一些调查。每到一个地方，我就去了解情况：这个村里大概有多少户，有没有残疾人，特别是残疾孩子，有没有聋的、盲的、智力落后的孩子，他们的生活状况如何，村里人是如何对待他们的，村里对他们的政策是怎样的等。这些对我了解中国残疾孩子的教育情况是非常有帮助的。

事实上，很多村子都有残疾人。有的生产队里有聋人社员，生产队长就特别喜欢让他们去干活，为什么呢？队长告诉我，要是两个听力正常的人去耪地，俩人并排干活，肯定会聊天，影响干活。聋人就不会聊天，他们只干活，很快就会耪完一垅地，耪的质量还高。我还记得有个村子里有一个智力落后的女人，这个女人后来找了个穷人结了婚，结果她家里土炕上连张完整的炕席都没有，都是一块一块的，破烂不堪。她没有生活自理能力，但总得过日子。村里人有时就会救济她点吃的。后来这个女人生了个小孩儿，村里人就给她一块布，让她给小孩儿做衣裳。结果她就做了件面布袋似的"衣服"，把孩子装在里面。像这样的人，如果早期给她适当的教育，至少她的生活是可以自理的，就会和现在不一样。这样，我就了解了一些农村残疾人的真实情况，这对我从事特殊教育工作来说也是非常重要的。另外我还了解到，当时顺义县西北部一些公社里，有过随班就读的个案，就是两个聋童在村里的普通学校跟着其他普通孩子一起上学。

这期间我还继续注意收集特殊教育方面的相关资料。1961年，我从苏联回来时，国内已经出了内部刊物《聋哑教育通讯》。1959年新中国成立十周年的时候，这本杂志还出过特刊，刊登过洪雪立[①]写的一些文章。后来我结束"四清"工作回到学校的时候，这个杂志已经停刊了。我知道二聋有老师订阅了这本杂志，就到他们那里去找，最后找到不少。我还收集过新中国成立初期国内翻译的关于聋教育、智力落后教育和盲教育的出版物，现在还都保留着。当时盲文出版社出版的一些关于盲文的、早期怎样学盲文的资料，我也都收集过。这些都是20年代50年代的资料，是很珍贵的。后来我在《特殊教育研究》上发表的文章，包括在其他刊物上发的东西，都是有资料根据的，因为有根据我才敢写。我在学校做的这方面工作，算是抢救了点东西，不然这些资料就丢了、毁了。

我还参加了一些教育部和社会团体组织的工作。当时盲人聋哑人协会已经成立了，他们的活动也邀请我参加。"手指字母"的制定和最后定案的讨论，我都参加了。在这期间，我认识了一批社会上的聋人，比如闻大敏、谭铮等。

砥砺前行

"文化大革命"期间，聋校正常的教学秩序虽然受到了影响，期间也停了课，但学校的老师还正常上班。

---

① 洪雪立（1901—1984），聋人，中国聋教育专家，原名洪学礼，福建省南安县丰州镇人。1929年加入中国共产党，参加抗日战争。新中国成立后，1953年在教育部盲聋哑教育处工作，后改任中国聋哑人福利会总干事，第一、第二届中国盲人聋哑人协会副主席，对新中国聋教育事业的发展做了很多工作。

1967年复课后还出现了"出去办学"的活动，北京市的四所聋哑学校①都要派人到郊区去，解决农村聋哑儿童的上学问题。当时，一聋去了平谷，二聋去了延庆，三聋去了怀柔，四聋去了房山。二聋去了延庆县山沟里的四海公社。当时学校轮流派去一些年轻老师，我也去了，还在那儿开了

20世纪70年代，人民英雄纪念碑前

现场会。那时候北京的交通很不方便，每次我们从城区到四海公社，都要先从德胜门坐公交车到延庆，在延庆招待所住一宿，第二天早晨再坐公交车到四海公社，前后得走一天多的时间，后来我们在那里成立了"四海班"。

为了学习各地聋校的经验，北京市四所聋校教导处的负责人（我是二聋教导处负责人）、四个军代表或工宣队代表，组成了一个学习团，到南方各地去学习。当时从北京到广州的火车票，只在六天之内有效。为了节省经费又尽可能多参观几个地方，我们先从北京到石家庄，然后到郑州，在郑州停一天，联系好当地的学校之后，马上去了解特殊教育学校的情况，看了之后晚上再坐车到武汉，在武汉停一天，然后去长沙，在长沙再停一天，最后到广州，到广州时正好是有效期的最后一天。这样奔波是很辛苦的，回来的时候我们由广州到杭州，再到上海、南京、济南，最后回到北京。回来之后的报告是我写的，我现在还保留着。

了解各地聋校的复课情况，对我思想上的影响很大，不仅开阔了我的眼界，还使我和全国好多地方的特殊教育学校联系上了。到上海的时候，我再次见到银春铭，我们从苏联回国以后好长时间都没有见过面。当时条件比较艰苦，在上海

①　北京市第一聋哑学校、北京市第二聋哑学校、北京市第三聋哑学校、北京市第四聋哑学校，简称一聋、二聋、三聋、四聋。

停留的那天晚上，我们就在参观学校的教室里用桌子拼成通铺睡了一宿，第二天继续参观学校。那时候出差没那么多经费，基本上就只有来回的火车票钱，夏天能睡教室已经很不错了。

"文化大革命"后期，教育部也逐渐恢复了，开始编写统编教材，我也参加了当时的课程改革。

辗转调动

到1976年、1977年的时候，"文化大革命"已经快结束了，北师大想调我过去工作，我也考虑是不是该挪动挪动，因为我在北京的基层特殊教育学校已经待了快20年，到其他地方去是不是能起更大作用，能多做点事呢？

1977年二聋毕业生和教职工合影，二排左六是我

我的工作调动可谓一波三折，如果我要调到北师大，需要二聋、西城区和北京市三级都同意。而当时的情况是三级部门都不同意，而且区里还表示，即使二聋同意我调走，区里、市里也要留我。四聋校长王宗文认为，我调到北师大对中国的特殊教育事业更有利。他本人在北京就经过了从一聋到二聋，再到三聋的几轮工作调动，最后才到四聋当了校长，所以他知道调动工作是件麻烦的事。四聋和二聋都在西城区，在王宗文校长的帮助下，我们采取了一个"曲

在四聋与退休教师合影，后排中间是我

线救国"办法：先把我从二聋换到四聋，然后让我在四聋工作一段时间以后，再调到北师大。这就是后来我又到四聋工作了一段时间的原因。到四聋担任教导主任的第一年，我全力以赴听课、排课，同时协助四聋的一个教导处副主任熟悉工作。

1979年年底，我的人事关系已经转到北师大，就不能在四聋领工资了。为了不影响四聋的工作，北师大允许我在四聋照常上班，每天排课、代课、听课，一切都照常，只是每个星期有一天或半天，要到北师大去。接下来差不多半年的时间，我逐渐了解了北师大这边的情况，同时自己在四聋的工作也差不多交接完了。我由每星期只到北师大上一天班，慢慢过渡到每星期在北师大上5天班。有一次，四聋的老师们领工资的时候突然发现，工资名单上没有我的名字了，可是我还在四聋工作，就问我："你怎么光干活不领工资啊？"这下我调到北师大的消息逐渐传开，很快整个学校的人都知道我已经调到北师大去工作了，最后大家还专门为我开了欢送会。

我是当年调到北师大去的第152个人，所以我的工号是79152。调到北师大时要转工资关系，我的工资总数20年基本没变动过，还是每月71.3元。这个工资包含了15%的特殊教育津贴，但北师大不承认这15%的补助，说这是教育部1955年定的中小学教师的工资补贴，不是高校工资。因此，我的工资反而少了9.3元，相当于降了两级工资。当时我作了一首打油诗来表达自己的心愿，也是受高士其的事迹影响而写的：

辞掉主任不做官，

去掉补贴不为钱。

一心只为残疾儿，

高等院校平台占。

当时，中国高等院校里面并没有特殊教育专业，更没有从事这个专业的教学、科研人才。我虽然不当学校的教导主任，少拿点钱，但是在高校里面有了块阵地，我觉得这是非常值得的。国外的大学早就开设特殊教育专业了，所以我们也应该有这样的专业。就这样，我在北师大开始筹办特殊教育专业，到1986年，招收了第一批本科生。

2009年二聋建校90周年庆返校时与学生合影

二聋、四聋合并为北京启喑实验学校赠送的锦旗

第四章

风雨创业路
（1980—1986年8月）

中国人民公安大学的王大伟是教育系77级的学生，他当年也听过我的选修课，2012年回北师大座谈的时候，他告诉说："朴老师，您当年讲的聋童心理，对我现在做犯罪心理的工作和研究还是很有用的。"这是我没想到的。

早在1935年，我国早期聋教育工作者吴燕生就在《聋教育常识》中提出聋教育师资培养和设立师范学校的设想。我国著名教育家陈鹤琴曾极力呼吁师范院校要开设特殊教育专业，培养特殊教育师资。1947年，陈鹤琴在《关于特殊儿童教育》一文中写道："为要推广特殊教育，必须立刻着手特教师资的培养。但是这一个事业在中国尚未开创，这方面的专门人才简直可说没有。这只得借助他国的专家，来帮助我们训练师资，各师范学院应增设特殊教育系……"新中国成立后，国家曾举办特殊教育师资培训班，并派我和银春铭到苏联专攻特殊教育。然而，正规高层次的特殊师范教育却一直是个未圆的梦。20世纪70年代，我国台湾地区的彰化师范大学已经有了特殊教育专业和博士班。1979年年底，我调入北师大，创立了特殊教育研究室（后改称特殊教育教研室），开始踏上特殊教育专业的风雨创业路。

迫在眉睫建专业

我国早期的特殊教育师资培养多是以师傅带徒弟的方式开展，烟台、南通、长沙等地的特殊教育学校就通过开设师范部、师资讲习所等形式，培训过一些教师，但这些培养形式都存在时间短、规模小的问题，虽有师范班的名义，却没有开设专门的师范生课程。接受培训的教师每天除随班上课、见习和试教外，只有一册十几页的《聋哑教育讲义撮要》略供参考。

新中国成立之初，国家的各项事业百废待兴，特殊教育也得到了应有的重视。1951年，周恩来总理签署《政务院关于改革学制的决定》，开始将特殊教育正式纳入国民教育体系。1959年，教育部和一些地方教育部门还举办了几个为期3~6个月的聋教育和盲教育师资短期训练班，但这种短期集中式的培训和分散的"师傅带徒弟"式的培训并不能从根本上满足特殊教育事业的发展对特殊教育师资数量与质量的需求。真正接受过严格特殊教育教师职前培养的只有我和银春铭。

改革开放以后,新中国的各项事业都在恢复,以盲、聋、智力落后三类儿童为主的特殊教育也得到了较快发展。1980年暑假,我正式到北师大上班,成立了北师大特殊教育研究室。根据我们对国内的抽样调查结果和国外对特殊儿童所占比例的估计,20世纪80年代,我国有几百万盲、聋、智力落后、肢残等各类特殊儿童,而适龄特殊儿童的入学率仅为8%,特殊教育学校的数量和师资数量远远不能满足需要。当时,国内特殊教育学校的教师中几乎没有人受过专门的特殊教育师范训练。北师大建立特殊教育专业之前,教育部创办了我国第一所特殊教育师范学校,即南京特殊教育师范学校(成立于1982年,简称南京特师,今"南京特殊教育师范学院"),当时其师资中没有一人受过高等特殊教育师范方面的培训;后来,山东、黑龙江、山西、北京等地也陆续筹办了特殊教育师范学校(班)。随着特殊教育的普及,各省、市、自治区才逐步建立起中等特殊教育师范学校。另外,国家教委和各地教育行政部门也急需受过高等特殊教育、具有专业知识的行政管理干部;同时,当时条件下,我国尚无专门从事特殊教育的研究机构,从特殊教育科研的发展看,中央到各地教科所都需要一批掌握特殊教育学和特殊儿童心理学的研究人员;我国还需要一批自己培养的特殊教育研究生。综合以上几个方面的情况,全国最少也需要上千名从事各类特殊教育的专业人员。因此,北师大建立特殊教育专业迫在眉睫,但是一个新专业的创立并非一蹴而就,前期必然需要大量的准备工作。

招兵买马"仨和尚"

一个新专业的创立首先需要专业的师资。作为新中国第一批留学苏联且专攻特殊教育的教师，我回国后根据个人志愿和当时的历史条件，被分配到北京的一线特殊教育学校工作，在基层特殊教育学校工作了近20年，所以我已经积累了一定的经验。改革开放后，因为特殊教育专业建设的需要，我被调到北师大负责建立专业。为了把我从二聋调到北师大，先后有不少老师通过各种办法帮助我，包括当时在北师大教务处工作的教育部原部长袁贵仁，北师大资深教授、毕业于国立莫斯科列宁师范学院的顾明远等。顾明远教授曾和我一起在苏联国立莫斯科列宁师范学院留学，期间他听过苏联盲聋哑女学者斯科罗霍多娃[1]的报告，顾明远对她感人至深的报告的印象非常深刻。"文化大革命"前，顾明远也去北京市第三聋哑学校参观过。待到北师大要创办特殊教育专业时，他就首先想到了我。最后经多方协调，前后过了两年多的时间，我才被调入北师大。这样，我成为北师大特殊教育专业的第一个教师。

新成立的北师大特殊教育研究室只有我一个人，是"一个人的研究室"。研究室未来的发展目标是建立专业和招收学生，还有很多准备工作需要完成，但毕竟一个教师的力量有限。我对北师大教育系的基本情况和人员都还不太熟悉，开展工作存在诸多不便。当时系里的教学秘书秦忠洲老师热心帮助我做专业建立前的各项准备工作，还帮我刻了特殊教育研究室的印章，帮助我做全国特殊学校的调查及材料整理等。这样，研究室相当于有"一个半"教师可以干活儿，我是专职，秦老师是兼职。

"一个人的研究室"还需要继续招兵买马。我本想将北京市聋校的教导主任或校领导调到北师大，因为当时聋校教师还有可能到北师大工作。但是他们有一个顾虑，就是一旦到高校工作，相当于工资15%的特殊教育教师补助就没有了。那时，一个教师每月就只挣几十元钱，15%的补助就是八九元钱，八九元钱相当于一个人一个月的生活费了。这些补助没有了，对于他们的家庭来说

---

[1] 斯科罗霍多娃（1914—1982），苏联盲聋女学者，出生于乌克兰的一个农民家庭中。5岁时因患脑膜炎双目失明，继而双耳失聪。8岁时进入盲童学校学习，后转入哈尔科夫为盲聋儿童设立的机构中，受到索科良斯基教授的指导，既掌握了盲文、手语，又恢复和发展了口语，并学完了中学课程。在此基础上开始写文章和诗歌，受到高尔基的鼓励。1945年后在莫斯科缺陷教育研究所工作，著有《我怎样理解和想象周围世界》一书，1962年她以此为论文通过答辩，获得教育科学（心理学）副博士学位。1956年该书由人民教育出版社出版中译本。

特殊教育研究室使用的资料印章

国家教委师范司中师处领导来北师大调研

是很大的经济损失，所以聋校的老师并没有来。顾定倩老师当时正好要从北京师范学院（现在的首都师范大学）中文系毕业，他曾在北京市第三聋哑学校任教。我就打算把他调过来，因为顾老师[1]担任过聋校教师，手语没问题。我的计划是，将来开课时，我担任特殊教育学、特殊儿童心理学、特殊教育史等几门课程的教学，他至少可以分担特殊教育教材教法等部分课程的教学。开设这几门课程后，特殊教育专业的课程基本上就齐了，公共课有教育系老师的强大支援。为此，我专门到北京师范学院和顾老师谈了两次，他欣然同意。这样，刚毕业的顾老师来到北师大工作，那年是1982年。

———————————

[1]　本书中的顾老师特指顾定倩老师。

　　顾老师到岗后，我专门为他拟定了一个教师进修计划，一方面让他听我开设的特殊教育选修课程，另一方面让他在教育系里系统学习教育学、心理学等理论课，然后和我一起参加实际工作。20世纪90年代，学校还专门安排他去美国学习了一年外语。这样，特殊教育研究室就有了两位专任教师。1984年，我和比较教育学专业的成有信教授联合招收了特殊教育学专业的第一个硕士研究生肖非。肖非原来研究的是美国智力落后儿童的教育，后来我建议修改成美国智力落后学校的教育。1987年，肖非硕士毕业后留校工作，成为研究室的第三位专任教师。他有教育学、心理学的理论基础，对国外特殊教育的情况也了解，我安排他补习的主要是实践部分，让他到西城区培智中心学校学习了一年，从低年级到高年级跟着师生听课。后来钱志亮毕业后（1990年）也留校工作了。这样，研究室一共有了四位老师：顾老师专攻聋教育，肖非专攻智力落后教育，钱志亮专攻盲教育，我则开展特殊教育的综合性研究。这也是我对研究室教师的专业规划，就是一人负责一个方向。

2016年4月，当年的"特教仨和尚"合影

和研究生钱志亮在四平盲童学校

首开特教选修课

研究室建立之初，还没有正式建专业招生，所以老师们也没有上课。1980年下半年，我跟着教育系的学生听了心理测验和比较教育学两门课，下半年我又跟着电台自学了英语。同年12月，我应沈适函老师之约，在教育学课上给教育系二年级的学生讲特殊教育。受此启发，也为了给将来授课做准备，我与系里商议，能不能让我给其他三个专业（教育学、心理学和学前教育）的学生以选修课或讲座的形式开课，讲特殊教育的相关知识，系里同意了。于是，1981年春，我为教育系77级、78级的15名学生开设了一个学期的特殊教育选修课，让他们了解特殊教育的基本知识。当时没有教材，备课时间也非常紧，但我都非常认真地准备。这是中国高校首次开设特殊教育课程，当年5月16日《光明日报》第二版的"教育新闻集锦"还对此事做了专门报道，标题为"北师大设特殊教育选修课"，日本等国也对此进行了报道。

77级的6名学生选修特殊教育课程后，全部申请了赴美国留学攻读特殊教育的研究生。当年下半年，我在80级教育学专业学生的教育学课上也讲过特殊教育，还组织学生参观特殊教育机构两次；为78级学前教育专业四年级学生举办过4次"学前儿童特殊教育"的讲座，当场就有学生表示要回家乡办"特殊教育幼儿园"；1982年，又为心理学专业学生开设缺陷儿童心理课程；1982年至1984年，为79级至82级的83名学生开设了特殊教育课程。授课期间，我们会带学生到福利院、特殊教育学校参观、学习和交流，这为将来特殊教育专业学生的见习和实习打下了基础。1981年秋，我指导77级的4名学生（陈爱芯、钟铃、谢萌、王大伟）在北京市第三聋哑学校进行教育调查并实习了一个月。后来我还指导他们撰写特殊教育学和儿童心理学方面的毕业论文。1983年至1987年，我先后指导过教育系9名学生的毕业论文。 1982年春，我还为教育系78级、79级学前教育专业和学校教育专业的学生开设专业俄语课；1983年上半年为博士研究生开设专业俄语课的听说练习课；1986年为陈孝彬老师的一位研究生开设专业俄语课等。刚开始开设专业俄语课时，我花了很多时间认真备课。一学期的课我全都用俄语讲，结果学生反映听不懂，后来我就改为用俄语和汉语双语授课。1984年，我为来中国进修的美国学员讲授了中国特殊教育的课程。

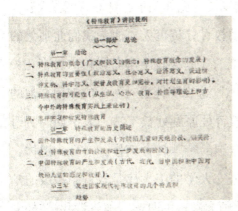

1981年编写的特殊教育选修课讲授提纲（部分）

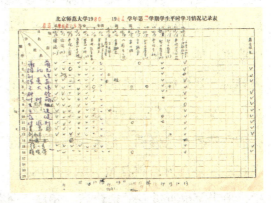

1981年教育系选修特殊教育课程的学生名单

1981年特殊教育课程上课通知单

　　从研究室成立之初到1986年专业招生，我给教育系三个专业的学生讲特殊教育的知识，为自己后来的教学做了充分的准备，也为我国特殊教育事业的发展培养了一些人才。学习了特殊教育的相关课程后，有些学生开始对特殊教育感兴趣，并在毕业后从事了这项事业。比如，77级的钟铃是恢复高考后的第一批大学生代表，1982年获得教育学学士学位，毕业后成为北师大第一位国家公派赴美留学并学习特殊教育的研究生，在加州大学萨克拉门托分校获得硕士学位，回国后在特殊教育教研室任教。另外，有些学生从事了相关的教育行政管理工作，也间接促进了我国特殊教育事业的发展。比如关于特殊教育的"八五"规划总结会期间，我在长沙见到湖南省基础教育处负责人，他是我们北师大的毕业生。他激动地对我说："我在一次全省教育工作会议上准备讲特殊教育相关内容时，就把您当年讲的笔记翻出来用上了。"这表明他当时所学的知识在他的工作中发挥了作用。再比如，教育部特殊教育处原副处长王洙，大学期间听过我的特殊教育选修课，后来到教育部主管全国的特殊教育工作，一直到退休，现在还一直在为盲教育做贡献。中国人民公安大学的王大伟是教育系77级的学生，他当年也听过我的选修课，2012年回北师大座谈的时候，他告诉我："朴老师，您当年讲的聋童心理，对我现在做犯罪心理的工作和研究还是很有用的。"

这是我没想到的。

近几年来，我国不少高校也开始建立特殊教育专业，其中昆明学院的特殊教育专业负责人李里，当年就曾经修过我的特殊教育选修课。2014年，我在中国高等教育学会特殊教育研究分会上遇到她，她对当年的情形仍记忆犹新："我1983年进入北师大学校教育专业学习，1985年选修了您的特殊教育课程。您上课时旁征博引，特别吸引我们，您对我们很温和，总是笑眯眯的。印象最深的是您带我们参观了许多特殊教育机构。我们观摩过聋校的律动课、盲校的语文课、培智学校的课堂教学。每次一到教室，孩子们就围过来与我们聊天。有一次我们去清河福利院，您带着我们早上8点就到了。一间简陋的平房里，孩子们热情地拍着手，唱着'没有花香，没有树高，我是一棵无人知道的小草'。看到那些重度残疾的孩子只能躺在床上，我的心情像那天的天空一样灰暗。您说过，从事特殊教育的人要有一颗慈悲的心。当年学习特殊教育的经历对我影响至深，现在我们学校正准备开设特殊教育专业，并让我负责专业建设的相关事宜。"

全国特校初调查

创建专业除了教学方面的准备外，科研准备也是很重要的，因为没有自己的科研成果，高校的教学就缺少基础和创新。但是，当时我们连最基础的特殊教育数据都没有，对全国盲聋哑学校的基本情况都不了解。教育部的相关数据也只是各省报来的学校数量，缺少学校的具体情况。要在我国大陆高校讲特殊教育的课程，就要先了解全国的特殊教育情况，而不仅是讲外国的材料。因此，研究室就考虑做基本调研，向全国各省特殊教育学校发放问卷，了解盲校和聋校的基本情况，最后整理出了第一份非正式的《全国盲聋哑学校简况一览表》，包括学校名称、地址、建校时间、现任校长、教职工总数、学生总数等信息，这份调查表也为后来教育部开展相关工作提供了参考。

2012年，77级教育系校友返校集体照，前排左二是我，二排右五为陈爱苾，三排右五为王大伟

当时我刚到北师大工作，对于很多工作上的细节、很多人员都不熟悉，幸好有熟悉各方面情况的秦老师帮忙。因为发出去的调查问卷有北师大特殊教育研究室的印章，有学校专用的信封和信纸，被调查的特殊教育学校都比较愿意填写问卷。有些地方学校无法完成调查，还特意回信说明原因。调查问卷的信息比较详细，因为我在基层聋校待了将近20年，我知道应该了解学校的哪些基本情况。包括全国基本情况统计表、全省统计表在内的表格，都是我当时手工画出来的，还好有秦老师帮忙，不然工作量太大了。当然，现在看来，一览表的信息还不全面，但在当时已经是相对全面的。一览表中关于我国台湾、香港和国外的情况，我们没有实地调查，是根据查阅的资料写成的。这样，我们既做了宣传也做了调查，北师大特殊教育研究室的名声也打响了，更多的人知道了它。1980年夏天，我受邀去浙江讲课。那个时候天气非常热，但是因为北师大的老师来了，浙江全省各个特殊教育学校都派了老

1980年编制的全国盲聋哑学校情况调查资料

师来听课。《光明日报》报道了北师大创立特殊教育研究室的事情，所以大家都慕名来学习。1982年、1986年我们又分别进行了两次全国性的特殊教育学校调查。

因陋就简搞调研

特殊教育研究室也承担了一些课题研究工作，包括北京市盲、聋、智力落后学生生理、心理特点的实证调查。这个调查研究弥补了中国残疾青少年身体素质调查的空白，也为特殊教育专业以后的研究和课程打下了基础。顾老师、肖非到研究室工作后，我们才真正开始承担科研课题。1985年，中国儿童青少年卫生研究所的专家们正在进行一个全国青少年身体素质的调查。我咨询负责这项调查的北京医学院教授叶恭绍，结果她告诉我这项调查不包括各类残疾孩子，只针对普通孩子。我当场就表示了

1984年《北京市盲、聋、智力落后学生生理和心理特点的研究》立项通知

不满，说："这个调查不公平，残疾孩子的调查你们不做我们来做！"于是，我们在北京市社会科学方面争取到一笔经费，就开始着手调查。为了便于比较普通孩子和残疾孩子的差异，我们的调查采用当时叶恭绍教授在全国统一使用的器材和标准，例如从沈阳购买磅秤等工具，用来测量身高和体重。除了生理方面的调查，我们还进行了心理调查，这些调查合起来就是盲、聋、智力落后三类残疾儿童身心基本情况的调查。我们选择在北京、天津、上海三个直辖市开展调研。

实际上，这项研究课题不仅经费不足，而且缺乏人力支持，调查的只能是最简单基础的数据，如身高、体重、肺活量、耐力、体力、立定跳远等。我们还调查了盲、聋、智力落后孩子心理方面的一些项目，比如盲孩子的触觉两点阈。苏联已经有关于盲孩子的手指、舌尖甚至皮肤感觉的调查。盲孩子的触觉是否更灵敏，国外已经有相关的研究数据，但中国还没有。调查中，我们还测量了聋孩子的视知觉速度、记忆，盲孩子的听觉记忆，进行了智力落后孩子的绘人测验等。测视知觉速度使用光电测速仪，这是最简单的调查。我们没有测触觉两点阈的心理测量工具，就自己想办法。当时教育系有个老职工叫朱怀斌，他把两个大头针针尖焊到一起作为测量工具，针尖的距离分为1毫米、2毫米、3毫米，进而刺激盲孩子手指的触觉。他焊，我用卡尺量，我们反反复复尝试。我们没有专业的仪器，只能使用这种原始的方法。从调查数据的比较中可以看出来，残疾孩子的生长发育、快速增长期和普通孩子是基本一致的。但不同残疾类型的孩子有不同的问题，比如测立定跳远时，盲孩子站在沙坑边沿丝毫不敢跳，这说明他们的身体锻炼没有受到重视，可能他们从来都没跳过，不知道跳进去后会出现什么情况。再比如测肺活量时，智力落后孩子不会吹肺活量计，看了示范以后也不知道怎么控制气流。盲孩子的数字记忆容量、智力落后孩子的绘人测验这些很基础的测试，使用的也都是最简单的方法。当然，我们也是从科学的心理学、生理发展的角度去做的，这让我们对中国的残疾孩子有了一些了解。比如对于盲孩子做不做梦的问题，有人认为，盲孩子看不见就不会做梦，而在调查过程中，盲孩子跟我谈了很多事，这些事说明他们梦到

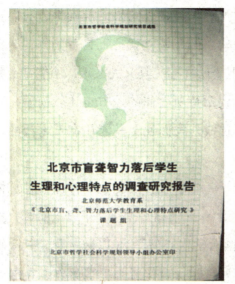

北京市盲、聋、智力落后学生生理和心理特点的调查资料

的是感觉到的东西，虽然不是视觉的，但是他们做梦。另外，盲孩子的物体知觉也有一定特点。我们在做调查研究的时候，也帮助被调查学校制作一些直观教具来改进教学。我问过天津盲校学生"五星红旗"一词。他们对"红旗"的理解没问题，但说到"五星"就五花八门的，有的说"五星"是中间有一个大五星，有的说是一个大星四周有四个小星。盲孩子产生这样的认识，是因为老师在教学过程中没能给他们展示具体形象的东西。后来我建议做凸起的五星红旗，这样盲孩子就能摸出"五星"的形状、大小、位置。天津盲校的孩子中有团员，他们在用语言表达"团旗"和"党旗"方面没问题，但就是不知道"团旗"和"党旗"是什么样子。我建议学校做了团旗、党旗的凸起教具，学生摸了后说："哎哟，这回我可知道团旗、党旗是什么样子了！"孩子通过触摸直观教具，把语言与具体的事物连接起来。这些调查结果为我们后来的课程提供了重要依据。

整个调查过程是比较辛苦的。当时经费十分有限，我们乘坐从天津到上海的火车时，只有我能睡硬卧，顾老师和肖非只能坐硬座，他们白天就到我这儿来坐一会儿。这段经历肖非应该记得比较清楚。那时候条件艰苦，他是最年轻的，自然出力也就最多。当时为了保证测查结果的准确性，我们在三个城市做调查使用的工具要保持一致，去哪儿调查就把工具带到哪儿。在上海，我们为了省钱只能乘坐公交车，但是磅秤等工具又大又重，不能带上公交车，我们只好自己拖着沉重的工具走到招待所。住的地方也比较简陋，有时窗户一开，外面就是厕所。有时为了省钱，我们晚上只能住在五毛钱的澡堂子里。

后来我们给北京市做了一个小册子《北京市普及和发展特殊教育总体规划的研究报告》，并将其作为内部参考供有关领导阅读。除了以上的调查报告外，我在专业建立之前出版了《智力落后学生心理学》（以俄文翻译）、《缺陷儿童心理》《聋童教育概论》（两本书为与同行合作成果）等著作，在国内外发表了约50篇文章，包括在1981年第4期《心理学报》上发表的《特殊儿童及其心理发展》一文。这件事情是张厚粲教授帮我联系的。我的文章虽不是专门的心理学论文，但是综合阐述了残疾儿童心理。这篇文章发表的意义非常重大，表明《心理学报》有北师大特殊教育领域的文章了。那个时候我的英文还不太好，张厚粲教授专门为我的文章翻译了英文摘要。1981—1982年，我应邀参加《中国大百科全书》有关特殊教育方面的词条撰写，其中教育卷包括缺陷儿童（1000字）、盲聋哑教育（4000字）、特殊儿童教育学（3000字），心理卷包括缺陷儿童（3000字）、缺陷心理学（1000字）、盲人心理学（1000字）。我认为这件事是很有意义的，比如让我思考"特殊教育"的定义是什么，广义和狭义的定义分别是什么；从特殊教育的定义出发，盲和聋怎么区分、怎么定义。以前潘菽的《普通心理学》讲过一些相关知识，但教育学领域还没人讲过。编写这种工具性辞书也让我学会了如何遵照严格的程序搜集、保存和整理资料。词条中的每个人名、每个数字都要有依据，并保留资料卡片，明确出处和原文。我参与《中国大百科全书》的撰写不仅起到了很重要的宣传作用，而且为建立专业、教学做了准备，为我后来编写《特殊教育辞典》做了准备。

《北京市普及和发展特殊教育总体规划的研究报告》

甘为特教苦奔忙

根据顾明远教授的建议，在我的大力倡议下，1980年12月北京特殊教育研究会成立。后来我联合上海、江苏、安徽、辽宁等地的特殊教育研究会，于1982年成立了中国教育学会特殊教育研究分会。我担任了四届聋教育副理事长。

北师大建立特殊教育研究室，使特殊教育在高校有了一片阵地。做完全国特殊教育学校的调查后，我们的研究室在全国有了一定的知名度。1980年暑假，浙江省邀请我去培训教师，讲聋童心理，我又认识了好多聋校教师，后来这些教师中有很多人担任了聋校校长。培训期间我住在一个礼堂里，夏天夜里热得睡不着觉，就准备用自来水冲澡，结果放出来的都是热水。从1980年到

1983年广州，广东省特殊教育研究会成立大会，前排右二是我

1983年哈尔滨，中国教育学会特殊教育研究会，前排左五是我

1984年的5年间，我先后到17个省市做过特殊教育教师培训，这些教师来自28个省市，共计2000多人。所有这些培训都是义务的，除了对方报销路费、餐费和住宿费。有记录的各地培训人数如下：

1980年暑假浙江省聋哑学校教师100人，培训内容包括聋哑儿童生理及心理特点、聋哑学校教学原则、国外特殊教育概况和特点等；湖北省聋哑学校教师60人，除浙江省的培训内容外，还有聋哑学校教学计划和大纲；1981年暑假山东省聋校80人，讲课内容包括盲聋哑的教育和心理学，11月盲文出版社100人，主题为"我国盲人教育及国外特殊教育概况"；1982年寒假培训的人数包括广东省60人、湖南省100人，暑假期间培训安徽省100人、河北省60人、吉林省80人、辽宁省300人、北京市50人；1983年暑假培训黑龙江省100人、云贵川三省100人，10月在南京特殊教育师范学校参加教材会，顺便利用晚上的时间讲课3次；1984年暑假培训广东省100人，9月至10月在南京特殊教育师范学校培训80人；1985年培训人数为青岛市40人、泰安市80人、肇东市80人、山西特殊教育研究会40人、西安市智力落后教育培训150人、福建省漳州市80人；1986年5月在南京为世界卫生组织等举办的"儿童智能障碍讲习班"学员授课；1986年5月至6月举办2期特殊教育讲习班；1987年暑假，与美国人共同举办聋教育和智力落后教育教师培训班，人数达到180人；1988年8月，在安徽省合肥市开办智力落后教育培训班，学员20人，这是为英国儿童基金会项目开展的黄山幼儿园幼儿融合教育教师培训。

这些培训材料后经修订得以出版，成为特殊教育专业学生为数不多的几本参考书。每年的这些培训活动既宣传了特殊教育，宣传了北师大，也使我了解了国内特殊教育的发展情况，收集了国内特殊教育发展的一些重要素材，为创建特殊教育专业和教学做了很多准备。

20世纪80年代初在郑州讲课

1980年夏天在杭州聋校讲课留影，二排左六是我

1982年安徽旌德特殊教育讲座留影，二排右四是我

1982年吉林长春盲聋哑学校领导干部培训留影，前排左六是我

1982年8月辽宁大连特殊教育学习班留影，二排右六是我

20世纪80年代西安市盲哑学校留影　　20世纪80年代石家庄市聋哑学校留影

早期出版的著作

促南京特师发展

北师大成立特殊教育研究室后，中等师范学校率先创办特殊教育专业。1981年，当时教育部基础教育司司长和特殊教育处龙庆祖提出，要开办中国特殊教育师范学校培养师资。教育部最初设想在北京市建校，但当时北京市不同意，后来江苏省教育厅副厅长很支持这个事情，最终教育部决定在南京市建立中等特殊教育师范学校。该校归教育部师范司中等师范教育处管理，由教育部出资，面向全国招生。在开筹备会时，教育部委托我起草了《中等特殊教育师范学校教学计划（试行）》，为此，中等师范教育处处长还亲自到我家和我一起研究该教学计划。

1994年，全国中等特殊师范教育改革研讨会全体代表留念，首排左三是我，二排左六为肖非

这个计划于1989年11月16日正式颁发，成为中等特殊教育师范学校通用的教学计划。教学计划的内容包括培养目标、适用范围、时间安排、课程设置、教育实践、课外活动等，目标是培养合格的特殊教育学校小学教师，课程设置分为必修课和选修课，其中教育学基础、心理学基础、特殊教育概论等是公共必修课，盲童心理学、聋童心理学、智力落后儿童心理学、教育学、手语基础、耳聋预防及康复、盲字基础、目盲预防与康复、儿童精神发育迟缓及测查、行为矫正基础，以及小学语文教材教法、小学数学教材教法、小学常识教材教法等是专业必修课程，并安排若干科目的选修课和一定时间的专业实习。至今，南京特殊教育师范学院的特殊教育博物馆还保留着我当时的手稿。

1982年南京特殊教育师范学校正式建校之前，借南京盲校的校舍举办了首届培训班：一个聋教育教师班和一个智力落后教育教师班。当时顾老师刚调到北师大不久，还是聋教育教师班的学员，通过培训班的学习来补特殊教育的理论。培训班的学员来自全国各地，比如马廷慧是北京市海淀区教育局派来的，经过培训后就做了北京市海淀区培智中心学校校长。汤盛钦、银春

为北京盲校教师讲课

铭和我都是给智力落后教育教师班上课的老师。四聋的教师沈家英讲授聋校数学教法。

　　培训期间，我不仅专门编写打印了《聋童心理学》的材料，教学时也很注重实践，让学员观察写生，画学校的学生，有些作业我现在还保留着。当时南京特殊教育师范学校得到国家的经费支持，购买了进口的听力计，却没有一个人会使用。我在讲课过程中，就教大家怎么用听力计来测查听力，听力损失达到70dB、80dB分别是什么意思。第一期培训班持续了几个月，教师和学员都在学校里吃住。培训班不仅为南京特殊教育师范学校和全国各地特殊教育学校培训了一批聋教育和智力落后教育方向的骨干师资，也为北师大特殊教育专业的建设做了准备。通过讲课，我一方面思考了专业课程的设置、教学计划的内容，另一方面也编写了《聋童心理学》的教材。

美国专家来送教

　　北师大特殊教育专业创办前，我受邀参加的全国各地特殊教育教师培训不少，也组织过一些培训，1986年5月至6月我们组织了两期特殊教育讲习班。来自美国的两位特殊教育专家主动要求来北师大做特殊教育培训，一位是凯西·肯尼迪，是美国华盛顿州立大学的教授；另一位是美国加利福尼亚州文图拉区学校的教师玛丽·浩舍，毕业于加州大学圣塔芭芭拉分校。两位专家都是热心特殊教育、从事特殊教育的人，愿意义务到中国来讲课。于是我们抓住这次难得的机会，举办了两期培训班。第一期培训班有将近200个学员，主要来自全国各地的聋校和师范学校。这次培训免收学员学费，只需他们自己负担交通费和生活费。

在北师大讲课期间，学校住宿不方便，她们被安排住在了与北师大一墙之隔的北京邮电学院（今北京邮电大学），两人每天骑着自行车来讲课。后来我到美国访学期间，又见过玛丽·浩舍。2013年，玛丽·浩舍再次来北京旅行，专程到我家见面，我热情地接待了她，并安排她住在北师大的励耘学苑，还特别请一个研究生陪同她在北京的行程。

1986年，北师大特殊教育系举办第一期特殊教育讲习班，从右至左是我、凯西·肯尼迪、玛丽·浩舍

接待外宾建联系

创办特殊教育专业之前，除了师资准备、教学准备、科研准备、社会活动准备外，我们和国内外特殊教育同行的联系也逐渐建立起来。中国的对外交流在"文化大革命"期间遭到了破坏，"文化大革命"后才得以重建和恢复。

1975年，美国颁布了《所有残疾儿童教育法》（简称94-142公法），成为美国历史上第一部专门针对残疾儿童教育问题的联邦法律，在美国特殊教育历史上和世界特殊教育发展中都具有里程碑式的意义。在那个科技不发达、信息相对闭塞的年代，我几经辗转，通过各种途径才获得了该法全文，没想到这次无心插柳之举竟促成了我第一次出国访美。20世纪80年代初，美国教育代表团访问北师大，我参与了接待和交流。代表团成员中有一位叫兰德斯（Landers）的特殊教育专家，是美国加劳德特大学人文学院的教授。兰德斯介绍美国的教育情况时提到美国有世界上非常人道的特殊教育法令。我马上好奇地提出来："您说的是不是美国的94-142公法？"他一下子很吃惊，并对自己国家的法令在遥远的中国竟然为人熟知而表示很开心，很愿意同我们一起探讨这个话题。他的介绍使我们对美国的特殊教育有了初步的认识，但是美国人并不了解中国的特殊教育。于是，美方主动邀请我去美国深入了解他们的特殊教育，并介绍中国特殊教育的发展情况，如此促成了我后来的访美。

后来，美国纽约大学的曼（Mann）教授来北师大访问，当时学校没有宾馆，他只能住在留学生宿舍。我们专门给他安排了单独的房间。当时正值夏天，我们就给他铺上凉席，还准备了两个电风扇。我说："这是我们能提供的最好条件了。"

1981年秋，我与美国加利福尼亚大学洛杉矶分校盖恩斯（R. Gaines）教授合作，在北京市第三聋哑学校研究中国耳聋儿童的阅读和短时记忆。这是盖内斯主动找到我的，也是我第一次和外国专家合作。当时国内和外国的联系比较少，我很愿意和他合作开展研究。我明白资料有知识产权的问题，所以留下了所有调查材料的原件，提供给他的都是复印件。我们合作撰写的文章发表过两次，论文《中国聋童阅读技能和编码类型》在1983年6月在罗马举行的第三次"手势语言研究国际讨论会"上被宣读并编入论文集。盖内斯所学的专业是神经系统科学，和医学有关。因为他有一个女儿是聋童，所以他对聋教育有一些了解，也有着浓厚的研究兴趣。在他回国前，我赠送给他女儿一幅中国福建的铁画作为礼物。

另外，我还接待过法国科学院华裔院士游顺钊，他从事视觉语言研究，将手语纳入语言学的范畴进行研究，取得了重大的成果。我是在民政部见到他的。他当时到内地来想研究手语问题，研究没有接受过文化教育的聋人的纯自然手语。这个人的研究精神让我很感动。当时他住在北京饭店，每天坐车到延庆山里边找聋人研究。他给我讲自己的研究经历，说他在加拿大为了接近一个想要研究的聋人，不惜自己假装病人，和这个人住在一间病房里，和他打交道。他执着的研究精神对我是一种很大的激励。

走出国门促交流

20世纪80年代初，国内出国交流的机会非常有限。调入北师大后不久，我开始积极主动地与国外高校的特殊教育同行、特殊教育国际组织展开联系，争取到访问国外特殊教育机构、参加国际会议并代表国家发言的机会。1984年一年，我访问了英国和美国等国家，出国太频繁，以至于学校外事处的老师半开玩笑地跟我说，为什么总在给我一个人办出国的相关手续，说我"出国就像上王府井似的"。

1976年，为唤起社会对残疾人的关注，联合国大会宣布1981年为"国际残疾人年"（International Year for Disabled Persons，IYDP）。1981年年初，中国盲聋哑协会李石涵（聋人）副主席邀请我一起出国，参加世界聋人联合会于1月24日在意大利罗马召开的"聋——国际残疾人年"国际会议。这个会议是值得载入史册的，我非常荣幸能够有机会参加。能去意大利参加国际会议也是有些机缘的。李石涵曾在北师大图书馆担任副馆长。北师大成立特殊教育研究室后，我作为残疾人工作者代表，曾多次参加盲聋哑协会的会议，认识了很多社会上的聋人、盲人。李石涵所在的盲聋哑协会有外事处，有专业的翻译人员，但是他不要盲聋哑协会外事处的人和他去，坚决要求我去。他可能考虑到我是大学教师懂专业知识，有苏联留学的经历，还有国际交流的经验，所以力主我和他一起去。于是，我刚调到北师大不久就又被借调到民政部，跟着李石涵去意大利参加国际会议，恢复"文化大革命"期间中断的与国际残疾人组织的联系。这个任务对我而言很重，也有一定难度。过去我和李石涵不算太熟悉，但是我知道他16岁时患脑膜炎导致双耳失聪，童年是在解放区度过的，自学了德文书面语，后来出任中国首任驻瑞士使馆某部门负责人，成为中国第一个聋人外交官，自1956年开始兼职从事残疾人事业，1979年开始专职从事残疾人工作，任中国盲聋哑协会副主席。那是我第一次去意大利。后来中国聋人协会杂志《中国聋人》刊登了我们在意大利参会的照片。从1981年的罗马会议开始，我们和外国同行的联系恢复起来了。

为了参加会议，我做了很多准备，到图书馆查阅资料，了解罗马当地的气候，还准备了一些发言的内容。因为我们的飞机中途要经过德国，我特地请一个学德语的同学帮忙准备了一些小卡片帮助交流，后来还真派上了用场。外交部找人专门给我介绍意大利的情况，包括意大利的中国大使馆、意大利的社会情况等。出发的那天晚上，中国盲聋哑协会主席亲自把我们送到机场。

在罗马，我再次见到了当时的世界聋人联合会主席——南斯拉夫著名聋人事业领导人德勒高芦布·伏可第奇。此前，伏可第奇曾率南斯拉夫及其他国家聋人代表团到北京访问，我们见过面。在意大利，有件事情让我很有收获。意大利聋人协会主席是个聋人，我没想到他作为聋人能给我们开车。当时日本聋人协会主席对我说，日本聋人经过几年奋斗，也可以开车。然而，我们中国聋人近几年才开始实现开车的梦想。我们还参观了罗马的教会学校。在一所聋人中学，我看到班里既有普通学生，也有聋生，于是就问他们的教导主任："为什么一个聋生班的十来个学生中，有两个健听的孩子？"他讲了两个理由：一个是这些普通孩子从这里毕业后更容易就业；另一个是班级人数少，普通孩子比在普通学校学得更多。会议期间我还见到了美国加劳德特大学的一位院长、一位主任和罗彻斯特聋人工学院的院长。加劳德特大学是世界唯一的一所聋人大学，它的一位主任柯列夫教授是《聋人百科全书》的主编。见面时，柯列夫教授对我说："我们要出版《聋人百科全书》，你能不能写一点关于中国的情况？"能有幸参与这本书的词条撰写，我当然很高兴。我为《聋人百科全书》撰写了"The People's Republic of China"（中国）部分，约3000字。1986年，我去美国参加美国特殊儿童委员会①（CEC）年会时，参观了加劳德特大学，又见到了他。时隔多年再次见面，我俩都很高兴，他把那套《聋人百科全书》赠送给了我。这套书很昂贵。

我去了美国6次，走过30多个州，每次一般待10天到20天，最长的一次待了3个月。我第一次去芝加哥参加美国特殊儿童委员会年会的时候，带着英文稿子和录像讲中国特殊教育的情况，结果录像带在那里播放不了，只好口头讲解。美国特殊教育研究会议的规模很大，会场是可容纳几千人的大型体育场，我才开始知道国际会议是什么样的。当时出国用的照相机是我从教育系借的，胶卷中的多数必须用来拍摄工作照。我专门去了柏金斯盲人学校，看到了海伦·凯勒曾使用过的仪器、曾触摸过的地球仪以及安妮·莎莉文曾穿过的衣服。我去过美国这么多次，预定的几项目标都达到了。罗彻斯特聋人工学院系主任将美国各州聋校的数据提供给我，包括每个学校的校长、地址、电话、邮箱、师生人数、学制、教学方法等，我心底就有数了。我到美国各个大学的图书馆查找资料，比如美国有多少所大学设有特殊教育专业。这些图书馆会把统计数字做成缩微胶片提供给我。我在得克萨斯州的图书馆里看到"inclusive"的有关材料，知道"inclusive"在美国是怎么用的，找到了根源上的解释。美国对"inclusive"有不同的意见，还有"full inclusion"一说，部分人同意"full

---

① 英文全称为Council for Exceptional Children，简称CEC，是世界上较大的特殊教育学术团体，1922年成立于哥伦比亚大学教育学院，其年会是世界上影响较大的特殊教育学术会议。

inclusion"，部分人不同意"full inclusion"。我们最初把"inclusion"翻译成"全纳"，看到"full inclusion"的提法，我才感觉到把"inclusion"翻译成"全纳"是不合适的，采用"融合"的译法更恰当。这使我想到，有一次，我在上海开会，一位教授在会上介绍美国的"最少受限制环境"时，说的意思与美国的原意恰恰相反。我当时听了就直言不讳地提出来："您恰恰说反了，'最少受限制环境'不是让所有残疾孩子在一起，而是要让残疾孩子和普通孩子在一起接受教育。"看到国外的一个词，不了解它的来龙去脉、前因后果，凭自己主观的猜测去解释的做法是不行的。

我在美国的图书馆看到新中国成立前的中国的教育杂志，查过里面有关特殊教育的文章。北师大图书馆缺少该杂志民国前几年的几卷，但我在美国得克萨斯图书馆查到了。新中国成立前的中国的教育杂志，这个图书馆从第一卷第一本到最后一本全部都有。

我在美国凤凰城参观过一个融合式的特殊教育学校，去之前我在网上专门查过这个学校的信息。参观结束后，学校给了我一些材料，还介绍我到学区去看看。这样我对美国学区里各种类型的残疾学生的情况都有所了解，也因此对"inclusive"有了更深入的了解。在美国，无论是大学还是小学，无论是普通学校还是特殊教育学校，无论是普通家庭还是教授的家庭，我都去过，对美国特

应邀在美国拉斯维加斯的州教育局介绍中国特殊教育

在美国杨百翰大学校门前

在美国俄亥俄州州立大学图书馆　　　　　　在美国得克萨斯州聋校

在美国访问　　　　　　　　　　和美国残疾孩子在一起

殊教育的情况有了一些了解，后来写文章、发言时就敢在这方面说话。

　　我们看到了美国特殊教育发展的优势，也要看到他们的劣势。我第二次去美国的时候，在华盛顿约见美国教育部副部长，听他介绍美国特殊教育的情况。后来我和美国负责特殊教育的官员一起吃饭，了解到他们多元文化地区的特殊教育发展得并不好，美国采取各种优惠政策，为教师提供上大学的名额，拨大笔经费给保留区等。但这些教师的流失状况依然严重，他们上完大学回本地最多工作两年就走了，基本上教师两年就要全部轮换一次，造成多元文化地区特殊教育的发展质量不尽人意。

1984年9月，我参加了在英国布里斯托举办的国际手势语讨论会（The International Sign Language Workshop），并在大会上发言，发表论文 *The Sign Language for the Deaf in China*（《中国聋人的手势语》）。布里斯托大学聋人中心主任吉姆·凯尔（Jim Kyle）是研究手语的。1984年，他去广州聋校参观时，广州聋校校长告诉他，北师大有特殊教育专业了。他就坐飞机到北京，专门到北师大找我了解了一些情况。我向他讲中国特殊教育的一些情况，还提到英国第一所聋校爱丁堡聋校的建立者、建立时间、具体情况，英国聋教育的现状等。于是，吉姆·凯尔对我说：“你对我们国家的特殊教育了解，我对你们的特殊教育却不了解。明年布里斯托大学有个欧洲手语会，我请你去参加。”很快，他从欧洲共同体和英中友好协会申请到了经费，由此我第一次踏上了英国的土地。吉姆·凯尔为人很好，他专门开车到伦敦来接我。参加会议期间，我讲了中国手语的一些情况。当时我的英语还不是很好，不能全部用英语讲，基本上说的是中文，吉姆·凯尔特地找了一个留学生做翻译。

1991年，我第二次去英国。这次国家教委师范司司长带队，我当副团长，团员都是中等特殊教育师范学校的校长或者老师。我应邀在伦敦大学教

在加州大学圣塔芭芭拉分校特殊教育专家的家中

1995年，与美国加劳德特大学校长

1984年，参加英国布里斯托大学国际手势语讨论会

1984年，在英国布里斯托的聋校

育学院、曼彻斯特大学、布里斯托大学、伯明翰大学分别讲了中国的特殊教育。在布里斯托大学聋人研究中心，我们看到一些现代助听技术，比如聋人电

1991年，在英国的一所聋校

1995年，在以色列国际聋教育大会上发言

话，聋人可以通过这种专门设备将对方的语音信息转成文字信息。英国最早提出"special education needs"的概念，即将特殊教育的概念扩大。过去特殊教育的对象残疾人占总人口3%左右，而具有特殊教育需要的人口比例可能会有10%~15%。英国教育部规定，所有学校的教师都应该接受特殊教育培训，也就

是他们要求普通班级的教师一定要懂点特殊教育知识。按照10%~15%的比例计算，二三十个孩子中，至少两个孩子有特殊教育需要，因此所有的教师都应该学习特殊教育的知识和技能。

我去过挪威两次，一次是跟着中国残疾人联合会代表团去的，另一次是带着北师大的一些老师去的。奥斯陆大学邀请我介绍了中国特殊教育的情况。有几件事让我印象很深。奥斯陆大学特殊教育系的一位教授带我们去一个小城市参观特殊教育机构。我参加了他们的一个座谈会，座谈会上有心理学家、校长、教师、家长等。他们给我介绍为什么在这个地方建立一个特殊教育机构。接着我们参观另外一个地方，参加他们的座谈会，地方的议员、心理学家、校长、教师、家长等参与座谈，讨论为什么在这里要解散一所特殊教育学校。由此，我体会到一点，进行特殊教育要从孩子的情况出发，从地方的实际出发，要最大限度地有利于当地的孩子。我还参观了他们的twins school，即双胞胎学校。这种学校有两种性质，招收聋孩子和普通孩子两种孩子，分类进行教育。学校里的很多设施设备都可以共用，这对我们是有启发的。

我也去过韩国两次，其中一次是访问韩国大邱大学的特殊教育研究生院。该研究生院是单独设立的特殊教育研究生院，规模很大。我先到了釜山，在釜山大学就中国的特殊教育发展状况做了演讲。演讲开头的一段开场白，我是用韩语读的，就是用拼音标注的韩语说的。这是我出国演讲形成的一个习惯，无论在哪个国家演讲，都会临时学一点当地的语言，这样能够吸引听众。大邱大学特殊教育研究生院的研究生听了我的讲座，还和我座谈，听我讲从事特殊教育的故事。另外一次去韩国和国内的聋人双语教学研究有关，当时我们特殊教育研究会和高等教育研究会的七八个人到韩国考察。当时国内兴起了聋人双语教学，联合国儿童基金委员会请我对双语教学进行评估。我告诉他们，如果要找我评估，我会实事求是地说出我的学术观点。实际情况是，韩国打算做聋人双语教学的实验，为天津聋校提供8万美元开展研究。我们去首尔聋校考察时，学校向我们介绍的是口语教学，并没有讲手势语。我们到韩国特殊教育研

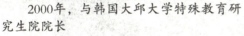

2000年，与韩国大邱大学特殊教育研究生院院长　　　与韩国特殊教育研究会理事长等人

究所访问时，对方介绍了韩国特殊教育的研究情况。我反复问他们，是不是把双语教学作为最主要的方法。结果不管我怎么问，他们都没有回答。我回到中国就感慨，既然双语教学这么好，为什么韩国给中国8万美元，却不在自己国家的聋校开展这项研究？双语教学到底是一种学术性的观点，还是外国人拿中国人来做实验？通过对韩国的这次实地考察，我对聋人双语教学有了更多了解，也进行了质疑。

　　这些年与各国的学术交流活动起到了几个方面的作用：一是了解了他们特殊教育的真实情况；二是结识了很多特殊教育界的友人，查找并带回了很多珍贵的资料；三是让他们的地方开始有来自中国特殊教育的声音，让他们能够了解中国特殊教育的发展。中国在"文化大革命"期间中断的与国际特殊教育的联系得到恢复，国际组织也从这些会议中了解到，中国的北师大建立了特殊教育专业，国际特殊教育组织册子里开始有北师大的联系方式，为北师大对外交流打下了良好的基础。

海峡两岸暨港澳共携手

　　我一直很注重与港澳台同行进行交流。我在北师大建立特殊教育研究室

1997年，在台湾师范大学的海峡两岸特殊教育学术研讨会上

1998年，与台湾学者何华国交流

2002年，和台湾特殊教育专家吴武典教授

后开始建立与港澳台同行的联系，宣传我们特殊教育的发展，了解港澳台特殊教育的现状。我出版或发表的特殊教育专著、文章被介绍或转载到港澳台。台湾教育杂志曾几次向我约写关于大陆特殊教育的文章。我最早联系的是台湾学者何华国，因为大陆影印了他的专著《特殊儿童心理与教育》。他送过我这本书的最新修订版，我也赠送给他我自己的著作。台湾有一位商人对手语很感兴趣，专门来北京找我，和我谈得挺投机，于是就邀请我去台湾访问。我一大早出发，中午到香港，晚上才到台湾，绕了一大圈。1997年，我去台湾师范大学参加海

1986年香港，在亚洲第一届聋教育大会上　　1997年，在香港盲校一百周年视障教育研讨会后与校长合影

1997年，和香港教育学院专家交流

峡两岸特殊教育学术研讨会，见到林宝贵等知名学者。同时，我也去了高雄、屏东、花莲等市县的特殊教育学校进行参观。

　　1986年，香港召开亚洲第一届聋教育大会，大会组委会特别邀请我做5分钟的国家发言。这是我第一次用英文代表国家发言，为了这5分钟的发言，我不知道演练了多少遍。后来，我应邀在香港大学、香港中文大学等校演讲，介绍内地特殊教育的发展状况。澳门协同特殊教育学校校长林剑如曾对我说，她是通过看我的《特殊教育学》这本书开始了解特殊教育学，进而从事特殊教育工作的。每次我到澳门，她必定会热情招待我，与我交流澳门和内地特殊教育的发展。我的学生中也有几位来自澳门，他们毕业后回澳门从事特殊教育。2004年，受澳门聋人协会邀请，我参加了听障人士社区参与及融合研讨会，并在大会上发言。《澳门日报》将我的发言内容进行了详细介绍。

申请建特教专业

1985年，我负责起草了《关于在1986年建立特殊教育专业的报告》（见表1），阐述了建立特殊教育专业的重要性、必要性和可能性，向教育部递交建立特殊教育专业的申请（见表2），包括专业面向、主干学科、专业人才需求预测情况、已有专业课教师基本情况、其他办学条件落实情况等内容。同年我又起草了特殊教育专业教学计划。1986年，经过近7年的准备，特殊教育专业首次出现在北师大招生宣传册上。教育系除了原有的学校教育专业、学前教育专业、教育管理专业，新增了特殊教育专业。为避免考生、家长和教师不熟悉"特殊教育"的含义，宣传册特意对"特殊教育"进行了解释：特殊教育是对盲、聋、智力落后儿童进行的教育。

表1　关于在1986年建立特殊教育专业的报告

北京师范大学拟于1986年在教育系新建特殊教育专业，现将有关问题报告如下。

专业名称：特殊教育

培养目标：1.为特殊教育中等师范学校（或班）培养专业课（特殊教育学、特殊心理学）的师资；2.为教育部门培养从事特殊教育管理的专业人员。

学制：本科生四年

建立特殊教育专业的理由：

1. 特殊教育专业发展的需要。《中华人民共和国宪法》第四十五条、《中共中央关于教育体制改革的决定》和党中央关于第七个五年计划的建议中都提到了发展我国盲、聋、智力落后等残疾儿童的特殊教育的任务。为了完成党和国家的这个任务，需要有受过高等师范教育的特殊教育师资。

2. 培养新的特殊教育师资和提高现有师资水平的需要。我国特殊教育的发展实际也提出了建立特殊教育专业的任务。发展和普及我国的特殊教育需要数以十万计的特殊教育师资，目前不足万人。几年来黑龙江、山东、江苏等地建立了培养特殊教育师资的中等特殊教育师范或师资班，他们多次提出要求北京师范大学代为培养特殊教育专业师资，一些教育行政部门也提出过类似的要求。目前我国还没有自己高校培养的学过特殊教育专业的师资。建立特殊教育专业可以更好地开展这方面的教育科研工作。

3. 发展高等师范教育和国际交流的需要。发达国家和一些发展中国家及地区在很多高等学校中设有特殊教育系（专业），我国台湾彰化师范大学也在1975年建立了特殊教育学系。特殊教育是一个国家整个教育事业的重要组成部分，随着经济和教育的发展受到越来越多的重视。高等学校设立这个专业是一个国家高等师范教育体系完整和社会文明进步的标志之一，也是目前国际教育交流方面的一个重要内容。

建立特殊教育专业的条件和可能性：

1. 北京师范大学教育系有雄厚的基础课教师和教学条件，这是建立特殊教育专业的基础。

2. 北京师范大学教育系1980年建立了特殊教育研究室，1981年首次在我国高等师范中为本科生开设了特殊教育选修课，现已开过五次；几年来开展了一些科研、教材编写和翻译工作，到全国十几个省市特殊教育师资培训班讲过课，积累了一些讲课经验，在全国有一定影响。

3. 现有专业课教师两名（其中一名是20世纪50年代到苏联学过特殊教育的留学生）；1983年到美国学习特殊教育的一名硕士研究生即将回国；还有一名已上二年级的国内特殊教育研究生，1987年毕业。这样的特殊教育师资力量在目前国内高校中是较强的。

4. 五年来积累和收集了大量国内外的特殊教育的资料（书刊、图片、幻灯片、录像带等），与美、日等十多个国家的特殊教育专家或组织有业务联系，订有四个国家的特殊教育期刊，准备了一些必要的设备和仪器。

希望在1986年招收20名本科生后，上级能在人力、财力、对外交流方面给予必要的照顾和方便，使我国建立的特殊教育专业得以巩固和逐步发展，适应国家经济改革和整个教育事业发展的需要，以便尽快赶上发达国家的水平。

1985年10月7日

表2　1985年上报给教育部的普通高等学校增设本科专业申请表

申请单位：北京师范大学

学校名称	北京师范大学	专业全称	特殊教育
专业面向	中等特殊教育师范学校（班）、教育行政部门、教育科研机构	对口业务部门	教育委员会

学制	四年	培养目标	培养中等特殊教育师范学校（班）特殊教育专业课师资；教育行政部门主管特殊教育的管理干部；特殊教育研究人员
招生时间及年度招生数	1986年9月招生20人	发展规模	逐渐组建盲、聋、智力落后教育的专门教研室、资料室、实验室；招生人数逐步扩大为每年招30~40人
专业方向及业务范围	研究和讲授特殊儿童教育学、特殊儿童心理学、中外特殊教育史、特殊教育学校各科教学法、特殊儿童生理缺陷的病理基础及其教育补偿、特殊教育学校管理学、现代化教育技术在特殊教育中的应用、国外特殊教育理论的研究、特殊教育比较学等。		
主干学科及相近专业	主干学科：特殊儿童教育学、特殊儿童心理学、中外特殊教育史、特殊教育学校各科教学法、特殊儿童生理缺陷的病理基础及其教育补偿、特殊教育学校管理学等。 相近专业：普通教育学、普通心理学、中外普通教育史、人体解剖生理病理学、普通学校各科教学法、教育心理统计学、高等数学等。		
该专业人才需求预测情况	略		
已有专业课教师基本情况（需另附教师姓名、职称、年龄、承担何种教学工作的详细材料）	朴永馨：北京师范大学教育系副主任、特殊教育室负责人、讲师、中国教育学会理事会理事、中国特殊教育研究会副理事长，现年50岁。曾于1956—1961年赴苏联留学特殊教育，回国后在北京市聋校工作近20年，翻译出版过《智力落后学生心理学》《聋童教育概论》《缺陷儿童心理》等著作，承担教育系本科生特殊教育选修课、专业俄语课的教学。 顾定倩：北京师范大学教育系助教，现年31岁，曾在北京市第三聋哑学校工作7年，1982年于北京师范学院本科毕业，承担过教育系本科生特殊教育选修课的部分教学工作。	所缺教师数及解决办法	现缺教师3~5人。拟在1986年、1987年从回国的留学特殊教育的人员中选调入校，从在学和即将招收的教育系特殊教育研究生中选留任教，商调曾在苏联留学特殊教育、现在上海市教育局普通教育处工作的银春铭同志。

其他办学条件落实情况（包括宿舍、教室、实验设备、图书资料、实习基地、经费等）	1. 已订阅四国特殊教育杂志，收集积累了上百册我国和美、英、日、苏等国的特殊教育图书、图片、幻灯片、录像带等。 2. 已购置两套特殊教育的教学设备。 3. 在保持教育系招生总数不变的情况下，压缩学校教育学专业招生数20名，作为特殊教育专业招生数，以解决宿舍、教室、经费、实验设备、图书资料等方面的问题。	尚需继续落实和解决的办学条件及所需时间	1. 要求国家教委分配留美特殊教育硕士研究生钟铃回北师大教育系，时间为1985年11月。 2. 建设教学实验室两间（1988年开设专业课前逐步解决）。 3. 建立稳固的教学实习基础（时间同上）。 4. 编写专业课教材（时间同上）。 5. 外出考察（请求国家教委或学校能在1986年、1987年安排）。

1986年，特殊教育专业首次出现在北师大的招生宣传册上

第五章

十年磨一剑
（1986年9月—1996年）

2014年还在再版1995年的书，这是我没有想到的。我心里特别不好受，因为出版社标明书是第三版，会让读者以为是新的，但其实内容没有多大改动。我觉得很遗憾，对不起读者。不过，《特殊教育学》在20年后还能重印，说明读者还有需求，也说明它仍有一定的生命力，有一定的价值和作用。

1986年，我国大陆高等院校的第一个特殊教育专业在北师大诞生。早期毕业的学生绝大多数从事特殊教育工作，并成为教学、研究的骨干。1988年，北师大成立了特殊教育研究中心，在我退休之前，中心已形成10个人的教师队伍，基本课程也完整地建立起来。1992年，我创办了国内高校第一个特殊教育领域的学术期刊《特殊教育研究》，1995年出版国内第一本《特殊教育学》，1996年出版国内影响较大的《特殊教育辞典》。在国际学术交流方面，我始终坚持博采众长的观点，参与组织了北京国际特殊教育会议、中美特殊教育研讨会等一系列有影响的国际学术会议，并邀请国际知名特殊教育专家到北师大讲学，同时多次出国访问，加强国际特殊教育领域的学术交流。

特教"黄埔第一期"

我进入北师大工作后，积极进行各方面的准备，希望能够早日创建特殊教育专业。1986年9月，北师大迎来第一批特殊教育专业的学生，自此中国大陆的高等院校终于有了特殊教育专业。我国台湾在1975年就建立了特殊教育专业，并招收博士研究生，大陆高等特殊教育专业的创立比台湾晚了差不多10年。

高考招生的时候，北师大各系要派人到全国各省负责招生，各省按照分配的名额录取。我主动要求参加招生工作，最后被分配到江苏省，并招收了两名特殊教育专业的学生——钱志亮、王辉。第一届特殊教育专业总共招收了15个学生，其中仅有几个学生是通过第一志愿考进特殊教育专业来的，对特殊教育有一定了解，大多数是通过第二、第三志愿进来的或服从分配的，对特殊教育一无所知。目前，每年特殊教育专业的招生恐怕还有这样的情况。因为北师大招生目录里第一次出现这个专业，学生对"特殊教育"的认识和理解各不相同，有人认为"特殊教育"是不是培养特级教师？有人认为是不是专门做特工的？这些想法都很正常。我通过入学教育、去特殊教育机构参观等各种形式的活动，才让他们慢慢形成对"特殊教育"的正确认识，并逐渐热爱特殊教育事业，进而使他们将来能够从事特殊教育事业。

为了培养特殊教育专业学生的实际工作能力，我非常重视专业见习、实习的安排。学生第一学年每月有两次去特殊教育学校见习的机会，第六学期到特殊教育学校实习一个月，第七学期到特殊师范学校实习一个月。根据国外培养特殊教育教师的经验以及考虑学生将来工作的实际需要，我们的培养目标是学生不仅要有扎实的理论知识，还要有一定的实践教学经验，不仅要了解残疾学生的实际情况，也要了解中等师范教育的实践。因为我们培养的是中等师范学校的特殊教育教师，所以学生除了在特殊教育学校实习外，还需要去中等特殊师范学校实习。1989年春季，第一届学生首先在北京市西城区培智学校实习。当年秋季，学生则到山东省潍坊市的昌乐特殊教育师范学校实习，实习指导教师是顾定倩老师。实习期间，学生们开展了形式多样的活动，受到学校师生的欢迎。因为顾老师住的房子是白色的，学生就开玩笑说顾老师住在"白宫"。学生则统一住在学校的学生宿舍里。第二届、第三届学生实习的特殊教育师范学校分别是河北省邯郸中等特殊教育师范学校、辽宁省营口中等特殊教育师范学校。

第一届本科生在昌乐特殊教育师范学校实习
期间开展活动

1990年，86级特殊教育专业首届毕业生合影，右三是我

　　1990年，北师大第一届特殊教育专业学生毕业，多数选择在特殊教育机构工作，现在仍有大部分人从事特殊教育工作，成为教学、科研的骨干。例如，程文捷毕业后直接去特殊教育学校工作，现在是北京市西城区培智中心学校副校长；黄鸿雁在中国聋儿康复中心工作；卫冬洁在北京博爱医院担任听力语言科副主任治疗师；辛华原来在黑龙江省教育厅主管全省特殊教育工作，后来调到陕西省教育厅主抓特殊教育工作；倪定现在担任上海市残疾人福利基金会副秘书长；刘秋芳现在山东省烟台市特殊教育学校工作；黄观颖是福建省厦门市特殊教育学校副校长；王辉是南京特殊教育师范学院的教授；钱志亮毕业后留在北师大特殊教育系工作。

特教一百单八将

　　招收第一届学生后，特殊教育专业开始逐渐受到重视，后来招收的人数都比第一届多。有一个情况需要说明一下，90级、93级、95级曾中断招生，

96级之后没有再中断。招生中断的原因是什么呢？当时北师大整个教育系的招生名额是100多人，原来只有学校教育、教育管理和学前教育3个专业，后来加上特殊教育变成4个专业，招生名额就得重新分配。国家限制招生名额和经费，学生招多了就没有经费，学前教育和特殊教育就轮流招生，保证另外两个专业招生，所以不仅特殊教育停招过，学前教育也停招过。当然也有社会不了解、报第一志愿的学生少等原因。我数了数，到了91级时，我们大概一共招收了108个人。我和他们开玩笑说，他们是特殊教育"黄埔早期"的一百单八将，这么说主要是增加他们的自豪感。不管毕业以后是否从事特殊教育工作，他们都是"黄埔早期"的，像钱志亮、邓猛都是这108个人里面的。特殊教育"黄埔早期"的绝大多数毕业生从事了特殊教育工作，基本都成为教学、科研或行政骨干，有教授、院长、厅局领导，也有很多校长。除了前面已经提到的第一届毕业生外，其他几届毕业生中坚守基层20多年的也不少，比如张群星（广东省中山市特殊教育学校）、于生丹（济南市特殊教育中心）、叶朝晖（上海市徐汇区董李凤美康健学校）、董存良（天津市聋人学校）、王红霞（北京市海淀区培智中心学校）、郑俏华（广东省佛山市启聪学校）。

特殊教育专业有了本科生之后，研究生的招生经过了不断争取。肖非是我们借助比较教育专业招的特殊教育方向的研究生。特殊教育专业研究生如何独立招生是个问题。1992年申请特殊教育硕士点时，我们至少要有具备3个副教授以上的师资。可特殊教育专业教授只有我一人，我只能借助外部力量，包括学前教育的陈帼眉教授和万钫副教授，她们二人的专业背景分别是心理学和医学。承担北京市课题时，我请她们一起做过科研，所以申报硕士点时借助了她们的力量。我们三人都是教育系的，分别从医学、心理学、教育学角度研究特殊儿童。通过这种方式，特殊教育硕士点才建立起来。与她们商议之后决定，我来带特殊教育专业的硕士研究生。那时一位导师每年只能招收一个研究生。童忠良老师来之后，开始带特殊教育技术方向的硕士生。

1991年5月，89级学生参加首次全国残疾人助残日活动

91级学生实习合影

1992年，申请特殊教育硕士点的申请表

1994年，与童忠良、赵敏成、肖非及答辩学生合影

培养方案初拟订

20世纪80年代，我国师范教育分为初等、中等和高等三级。北师大主要培养的是中等师范学校的师资，毕业生一部分到基层工作，更多的是到中等师

范学校做心理学、教育学教师，也可以去研究机构、行政机构。北师大还没有建立特殊教育专业的时候，我先帮助南京特殊师范学校建立了中等特殊教育专业，草拟了教学计划。中等师范学生毕业以后直接到聋校、盲校、智力落后学校担任教师，所以我们就设立了盲、聋、智力落后教育等专业，课程也分别设置，但基础课程是教育基本理论、医学基础课、教法课。那时我就已经在考虑高校特殊教育专业的课程设置问题。北师大开设特殊教育专业时，我就想培养目标和课程设置要和中等师范学校有所区别，一方面是层次要高，另一方面是注重综合性。从南京特殊师范学校开始，差不多全国所有的省都成立了中等特殊教育师范学校。北师大特殊教育专业培养目标明确提出，培养中等特殊教育师范学校（班）的特殊教育专业课师资。特殊教育专业本科生毕业后可以做研究工作，也可以在残联系统或行政系统工作。多数特殊教育专业的学生将来不会直接去盲校、聋校、智力落后学校任教，到特殊教育学校去实习的主要目的在于了解特殊儿童，为将来在中等师范学校讲课做准备。因此，高校特殊教育专业课程设置要考虑到生理基础、教育学、心理学等整个教育系的公共课程，同时要有几门特殊教育的综合性专业课程：特殊教育学、特殊儿童心理学、特殊教育史、特殊儿童的教材教法等，还要有一套基础医学课程，如耳鼻喉、眼和神经系统等的解剖生理病理课程。这是根据中国当时的实际情况和需要来设置的培养目标和课程，和国外高校的特殊教育专业课程不一样，与中等特殊教育师范学校的课程也不同。

国外高校的特殊教育也分专业，因为他们的毕业生直接去小学任教，学的时候就可以更专业。我们国家当时的情况是中等师范学校毕业生去教小学，高等师范院校毕业生去中等师范学校任教，所以我们的课程都是综合的，而不是针对某种单一残疾类型的，比如教材教法中既要有盲文又要有手语，既要有聋童的教法又要有盲童的教法。我们不仅将这些课程都教给学生，还必须让他们到学校去实际观摩，将课程内容与实际课堂教学结合起来。这样我们的毕业生将来到中等师范学校任教，带着中等师范学校学生去学校听课、实习时才有基础。如果只教给他们一种残疾学生的教法，将来他们到中等师范学校带学生去其他类型特殊教育学校时，就不知道怎么指导学生上课。我们的目标是要为中等师范学校培养专业课的师资，所以我们设置的课程必须是综合的。全国当时只有一所高校开设了特殊教育专业，只招了15个学生，如果还要让他们学得那么专，他们就很难应付将来工作的需要。事实证明，第一届、第二届毕业生中，有到中等师范学校去的，有到大学去的，有到教育厅去的。在教育厅工作的毕业生就要统管全省特殊教育工作，如果只知道一种残疾类型学生的教育，怎么推动全省特殊教育的发展？河北省、黑龙江省、陕西省负责特殊教育的行政人员，都是我们的毕业生。这也证明了我们开设综合性课程是正确的。

北京师范大学教育系特殊教育专业教学计划

（1985年10月拟订，节选）

一、培养目标

特殊教育专业的任务是培养德、智、体全面发展的中等特殊教育师范学校（或班）的特殊教育专业课师资和特殊教育实际工作者。

具体要求是：热爱祖国、热爱社会主义、拥护中国共产党、努力学习马克思列宁主义和毛泽东思想，逐步树立辩证唯物主义和历史唯物主义观点，培养共产主义道德品质，立志从事祖国特殊教育事业，勇于克服困难，有创新精神，为开创我国特殊教育新局面，发展中国式的特殊教育，使特殊教育适应社会主义现代化建设需要而献身。掌握本专业的基础理论、基本知识和基本技能，了解本专业学科发展的新成就，掌握一门外国语，能阅读本专业的外文书刊，能正确运用祖国的语言文字，在学习方法、自学和独立工作能力、科研方法等方面受到初步训练，具备独立从事特殊教育教学和实际工作的能力，具有健全的体魄和良好的生活习惯。

三、课程设置

1. 专业基础课

普通心理学、儿童心理学、教育心理学、普通教育学、中外教育史、心理与教育统计、语言学和语音学概论、神经病理学基础、耳科和眼科学基础（包括听力学基础）

2. 专业课

特殊心理学，特殊教育学，特殊教育史，特殊学校教材教法概论（包括盲校、聋校和智力落后学校的教材教法），特殊学校的教学手段（包括聋人手语、盲文），缺陷儿童的测查和鉴定，缺陷的补偿和康复

3. 选修课

逻辑学、伦理学、电化教育、教育科学研究法、教育管理法、教育经济学、教育社会学、教育哲学、比较教育学、中国教育论著选读、外国教育论著选读、幼儿教育、小学教材教法、中等教育、农村教育、家庭教育、学校卫生学、自然科学概论、实验心理学、医学心

理学、心理咨询、心理卫生、犯罪心理、天才儿童心理、神经生理学、优生学和遗传学、盲聋校助视助听器材、各国特殊教育研究、学习障碍儿童教育、语言发展与矫正、盲校语文数学教法、聋校语文数学教法、智力落后学校语文数学教法

四、教育实践

1. 第一学年每月去特殊学校见习两次；
2. 第二学年每学期有一周从事特殊学校教师助手工作；
3. 第五学期开展特殊教育社会调查两周；
4. 第六学期到特殊教育学校实习一个月；
5. 第七学期到特殊师范学校实习一个月；
6. 第六学期完成年级论文，第八学期完成毕业论文。

教学方式重改革

特殊教育学生入学后先上教育学、心理学等专业基础课，再上特殊教育的专业课。当时，特殊教育研究室只有三人，我的做法很大胆，特殊教育学、特殊儿童心理学、特殊教育史三门特殊教育学基础课全由我一个人教。其实，严格来讲，我讲授的是各自独立的三门课程，一般不是由一个人教的。我自知水平有限，但当时也是迫不得已的选择。我之所以敢于这样做，因为我在苏联时学过这些课程，也去盲、聋、培智学校实习过，回国后在基层学校待了差不多20年，跟学生相比，我知道得还是多一点。顾老师能讲特殊学校教材教法的一些内容，但他还处在理论学习的过程中，担任其他课程的教学还有点困难。后来当他听我讲完特殊学校教材教法课程后，我才逐渐放心把整门课程交给他。肖非刚刚硕士毕业，还不能胜任专业课的教学，于是我就让他当班主任，做辅导员，带学生实习。新开专业的课程，总有不完善的地方，就这样特殊教育专业开了张。

我讲上述三门课时，比较注意教学方式的探索。因为学生没有教材和参考材料，我要通过讲授尽量让他们了解和理解知识，而不是死记知识。通常，我首先讲概念，再讲理论根据。理论根据包含几个不同的要点，每个要点里可能又包括几个方面。有了这样的逻辑层次，学生就好做笔记。我不仅要让学生

知其然，还要让他们知其所以然。我讲课不是读讲稿，而是用自己的话来讲，还会举很多例子帮助学生理解。这是我讲课的风格，也许是一种教学方式的探索。学生们常常反映，我讲课旁征博引，非常精彩，但是不好做笔记。在讲课中，我很希望能够和学生互动，一直鼓励他们提问，最好提出能够难倒我的问题。如果他们听了我的课，不能提出问题来，证明他们没有思考。如果他们提的问题我答不上来，就证明我没有准备好。苏联和美国学生的思维都比较活跃，敢于大胆提出问题，我的这些学生还没有养成爱提问题的习惯。通过我的反复鼓励，有的学生还是能够提出一些问题的，但一般还没有人能够难倒我，说明他们的思考还没有跳出我所知道的知识范围。当时我并非有意进行创新，只是觉得这样才能促进特殊教育学科的发展。如果学生的知识仅仅局限在我的知识范围，那特殊教育学科就不会发展；如果学生提出的问题超过我知道的范围，大家去探索，那么特殊教育学科就能发展。

我对考试方法也进行了探索，很少使用笔试，一般是让学生独立撰写课程论文。我家里至今还保留着第一届学生手写的特殊教育史的课程作业，都快30年了。我要求他们自己去查找中英文文献，也会提供一些资料让学生进行分析，这就要求学生能够融会贯通。每个人写不同的题目，有的写法国第一所智力落后学校的建立者谢根，有的写法国第一所盲校的创建者阿羽依，谁也抄不到谁的，必须通过自己的独立思考写出书面的课程论文。他们那时候很用功，每个字都要仔细推敲，像钱志亮写的《伊塔德的特殊教育观》就有厚厚一沓。我找来英文材料"Chinese Helen Keller"（中国的海伦·凯勒）让学生翻译并分析，这样他们不仅学习了英文，还学习了特殊教育史。这些英文材料被翻译完后，我编入华夏出版社的《国外特殊教育资料选编》。学生对这种考核方式更感兴趣，这种考核方式也真正考验他们掌握知识的程度，比单纯背诵我讲课的内容有用得多。我还采用了苏联高校常用的口试方式。通常一门课上完以后，我准备18个或者20个和课程相关的题目，将所有题目提前告诉学生。他们把这些内容都复习好了，就等于掌握了这门课程的重点。考试的时候，我在桌上放20张卡片，让学生随机抽取一道题，略做准备后口头回答。他们回

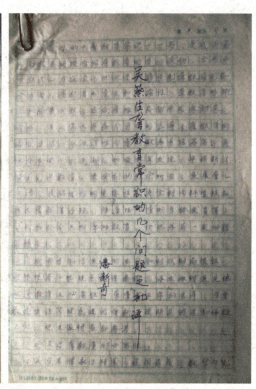

特殊教育专业首届学生的作业

答的可能是第一个问题，我随机追问的则可能涉及第五个问题的相关知识。根据学生回答的情况，我就知道他们掌握的程度。我希望通过这些考试改革能让学生真正地理解和掌握知识并形成能力。"纸上得来终觉浅，绝知此事要躬行"，我不仅重视课堂教学，还会定期带学生参观各类特殊教育机构，包括福利院，盲、聋、智力落后学校，让学生能够理论联系实际，这实质上是在学习国外师资培养的经验。苏联的师范教育比较重视实践，高校学制是五年，师范生假期都要不断跟孩子接触，为孩子的夏令营做志愿者。低年级和高年级的学生都要参加实习，当年我跟着四个专业的学生去特殊教育学校实习过。倘若学生仅仅通过书本和教师的讲授学习，认为教师说什么就是什么，学生就提不出问题，更不敢大胆质疑。学生有了实践基础，专业学习时就能够主动提出问题、思考问题。总体来讲，我的教学潜移默化地受到国外尤其是苏联的影响。

"借鸡下蛋"解燃眉

特殊教育师范生所需学习的课程体系里，我们本系的教师能够完成教育学、心理学、教育心理学、特殊教育学等课程的教学，但其他专业类课程，特别是医学基础课程，只能采用"借鸡下蛋"的方式开设。特殊教育研究室最初没有医学背景的老师，就请医学基础类课程的专家来教学。研究室成立之初，我就在为充实壮大特殊教育的师资队伍而努力。我参加盲聋哑协会的各种活动，和医学系统的很多专家建立了联系，我就请他们来给特殊教育专业的学生讲授基础医学课程。当时我请来给学生授课的老师都是非常有名的，包括北京同仁医院耳鼻喉科研究所、我国第一个听力康复门诊的创立者邓元诚教授，北京眼科研究所著名的眼科专家孙葆忱教授，北京医学院（现在的北京大学医学部）的神经精神科权威许又新教授等。北师大前几届特殊教育专业的学生们很幸运，能够听到这些医学大专家的课程，即使是医学院的学生可能都听不了如此系统的课程。难能可贵的是，这些专家给学生们上课都是义务性质的，既没有课时费，也没有路费补贴，反而他们有时会买些小礼物送给学生。大家怀着对特殊教育事业的敬重之情和乐于奉献的精神来授课。这些热心的教授给学生

北京同仁医院耳鼻喉科研究所邓元诚教授（中间的年长者）与87级学生合影

传授了知识，也为能够在大学里向非医学院的学生传播他们研究领域的知识而感到欣慰。我当时的想法就是"不为我所有，但为我所用"。后来我们调来有生物学背景的王雁和有医学背景的刘艳虹，让她们先跟着这些专家听课，然后再独立上课，这样基础医学课就变成自己的教师来上了。

高校特教十精英

开始建专业的时候，特殊教育专业的教师只有我、顾老师和刚留校的肖非。为了发展我国的特殊教育事业和科学研究，国家教委有关领导曾向我们几次建议，在北师大建立特殊教育研究中心，同时拨给3000平方米的建筑和30~50人的编制。我认为这个建议对我国特殊教育的发展和北师大成为一流的教学、科研中心是有诸多好处的。为此，我专门向校长提交了《关于请求领导尽快决定成立特教中心问题的报告》。

1988年7月21日，国家教委批准在北师大建立特殊教育研究中心。1988年10月10日，王梓坤校长批示同意举行特殊教育研究中心成立大会。1988年10月

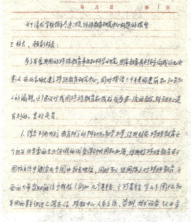
1987年《关于请求领导尽快决定成立特教中心问题的报告》（部分）

1988年10月13日，北师大特殊教育研究中心成立大会

13日，北师大召开了隆重的特殊教育研究中心成立大会，很多领导、同行、外宾及媒体代表参加。

特殊教育研究中心接受国家教委和学校双重领导，国家教委拨给编制和经费。国家教委拨给了特殊教育研究中心10人的编制，我想办法引进来一些人：学医学的刘艳虹，研究特殊教育技术的童忠良，研究语言学的哈平安，研究解剖病理生理、细胞生理的王雁，研究特殊儿童评估的韦小满，挪威奥斯陆大学硕士、研究孤独症的焦青，学前教育背景、美国南加利福尼亚大学硕士李彩云，毕业后留校任教并到美国帕金斯盲校学习一年回来从事盲教育研究的钱志亮。我考虑到既然我们成立了特殊教育教研室、特殊教育专业、特殊教育研究中心，就不能像专业初建的时候，请校外专家担任授课教师，必须形成自己的、由相关专业背景人员组成的团队。特殊教育研究中心人数最多的时候达到了十多人。在我退休之前，特殊教育研究中心形成了10人的教师队伍，一个人有一个研究方向，基本课程体系建立起来了。那时候还没有特别严格的教学工作量要求，所以教师的课时量并不是很多。我们创办《特殊教育研究》杂志后，每个人要轮流做责任编辑，负责修改稿子，大家的工作量就增加了一些。

1992年，特殊教育专业教师在教育系元旦晚会上

世界各国淘资料

尽管在特殊教育专业建立前我做了各方面的准备，但很遗憾的是没有正式出版的教材。我总说对不起前几届学生，因为他们上课时连教材都没有。那个时代打印和复印都很困难，只有我自己有一个手写的课程大纲，写的讲稿也无法帮学生印出来，系统的知识全靠我的口头讲述。学生只能凭着我掌握的材料，边听课边记笔记。当时，能供学生参考的只有我翻译的《智力落后学生心理学》《缺陷儿童心理》两本书和根据培训讲稿编写出版的《聋童教育概论》。

从留学开始，我就非常注重收集专业书籍，后来到其他国家访问也不忘收集资料。苏联、美国、日本、德国出版的专业书我都有，相对而言俄文原版书比较多。

《智力落后学生心理学》是苏联高等师范院校特殊教育系教材，1959年在莫斯科以函授教材形式出版，名为《智力落后儿童心理学》，1970年莫斯科教育出版社出版第二版时改现名，1979年和1986年又再次修订出版。中文版由我翻译，1983年由人民教育出版社出版。苏联有的教材很复杂，有的教材很深，不好翻译。鲁宾什坦给我们讲智力落后学生心理学的小册子比较通俗易懂，我在苏联学习期间就把它翻译完了。回国后，我根据1979年正式出版的俄文版进行了增补后使其出版。我在留学期间已经开始注重收集资料，了解苏联特殊教育的情况，包括出版了哪些专业书籍和资料，还结识特殊教育相关领域的专家，和他们建立联系。我常常在苏联的旧书店里流连忘返，把生活费省下来购买旧书。非常幸运的是，我在旧书店淘到了巴甫洛夫关于条件反射学说的著作。他最初是怎么设计实验的，书中都描述得很详细。我购买了很多俄文原版书，将20世纪二三十年代出版的书也带回来一些。毕业时，我装了满满两大箱子的书托运回国。"文化大革命"期间，当年留学的很多同学都被迫将俄文书扔掉，而我一本书都没舍得扔。20世纪80年代，我再去苏联的时候，又淘回来一批书。国家派我去苏联留学，我懂得俄文，应该想办法多收集俄文的专业资料。1958年，科学出版社出版了孙维、盖培翻译的苏联学者捷姆佐娃的《在认识与劳动过程中盲缺陷的补偿途径》一书。捷姆佐娃是苏联教育科学院缺陷研究所盲缺陷研究部主任，在苏联特殊教育界很有名望，"补偿"一词就是从她这本书里翻译过来的。1988年我回苏联的时候，特地去拜访了她。她儿子很热情地接待了我，带我参观他母亲的藏书，并主动提出让我从这些藏书中随意选书带走。他强调说："你是母亲当年的学生，母亲过去常常念叨你勤奋学习，又是真正爱书之人。如今我把母亲珍藏的书送给你，也算是给这些书找到了最好的归宿，你才是真正懂得珍惜它们的人。"我听后非常开心，也很感动，因为捷姆佐娃家里的大部分书都是很贵重的，很多书是作者送给她的，上面有作者的亲笔签名。时隔20多年我回到苏联，能够带回来几百本如此珍贵的书，这真是最大的惊喜。

这里还要特别提到一本《聋人教师手册》。苏联当时先后出版了三本特殊教育手册，分别是《盲人教师手册》《聋人教师手册》和《弱智教师手册》。《盲人教师手册》和《弱智教师手册》在苏联都能买到，唯有1949年出版的《聋人教师手册》在市面上买不到，而这本手册的内容很全面，体现了苏联聋教育的发展，我非常希望能把它带回国参考。1988年，我回国立莫斯科列宁师范学院访问时，想把它带回国。国立莫斯科列宁师范学院特殊教育系的系主任阿格涅祥教授是我师弟，和我的关系很好，于是我们俩就想了个办法。特殊教育系有自己的图书馆，藏有多本《聋人教师手册》，少一本并不会有太大影响。我借来一本，然后佯称把这本书弄丢了。按照规定，我赔偿一本价格稍微高一点的新书即可。通过"换书"的方式，我终于把《聋人教师手册》带回了国。现在遇到这种情况我可以复印、拍照，但那时候没有条件，只能用"特殊的方法"把书转换到手。

到美国访问期间，我同样注意搜集图书。1988年，美国邀请我去芝加哥参加美国特殊儿童委员会年会。会场像体育馆一样大，各种书商借年会的机会带着大批图书去展览。在展览会的最后半天，参展方纷纷准备撤展，将尚未卖完的书再运回去要花运费。接待方马林博士带着我参观展览会，并向参展方介绍我是来自中国的特殊教育专家，咨询购书能否享有一定优惠，结果参展方就把书送给了我。现在北师大特殊教育研究所资料室的很多书就是我运回来的，大概花了100多美元的海运费。后来，俄罗斯特殊教育专家纳扎洛娃的俄文版《特

和美国特殊儿童委员会主席汤　　　在美国特殊儿童委员会年会上
姆森博士及马林博士

殊教育学》也是我通过这种方式，在北京国际图书展淘到的。

　　我也收集到一些日本的特殊教育资料，如手语资料、特殊教育学校教材。田上隆司是日本一所特殊教育学校的校长，他从杂志上看到北师大建立特殊教育研究中心的消息，就给我写信。我很快就给他回信，向他介绍中国特殊教育的发展。我用中文写信，他用日文写，但彼此都看得明白。他给我寄来一些精神薄弱儿童学校（中国的智力落后学校）的教材，上面写有学生名字。在日本，教材在书店里买不到，都是学校免费发放的，而且会重复使用。从这些教材里，我了解到日本智力落后教育的发展情况，发现小学一年级、二年级的数学教材根本就不教数字，而是让学生学习系统的数前概念，为后面学习认识数字奠定充分的基础。

　　北师大让我们给特殊教育研究中心订阅国外的杂志，我就把美国、英国、苏联、日本、德国等国家的特殊教育杂志都订阅了。尽管特殊教育专业师生中懂得俄文、日文、德文的人并不多，但是订阅了这些国家的杂志，将来有人就会了解各个国家在不同时代特殊教育的研究成果。如果没有杂志作为参考，我们就很难了解各国特殊教育研究的重点。1988 年，重回苏联访问时，我对苏联教育科学院缺陷教育研究所的马拉费耶夫（他也是我的同门师弟）所长说："我

和马拉费耶夫在一起

20多年没回苏联，对于这些年苏联特殊教育的发展情况不了解，能不能把你们过去的杂志给我看看，或者我买一些带回中国？"我把编辑部保存的每一期杂志都买回来了，从中我大概了解到离开苏联这20多年来苏联特殊教育的基本情况。后来我又去过苏联五六次，他们都会把编辑部保留的特殊教育杂志赠送给我，当然我也回赠了中国特殊教育书刊等礼物。

特教杂志开先河

根据国际经验，我在特殊教育专业建立时，就计划着要出版杂志，建立自己的学术阵地。北师大成立特殊教育研究中心后，国家教委拨给经费，杂志的出版就提上了日程。《特殊教育研究》是国内高校第一本特殊教育杂志，后来其他单位也陆续创办了《中国特殊教育》《现代特殊教育》《特殊教育》等正式刊物或内部刊物。全国各地好多省市也逐渐创办了地方特殊教育刊物，例如《浙江特教通讯》《特教天地》《上海特教》《北京特教》等，有些杂志曾出过特殊教育专刊或专版。

创办一个刊物需要克服诸多困难，一个是编辑部团队的力量，另一个是正

国家教委同意《特殊教育研究》内部准印出版的批文

启功先生题名的《特殊教育研究》杂志

式刊号的申请。北师大属于国家教委系统，而国家教委系统内有很多杂志。要增加一个杂志，国家教委也需要向国家新闻出版总署申请新的刊号，而出版总署对杂志的总量有严格控制，所以国家教委的正式刊号就一直批不下来。当时我们的杂志仅仅获得内部刊号，只能作为内部刊物出版。因为杂志的主办单位是特殊教育研究中心，杂志的名称就叫作《特殊教育研究》。我们专门请启功先生亲笔题写杂志的题头，全国人大常委会领导、国家教委领导、中国残联主席、北师大校长也为杂志创刊号题词。《特殊教育研究》由我担任主编，第一期于1992年5月正式出版。

《特殊教育研究》是季刊，一年出版4期，由特殊教育研究中心的教师每年轮流担任一期杂志的编辑，差不多两年轮一回，实际上教师们的工作量还不是很大。我想先有一个思想阵地，再逐渐让它正规起来。国家教委一年拨给杂志3万元的专项经费，我就以此作为成本。《特殊教育研究》杂志封面一年一个颜色，当时我们很用心地去做。虽然校对出很多错字，但感觉这些杂志像自己的小孩一样，所以至今我还全部保留着。办杂志很艰苦，铅字排版，要修个图都很费劲，经费有限，所以只收点成本费。因为不是公开刊物，杂志每期发行量为一两千本。有了《特殊教育研究》，不仅特殊教育专业的师生可以投稿发表文章，其他高校或特殊教育学校也可以投稿，另外还可以宣传中央的一些相关文件。《特殊教育研究》不仅学术性强，而且在全国影响较大，特殊教育学者能够在上面进行理论探讨、经验交流，成为集中发表特殊教育研究成果的一个重要平台。我前后写过12篇文章在《特殊教育研究》上发表。我从事特殊教育工作几十年，对于一些重要问题是怎么思考的，提出过什么观点，都保留在这些文章中。这些文章被人引用过，也被人评论过，到底我的观点对不对就留待后人评说。虽经多次努力，我退休之前还是没能争取到正式刊号。我退休后，特殊教育研究中心的老师们继续坚持了几年，直到2002年杂志最终停刊。《特殊教育研究》总共坚持了11年，出版了44期杂志，发表了500篇左右的学术和经验性论文。

在特殊教育专业的建设过程中，我们成立了特殊教育研究中心，创办了自己的学术刊物，这在北师大教育系里算是走在前头的。一个关键性的问题是，北师大特殊教育要形成自己的学派，就要拥有国内一流、国际有影响的研究成果，而要产生学术影响，有自己的阵地就便利得多。尽管后来由于各种原因，《特殊教育研究》停刊了，但毕竟我们在特殊教育发展过程中曾经有过这么一段积极的探索。

特教辞典初问世

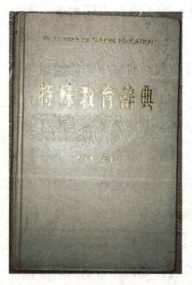

1996年版的《特殊教育辞典》

苏联出版过《特殊教育辞典》，美国出版过《聋人百科全书》和《特殊教育百科全书》，日本出版过《特殊教育事典》，我国台湾出版过《特殊教育名词汇编》，《中国大百科全书》的教育卷和心理卷都有特殊教育词条。参与《聋人百科全书》和《中国大百科全书》词条的撰写，不仅激发了我编写《特殊教育辞典》的想法，而且也帮助我积累了一定的经验：编写辞典的程序，挑选词条的方法，词条资料的保存等。

　　我多次与华夏出版社商议辞典的编写事宜，得到了出版社领导的大力支持。北师大特殊教育研究中心负责组织，邀请了华东师范大学、上海市特殊教育师资培训中心、辽宁师范大学、中国康复研究中心、中央教育科学研究所、首都儿科研究所等单位众多特殊教育界专家、学者共同参与。如今在第一版的编写人员中，汤盛钦、沈家英、周国芳已经离世。编写过程中，我们坚持辩证唯物主义和历史唯物主义，尽量吸取和反映国内外特殊教育方面的新成果、新动态，力求全面反映当代的特殊教育情况，熔古今中外于一炉。辞典收词广泛，但又不全与普通教育学、心理学辞典重复；释文力求准确、通俗，注意科学性、客观性、知识性和检索性，尽可能多为读者提供有价值的信息。编写一部反映特殊教育学科水平的辞典是一项很艰苦的工作，因为缺乏经验，仅英文目录，我们就先后校对了10遍，最后《特殊教育辞典》历时三年完成。辞典共收录特殊教育专业词条1633个，是当时国内同类书中收词较多、较新的一本特殊教育学工具书。读者对象主要包括各级各类特殊教育机构的教学人员，特殊教育科研人员，特殊教育机构、民政部门、残联的行政管理人员，大专院校特殊教育专业的学生及热心特殊教育的人士。《特殊教育辞典》在我国及美国、日本、苏联都产生了较大的影响。

特教经典广流传

　　我写了不少文章，也出版了一些书，其中我主编的《特殊教育学》（福建教育出版社，1995年）算是满意的一本。这是教育学丛书中的一本。整套丛书包括《特殊教育学》《小学教育学》《家庭教育学》《幼儿教育学》等，很全面，是国家"八五"计划重点图书。当时出书很难，在黄济、叶立群等专家的帮助和支持下，《特殊教育学》列入丛书，这也说明特殊教育的学科地位。丛书由当时的中国教育学会教育学研究会主持编写，丛书编委会由教育学研究会全体常务理事组成。《特殊教育学》的编写以北师大的特殊教育研究中心

《特殊教育学》的1995年、2007年、2014年版本

为主，我组织了国内有关专家参与。该书分为特殊教育的一般问题、各级各类特殊教育、特殊教育的组织和管理三大部分，共计21章。我写了其中的6章，顾老师、肖非、钱志亮都参与了编写，教育部的王洙参与编写4章，江西教科所的武杰写了1章，我91级的研究生孙静编写了2章。这是我们国内出版的第一本《特殊教育学》，先后获得过华东及北京哲学社会科学优秀成果奖。按照肖非的说法，现在出版了那么多版本的《特殊教育学》，还没有一本能够超过这本书的学术水准。

书中谈到了4个基本观点，是我几十年来从事特殊教育实践和研究，综合总结出来的观点。在与外国同行的学术交流中，我也会讲这些观点。首先，特殊儿童是儿童，是有缺陷、有特殊需要的孩子，这里有共性，也有特性。这些观点是我努力试图运用辩证唯物主义、历史唯物主义思想，结合中国实际总结提出来的。我在基层学校做过近20年的教师，教过算术、语文、图画等，深知如果过分强调特殊儿童的特殊性或共性都会出现问题，如果两者结合不好，教学也搞不好。为什么我敢说这些话，因为我从教学实践中积累了大量的经验。比如随班就读课堂上，老师在平时没外人听课时，根本不管特殊儿童；而在公开课上为了给听课的人看，老师特意照顾特殊儿童，这是很不好的现象。只有把共性和特殊性结合好了，特殊儿童和普通儿童都能被照顾到，才是最理想的。另外的观点包括对残疾儿童的特殊性要具体分析，要从发展的观点看残疾，认识功能损害补偿和康复的可能性，教育条件和后天环境在残疾儿童的发展中起重大作用（具体内容见附录《特殊教育的基本观点》）。我发表在《特殊教育研究》上的文章，也都是将这些观点贯彻始终的。

2007年、2014年《特殊教育学》的第二版、第三版分别出版了，我事先不知晓，因为我并没有修订。一次偶然的机会，我在书摊上看到第二版《特殊教育学》。我觉得很奇怪，我的著作重新出版而我却不知道。于是，我就给出版社写信，询问此事，他们道歉说没有联系上我。实际上，可能许多读者想要购买这个版本的《特殊教育学》，出版社就重新印制了。2001年，我曾给出版社修改过内容，增加了一点新的附录，又重新写了后记。但是2007年出版社重新出版这本书的时候并没提前告知我。严格来讲，出版社再版书的时候应当跟我协商，因为我要修订相关内容，而且这也是一个尊重知识产权的问题。为此，出版社专门给我写了说明材料，又寄了补偿金和几本书。2014年，有人告诉我，看到我的第三版《特殊教育学》出版了，并很快寄来一本。我仔细一看，内容还是没有任何变化，它就直接变成第三版了。2014年还在再版1995年的书，这是我没有想到的。我心里特别不好受，因为出版社标明书是第三版，会让读者以为是新的，但其实内容没有多大改动。我觉得很遗憾，对不起读者。不过，《特殊教育学》在20年后还能重印，说明读者还有需求，也说明它仍有一定的生命力，有一定的价值和作用。

课程方案新出炉

国家教委的全国高等师范院校特殊教育专业课程方案研讨会主要以北师大特殊教育专业的教学计划为蓝本进行讨论。这是新中国成立后首次研究高等师范院校特殊教育专业课程建设的工作会议。会议由国家教委师范司主持，1988年10月24日至27日在北师大召开，与会代表15名。会议总结了1986年高等师范院校特殊教育专业成立后的办学情况，对特殊教育专业的培养目标、课程设置进行了研讨。会议认为该专业要坚持社会主义的办学方向和为中等特殊师范教育服务的方针，要求学生德、智、体全面发展，使学生具有社会主义、人道主义精神和对特殊教育事业的奉献精神，既要掌握特殊教育的基础理论、基本知识和基本技能，又应学习一些其他学科的知识，一专多能。会议决定在北京师范大学、华东师范大学、华中师范大学特殊教育专业教学计划的基础上，拟定一个高等师范院校特殊教育专业教学计划，供各校参照执行。《高等师范院校特殊教育专业教学计划（草案）》是国家教育委员会的一份文件，1989年12月6日颁发，内容包括培养目标、学制和招生、时间安排、学分、课程设置5部分，提出："特殊教育专业主要培养中等特殊师范学校（班）、普通中等师范学校的特殊教育专业课师资，以及特殊教育科研人员、行政管理人员和社会工作者。学制四年。""近几年内以招收高中毕业生为主，逐步转变为以招收有一定实践经验、中专文化程度的在职人员和中等师范学校毕业生为主，少量招收高中毕业生。"这样，国家颁布了高等师范院校特殊教育专业教学计划，各个学校可以开始自己编教材、编大纲了。中等师范学校特殊教育教学计划主要是我

1989年10月，国家教委师范司有关领导来北师大参加高师特教专业课程方案研讨会

北师大校报报道高师特教专业课程方案研讨会

编写的，在北师大建立特殊教育专业之前就已经颁布，而且后来正式出版了。国家颁布的高等师范院校特殊教育教学计划也主要是由我撰写的，既结合了苏联和其他国家的经验，也充分考虑到中国的实际情况。我们培养的特殊教育专业学生将来是中等师范学校的教师，与国外发达国家培养基层特殊教育教师相比既有共性也有特性，与中国培养普通教育教师相比既有共性也有特性。考虑到这些共性和特性，教学计划设置了医学、生理学、心理学、教育学等学科的课程。

为特教建言献策

全国特殊教育工作会议是新中国成立后第一次专门研究残疾人教育问题的全国性会议，由国家教育委员会、民政部、计划委员会、卫生部和中国残疾人联合会等8个部门联合召开，1988年11月18日至23日在北京举行，出席代表200多人。会议主办方让北师大派人参加，那段时间我正巧访问苏联，学校就派顾老师代表北师大参会。会议任务是研究和部署全国特殊教育的发展问题，其中着重研究在残疾少年、儿童中实施义务教育的指导方针、发展规划以及需要采取的政策措施，推动特殊教育事业的改革和发展。为此，会议集中审议了《关于发展特殊教育的若干意见》（简称《意见》）、《特殊教育补助费使用办法》《残疾人教育条例》等文件，并交流了各地开展特殊教育的经验。会议宣布从1989年起，国家设立残疾人教育专项补助费，扶持各地发展特殊教育事业。

1989年5月4日，《意见》经国务院同意，转发各地研究执行。内容包括方针与政策、目标与任务、领导与管理三大部分，共22条。《意见》规定当前和今后一个时期，发展特殊教育事业的基本方针是"着重抓好初等教育和职业技术教育，积极开展学前教育，逐步发展中等教育和高等教育，要求把残疾少年、儿童教育切实纳入普及义务教育的工作轨道"。这是改革开放后关于残疾人教育工作的第一个比较重要的的文件。为了准备这次会议，我多次参加《意见》的讨论会。我提出的两点建议在文件中得到体现。一是基本方针讲到特殊教育的发展时，基本局限在基础教育，而我根据国际和国内的教育实践，提出残疾人不仅可以接受小学教育，也可以接受中等以上、高等以上的教育。如果不在基本方针中提出来，这些阶段的教育问题将来就不会被考虑。这个意见被吸收并写到文件里。后来，残疾人高等教育才得到发展。2014年，北京联合大学第一个申请到残疾人教育的硕士学位点。当初的政策为残疾学生平等接受教育提供了依据，也为完善特殊教育体系打下了基础。二是残疾学生类别方面的建议。新中国成立初期，我国有盲教育、聋教育，20世纪80年代开始有了智力落后教育，这样就有了三类特殊教育的提法。特殊教育工作会议的文件也想重点讲这三类，但残疾人的分类，绝不仅是这三类。美国、日本等国都将残疾人分为十多类，后来我国的《中华人民共和国残疾人保障法》才分了更多的类型。我国特殊教育如果仅仅涉及三类，那将来其他类型的残疾孩子的教育怎么办？因此，我提出，能不能列入其他类型障碍，比如情绪障碍、语言障碍？但问题是到底应该规定多少类。这应该是由法律规定的，但我们当时还没有相关的法律。后来我们就想了一个办法，在盲、聋、智力落后后面加了一个"等"字。这就为以后政策的修改留下空间，为给更多类型的残疾学生提供特殊教育服务打下了基础。很多人都不知道这件事情，看文件时可能也没注意到一个字的区别。我讲出这些想法时，非常慷慨激昂，说服了与会的专家。文件中有了这个提法，我觉得是好事儿，这都是为了让特殊教育能够得到更好的发展。

1990年、2001年，我参加了第二次、第三次全国特殊教育工作会议，参与了"八五""十五"计划期间残疾人教育工作重要议题的讨论。北师大特殊教育研究中心应该为政府提供咨询服务。

首开国际特教会

成立特殊教育研究中心后，我一直在考虑中国特殊教育与国际的交流活动。我参加了多次国际交流会，很希望能在中国召开这样的会议。1988年6月27日至30日，北京成功举办了北京国际特殊教育会议，这是首次在中国召开的大型国际性特殊教育学术会议。会议由中国国际科技会议中心和美国环球交流公司发起，中国残疾人联合会、北京师范大学、美国特殊儿童委员会、美国特殊教育全国理事会协办。这次会议通过多方努力才得以举办。我给77级学生开选修课的时候，有个叫陈爱芝的华侨学生，她的先生是印尼归国华侨，在中国科技交流协会工作。该协会在外交部授权下每年组织若干次国际会议。由于认识了协会的人员，我们就争取把特殊教育会议列入该协会的国际会议，通过协会开展国际特殊教育交流。此次会议得到中国科技交流协会的大力协助，会议规模很大，在人民大会堂举行开幕式，在北京饭店大宴会厅宴请代表。

来自23个国家和地区的600多名代表出席了这次会议，中国代表有100余名，国外代表比中国代表还多。大会收到论文134篇，40多位中国代表做了口头或书面发言。顾明远教授作为大会组织委员会主席出席了大会开幕式、闭幕式和在北京饭店的宴会，并在开幕式上致开幕词，我则担任大会主持人。我、顾定倩老师和钟铃的论文分别在会上宣读。中外代表就特殊教育教学计划、聋

1988年，北京国际特殊教育会议北京代表合影，二排右一是我

教育、残疾儿童早期鉴定和干预计划、课程设置、特殊教育师资培训、残疾人职业训练和就业准备、服务设施和形式、科学研究、为残疾人服务的技术9个专题进行了学术交流。此次会议是北师大首次主办的大规模国际会议。虽然会议的发起和承办者是中国国际科技会议中心和美国环球交流公司，但一切业务工作都是北师大特殊教育研究中心承担的。

一直到现在，华东师范大学方俊明教授还常常跟我提起这个会议。当年他在陕西师范大学研究心理学，参加北京国际特殊教育会议后开始研究特殊教育。他曾经对我说："朴老师，要不是你们，我可能就不会进入特殊教育领域。"通过中国科技交流协会，我们主办了多次国际交流会，比如1995年的中美特殊教育研讨会、2004年的中美特殊需要学生教育大会。两次会议都是在北师大英东会堂举办的，特殊教育研究中心的所有老师都担任过主持人。通过这些会议，我们在中国很好地宣传了特殊教育，也扩大了北师大的影响。

1986年，通过中国科技交流协会的协助，我们邀请到美国著名的特殊教育专家柯克（Samuel Alexander Kirk）来北师大进行交流访问。柯克是美国亚利桑那州人，他很友好，送给我一本他自己的已翻译成中文的台湾版特殊教育专著，还写上"朴永馨惠存"并签上他的名字。后来，我到美国参加美国特殊儿

1995年12月，中美特殊教育研讨会

2004年，中美特殊需要学生教育大会，倒数第二排左一是我

1986年，美国特殊教育专家柯克（着红衣者）来我校访问

在美国特殊儿童委员会年会上和柯克夫妇在一起

1987年，与来校讲学的外国特殊教育学者在一起

童委员会年会时再次见到柯克，还与他们夫妇二人愉快合影。

1995年10月，为表彰我为中美特殊教育交流做出的贡献，美国特殊儿童委员会和美国人民民间使者项目在人民大会堂小礼堂授予我特制的奖牌，我也受

1995年人民大会堂，美国特殊儿童委员会和美国人民民间使者项目授予奖牌

1995年，美国特殊儿童委员会和美国人民民间使者项目授予的奖牌

邀发表获奖感言。

重返魂牵梦萦地

留学回国以后，我并没有放下俄语，坚持听中央人民广播电台的俄语频道，"文化大革命"期间看俄语版《毛泽东选集》等，现在看中央电视台的俄语频道。到现在为止，我一直都保持着听看俄语节目的习惯。

1988年，北师大和国立莫斯科列宁师范学院互派访问学者进行学术交流。我和俄语系的一个老师有幸成为北师大派往苏联访学的两位教师代表。这是我毕业27年后第一次回到苏联，重新踏上苏联熟悉的土地让我百感交集。我回国立莫斯科列宁师范学院特殊教育系时正好是在晚上，漫天的雪花纷飞，老系主任扎姆斯基教授在门口等我，我们一见面就紧紧地拥抱在一起。

2012年，我和顾老师到俄罗斯国立莫斯科师范大学参加国际特殊教育研讨会，听了俄罗斯特殊教育各方面情况的介绍，我也用俄语介绍了中国特殊教育的发展。会议期间，我们还参观了莫斯科特殊教育学校，参加他们的研究生答

1988年，为苏联教育部特殊教育专家委员会介绍美国特殊教育

1988年，在国立莫斯科列宁师范学院特殊教育系主任扎姆斯基家中

辩会。答辩会上突然有人问起中国研究生怎么答辩，我马上用俄语即时回答他们。2013年，我和北师大特殊教育研究所的邓猛、北京市海淀区培智中心学校的王红霞一起参加国立莫斯科师范大学举行的第五届特殊教育国际学术会议。会议期间，我们与俄罗斯莫斯科市立师范大学特殊教育与心理矫正学院院长纳扎洛娃教授见面，并就双方合作交流进行了广泛的讨论。我们还见到了89岁高

扎姆斯基教授赠送的
《特殊教育史》

（手写文字为：带着尊
敬和美好愿望赠给我亲爱
的学生和同事朴永馨　1988
年12月18日　扎姆斯基）

1991年，再次返回莫斯科时在莫斯科河畔留影

1988年，在当年乌萨巧娃街48号住宿过的楼前留影，头上方四层的双
窗房间是留学时最后住过的房间

龄的鲁鲍夫斯基院士、阿格涅祥教授等国际知名学者，他们都曾受邀到北师大讲学。会后，我们参观了莫斯科心理—教育康复与矫正中心及第68寄宿学校，还访问了俄罗斯教育科学院矫正教育研究所。当时该研究所所长是马拉费耶夫院士，他热情地接待我们，并向我们赠送了特殊教育的著作及期刊。在研究所时，还发生了一件颇为有趣的事情。我们见面畅谈之后，马拉费耶夫带我们去各个研究室参观，大礼堂里正巧在举办一个全国性的教师培训班，学员来自俄罗斯全国各地。看见我们一行几人走进大礼堂，授课教师就停下来。礼堂墙上挂着研究所老一辈学者的照片，我对这些人是很熟悉的。20世纪50年代，我曾在该研究所学习过，照片上就是研究所当年的那些专家，有两位曾给我讲过课，一位到过中国，一位是我的论文指导老师，他们的照片我一直都珍藏着，只是当时他们都已离世。所长问我是否还记得照片上的人物，我用流利的俄语向培训班学员介绍了每一位专家，结果在场的所有俄罗斯人都震惊了。我觉得要做到这一点非常不容易，需要具备三方面知识和能力：一是相关的认知经验，二是记忆力，三是俄语的表达能力。我当时很骄傲，觉得中国人在这儿没

2013年，参加俄罗斯特殊教育国际会议

　　1997年，国立莫斯科师范大学特殊教育专家阿格涅祥教授来特殊教育系讲学，首排右五是我

　　1997年，俄罗斯教育科学院矫正教育研究所特殊教育专家鲁鲍夫斯基教授来特殊教育系讲学，首排左为鲁鲍夫斯基

丢脸。会场的学员听后肃然起敬，纷纷站起来要求和我们合影。这件事情充分说明了语言的魅力。我掌握了他们的语言，了解他们，他们也就尊重我。我对他们了解越多，他们就越觉得我友好，也愿意与我继续往来。

我曾推荐特殊教育专业第一届学生韩显阳到苏联攻读副博士，他学成后归国。为了加强北师大特殊教育专业建设，1997年我曾邀请鲁鲍夫斯基院士、阿格涅祥教授等专家到北师大讲学。两位专家就特殊儿童的心理及诊断、俄罗斯特殊教育师资组织体系及发展、俄罗斯特殊教育科学研究、言语障碍矫正等方面，与中国特殊教育同行进行了深入的学术交流。

中美合办卡特班

中美特殊教育师资培训合作项目是中国残疾人联合会与美国全球2000年发展基金会的一个合作项目。办培训班、和卡特中心谈判、总结调查、更新知识、具体组织等工作都是北师大特殊教育研究中心完成的。1987年6月29日，中国国家副主席、中国残疾人福利基金会名誉理事长王震与美国前总统、全球2000年发展基金会主席

1989年，全国智力落后教育师资培训班结业

吉米·卡特签署意向书。意向书的主要内容是1988年到1992年，美方提供经费100万美元，通过在中国举办培训班和选派留学生、访问学者赴国外学习的形式为中国培训特殊教育专业课师资和管理人员。通过这个合作项目，中国先后派出8名留学生和访问学者赴美国或英国学习。

1988年9月，依托中美特殊教育师资培训合作项目，国家教委分别委托北京师范大学、辽宁特殊教育师范学校、青岛盲童学校举办智力落后教育专业教

师、聋教育专业教师和盲教育专业教师培训班，简称卡特班。培训班的培训时间为1年，每班名额为30人，各省、自治区和直辖市派出3名教师分别参加3类教师培训班。培训班受到国家教委、中国残联和各主办单位领导的高度重视，很多相关领导都曾参加过全国智力落后教育师资培训班的活动。我担任北师大卡特班的班主任。肖非的主要工作是摄像，他需要把所有授课教师的讲座内容拍摄下来。两位外国专家鲁斯和林汶也担任了卡特班的授课教师。我是北师大卡特班的中国授课教师之一，后来也为营口和青岛的卡特班授课。北师大卡特班学员全部住在北师大校园里，方便系统听课。专家的费用及学员的生活补助都从美方提供的100万美元经费中出。90名学员回到单位工作一年后，又重新聚在大连接受再培训，更新知识。当年北师大卡特班的很多学员如今都成为特殊教育领域的骨干，如泉州师院的曾雅茹教授、原北京市特殊教育师资培训中心主任周月霞、厦门市特殊教育学校校长陈大力等。当初中美特殊教育师资培训合作项目是由我参加的中国代表团赴美国亚特兰大和卡特中心商谈确定下来的。卡特班培训结束后，我安排顾老师和学员代表去卡特中心做总结汇报。

"希望之家"树典型

1989年夏，鲁南苏北地区遭遇特大洪灾，邳州市爆发特大小儿麻痹症（脊髓灰质炎）疫情。在爱德基金会的帮助下，邳州市得到挪威援外机构长达十几年的援助，开始了救助小儿麻痹症患者的"中国小儿麻痹症项目"。这个项目将医疗、康复、教育、职业培训相结合，促进小儿麻痹症患者自立、就业，走出了一条既符合中国当地情况又有自己特色的道路。人们对小儿麻痹症患者的教育安置形式曾有过不同意见。邳州市政府通过中国残联找我去实地考察，要听听专业人员的意见，即是否有必要建立一个肢体残疾儿童康复机构。我的意见是可以建一个，因为这么大的一个中国建一个这样的机构不过分。我们去参观了小儿麻痹症地区，那里的贫困状况出人意料。苏北个别家庭甚至穷到连一

和邳州小儿麻痹肢体残疾的孩子在一起

参与邳州项目的中国、美国、挪威专家

床好的棉被、一张正式的桌子都没有。那些小儿麻痹症儿童的状况确实让人很痛心。我在农村看到一个孩子只能用两个小木棍在地上支撑着爬行。孩子满含热泪，一字一顿地对我说："我不愿意当狗，我要当人，我不愿意像狗一样仰着头看人！"这句话至今在我脑海中挥之不去。经过我们的论证，结合中国的实际情况和国际经验，邳州市决定设立一个相对集中的机构，容纳部分患者接受教育和治疗。"希望之家"就是这样的特殊教育机构，是中国第一个专门为肢体残疾儿童设立的特殊教育机构，它在帮助邳州市普及义务教育、开展和宣传特殊教育等方面起到了很大作用，而且还辐射到周围地区。我认为，"希望之家"使得600多名小儿麻痹症患者及时受到了平等的义务教育，救了孩子，培养了人才；这种集中性的机构成为当地小儿麻痹症儿童的资源中心、教育教学研究中心、辅导员和教师培训与进修中心；它积累了大量成功的教育小儿麻痹症学生的经验，小儿麻痹症儿童住宿、生活管理的经验，机构与社会融合、交流的经验等，成为当地文明、进步的社会窗口。

这个机构中有些老师也是肢残者。《北京青年报》还刊登过该机构一位肢残老师结婚的消息，结婚贺词是我写的。

学术思想始形成

下面以我在自己主编的内部刊物《特殊教育研究》杂志上发表的文章为主，说说我的学术观点。我先后在这个杂志上发表了12篇文章，基本能够体现我几十年来探索中国特色特殊教育道路过程中具有代表性的学术思想。这些文章各有特色，各有重点，而且也是结合当时的情况来写的，以下是其中三个重要观点。

三因素补偿论

我先重点说说在1992年第1期创刊号上发表的《三因素补偿论》。有人说中国特殊教育没有自己的理论，我听了有点不服气。我在思考如何利用马克思辩证唯物主义来认识特殊教育，如何将国外理论和国内实践经验相结合。我在《心理学报》上发表的《特殊儿童及其心理发展》一文中就提到了这个问题，现在再看这些观点也是说得通的，那就是"三因素补偿论"。我写的文章不仅仅都是外国的观点，也有我们中国自己的思想。这篇文章也表明了我对特殊教育、对残疾人认识的一个发展过程。文章发表后，《现代特殊教育》杂志的编辑沈玉林在《特殊教育论文写作指南》一书中提到我的这篇文章，并把它作为范例来分析如何写文章，说明他承认此文的价值和意义。我当时是很用心地写这篇文章的，但没想到它的写作方法能作为范例。我之所以要提出"三因素补偿论"，是因为当时苏联努力要用马克思主义来打破国际教条，但没有做彻底，后面又出现了唯心主义；我想运用辩证唯物主义的观点来分析特殊教育的现象和规律。我认为，"三因素补偿论"能体现出博采众长的特点，还有哲学、教育学、心理学的理论，如苏联维果茨基的观点，美国柯克"医学的终点是教育的起点"的观点，还有"补偿"的观点。1958年出版的《在认识与劳动活动过程中盲缺陷的补偿途径》一书中较早出现"补偿"这个词，美国、德国也提补偿教育，我国教育部在相关文件里也提到了"补偿"，在此基础上我才开始谈"补偿"。首先，我对"补偿"下了定义，把"补偿"分为正补偿和负补偿，这里已经开始运用辩证法。我知道生物学也有补偿现象，在苏联学过这样的实验，去掉小动物的一个视觉器官，结果它们可以适应周围的环境，再把它们的听觉器官去掉，结果它们还可以适应，再后来进一步破坏其嗅觉器官，它们就没办法适应周围的环境了。这说明，生物本身有一种补偿功能。人是高级生物，人的补偿还涉及社会因素的影响。有些人强调发挥潜能，批评我从缺陷角度看补偿是保守的。社会因素是很重要的一个方面，关键是有没有条件进行正补偿。负补偿就是迁就缺陷，是消极应对，而不是积极奋斗。除此以外，还要考虑人的主观能动性的问题，就是指人是积极还是消极地对待残疾。在社会条件一样的情况下，人本身的心理作用可能处在不同的阶段，这样就有了第三个因素，这就是我提倡"三因素补偿论"的原因。现在我们谈的补偿论，包含生物、社会、意识三种因素的共同作用。要想注重潜能的开发和人自身的主观能动性的发挥，教育就应该考虑这三个因素。"三因素补偿论"还运用了辩证唯物主义观点，这三个因素不是静态的，而是动态发展的，缺陷补偿和潜能开发是统一的。

这就是我如何试图用辩证唯物主义的观点，即用发展的观点来看待补偿的问题。有了这样的思考，我就写出了《三因素补偿论》这篇文章。我在努力做到客观、全面、实事求是地认识这个问题。沈玉林对这篇文章的评价是：这种纵深论证法，逻辑严密，论证严谨，环环相扣……这样的评价不低，也有根据。我努力用辩证唯物主义来看待特殊教育的有关问题，在博采各国发展特殊教育经验的基础上，结合中国自己的实践，提出问题，分析问题，并找到解决之道。（《三因素补偿论》具体内容见附录）

共性和特殊性

《我国盲、聋学校培养目标的特色》这篇文章发表在《特殊教育研究》1994年第1期。这篇文章，有我国的情况，也有苏联的情况。过去我们谈国家要求的共同目标，不考虑或很少考虑学生个人的特点和要求，而西方过多谈个人自由。我的观点是将二者结合起来，既不能抹杀个性，又不能让个性完全自由发展，要用辩证唯物主义的观点分析各个方面的问题。我主张学校培养目标既要考虑社会需要，又要考虑个性发展。我把这作为一个特色，普通教育和特殊教育，既要有共同的目标又要有特殊的目标，既要有世界教育的共性特色，又要有中国特色。如果能将二者结合起来就对了，这很重要。现在普通学校教师设计的教案体现的都是共性，没有特殊性，要将共性和特殊性相结合。我去评课时就发现，一般教师很容易考虑到共性目标，但对于班级里特殊孩子的特殊需要，却是忽视的。不仅普通学校随班就读老师对特殊性目标考虑得少，特殊学校的老师也是如此。虽然这篇文章写的是学校，但学校的目标要落实到每一节课、每个老师。这种不考虑或很少考虑特殊性的例子很多，比如教育部委托某单位制定培智学校课程标准，他们拟订的草案中有一稿的目标一字不落地照抄了国外和我国台湾的，这是不行的。因为国外、我国台湾和我国大陆的具体情况不一样。另外，普通教育的目标也不能全部拿来用，特殊教育的目标要考虑特殊儿童的特殊性。文章中我不是简单地这么说，而是参考国外如日本、美国、俄罗斯等各国的文献。例如，苏联到俄罗斯保留了什么，去掉了什么？实际上，俄罗斯保留了教育中稳定的、共性的规律，去掉的是原先苏联的特殊性。

中度智力残疾教育

随着特殊教育的发展，智力落后学校中重度智力残疾学生增多，轻度学生减少，多数轻度智力残疾学生到普通学校随班就读。受国家教委的委托，为了适应发展的新趋势，我参与起草了《中度智力残疾学生教育训练纲要》（试行）（简称《纲要》）。1994年国家教委颁布实施了该《纲要》。

我在《特殊教育研究》1994年第2期发表了《中度智力残疾教育的几个问题》一文，文章阐述了我受托起草《纲要》的一些想法。我带着其他教师做了一些调查研究，收集了国外的资料。1994年我到俄罗斯进行学术交流，顺便在俄罗斯考察中重度智力残疾教育，找专家要材料，参观机构，所以我就有了一些想法。比如在语文课、数学课的问题上，我当时就说，不要为中重度智力残疾学生设语文课、数学课，而应该设"实用语算"。语文、数学不是作为科目来学习的，而应综合考虑它们的实际应用。一个普通学生学习数学，可能先认识10以内数字，然后学习加减法运算，再认识20以内数字。中重度智力残疾学生就不适合这么学。比如在实际生活中，在饭桌上摆餐具，一人两支筷子，爸爸、妈妈和自己，就要摆6支筷子，那他们就要先知道"筷子"的意思，然后学会数6，还要一对一对地数，这是语文还是数学？既是语文又是数学。语文不是学拼音和"上、中、下""人、口、手"，而要考虑实际应用。比如关于上厕

《中度智力残疾学生教育训练纲要》（试行）通知和首页

所，中重度智力残疾孩子自己要独立上厕所，就要认识"男"和"女"两个字，或者认识"男"和"女"的标识。实际上这就是要让中重度智力残疾学生应用这些知识和增强实践能力，而不是按照学科进行教学。我是在智力落后学校学生以中重度为主的情况下，提出的这种教育思想。

《纲要》规定了中度智力残疾学生教育训练的目的、任务、对象、学制，确定了教育训练的原则、范围等，在生活适应、活动训练和实用语算三个教育训练范围内，对中度智力残疾儿童应学习和掌握的知识和技能做了基本规定，强调从学生实际生活需要出发，还根据中度智力残疾学生的特点提出了教育训练的五大原则，包括共性和个性统一原则、应用性原则、实践活动性原则、补偿原则、弹性原则。我认为《中度智力残疾教育的几个问题》的观点到现在还有参考价值，要和《纲要》结合起来读。写这篇文章时我是非常用心的，到全国各地进行了调查研究，吸收了美国、日本和俄罗斯等国家的经验，再结合我国的实际情况，形成了自己的思想。在国家制定的特殊教育政策或文件中，北师大特殊教育研究中心贡献了自己的智慧。

对研究人员来讲，研究一是要有客观材料（事实），二是要有自己的观点。我的研究就是努力用正确的观点来分析和认识事物，尽量多占有材料。我写文章或材料一定要有根据。为了写一篇文章，我不知要看多少文献。比如，1996年《特殊教育研究》有一篇我写的《台湾的特殊教育》，就是根据我得到的一些台湾内部资料写成的。现在有些人做研究不严肃，不严谨，随便写写，抄抄弄弄，这种态度和行为是做不好研究的。（《中度智力残疾教育的几个问题》具体内容见附录）

退休时两大遗憾

我退休前有两件事没完成：一是没有把《特殊教育研究》杂志变成公开发行的刊物，二是没有争取到招收博士生的权利。

北师大特殊教育专业建立后不久，我们就创办了《特殊教育研究》，但很难将正式刊号申请下来，先后提交过多次申请，始终没能得到公开刊号。我们专门请启功、雷洁琼等文化界、教育界名人为杂志题词，但它最后只有内部刊号，不能公开发行，一期内部发行量只能达到2000册。我觉得作为大学学术机构，我们应该有自己发表学术论文的阵地，可惜没有正规刊号。退休前，我为这事反复做过努力，希望杂志能保留下来，但最后由于各种因素，杂志很遗憾地停刊了。如果当时我们能继续坚持把它办下来，说不定现在它就能成为正式刊物。

第二件遗憾的事是没争取到招收博士生的资格。1996年，特殊教育博士点的各种申报书均已上报，著名教育家叶立群等专门撰写了推荐材料，教育系的黄济、王策三教授等都很支持，但不知道为什么最终没有成功。我在职期间，未能为培养特殊教育专业的博士生尽力。可喜的是，我参加了华东师范大学，也是中国大陆第一批特殊教育博士生的毕业论文答辩会，圆了我看到中国大陆自己培养特殊教育博士生的梦。继华东师范大学之后，王雁、肖非也开始招收博士研究生，终于圆了我的北师大培养特殊教育专业博士生的梦。

第六章　老骥伏枥（1997年至今）

《世界教育大系·特殊教育》这本书是2000年出版的，当时电脑还没有普及，我也不会用电脑。将近400页30万字的书稿，是我一个字一个字写出来的，非常辛苦，但印象也很深刻。这本书搜集了很多一手资料，也是我个人比较满意的一本书。

　　1996年，我已经60岁，到了该退休的年龄，但是我实际1997年才退休，因为当时带的一个研究生孙钢还没毕业。这一年，我在学校不再担任行政职务，也不再招学生了，主要做系里的扫尾工作。

　　俗语说，"老当益壮，宁移白首之心"。虽然退休了，但是我一直牵挂着特殊教育的发展，希望能够发挥余热，贡献自己的一分力量。所以退休后，我也做了一些事情，包括：为了搭建特殊教育学者之间对话交流的平台，成立了中国高等教育学会特殊教育研究分会；支持新成立特殊教育专业的高校和民办机构的发展，希望国内特殊教育的队伍能够变得强大；关注少数民族地区的特殊

1996年6月，60岁生日和在京毕业的研究生在一起

1996年6月，60岁生日时学生赠送生日礼物

1996年，特教十年庆

教育，希望形成有民族特色的特殊教育，进而形成有中国特色的特殊教育；建立中俄（俄罗斯）两国在特殊教育间的联系，加强对话，希望能够博采众长，有更开阔的国际视野……退休后我所做的这些事情，归结起来，就是希望中国的特殊教育变得更加强大，形成自己的特色，并以更包容的姿态走向世界。

特教分会无到有

2001年，我开始筹划建立中国高等教育学会特殊教育研究分会（以下简称特殊教育研究分会），直到2005年它才正式成立[①]，比特殊教育的其他学会晚。当时的情况是，义务教育阶段有中国教育学会特殊教育研究分会，职业教育阶段有残联系统的残疾人职业教育学会，只有高等特殊教育没有相应的学会。在特殊教育发展的早期，高等特殊教育确实比较薄弱，国内也没有几所高校开设特殊教育专业。但20世纪80年代以来，高等特殊教育得到了快速发展，尤其是残疾人高等教育。比如1985年9月，山东滨州医学院医学二系成立，开设了中国第一个专门招收肢体残疾学生的大学本科专业。1987年，长春大学建立了招收盲、聋和肢残三类残疾青年的特殊教育学院。1991年，天津理工大学建立了

---

① 在未得到民政部正式批准之前，中国高等教育学会特殊教育研究分会使用的名称为"中国高等教育学会高等特殊教育研究会（筹）"。

专门招收聋人的高等工科学院（现名"聋人工学院"）。随后，全国各地陆续建立了多个专门招收残疾青年的特殊教育机构（班）……在这样的情况下，我就想高等院校的特殊教育应该成立一个群众性的学术研究组织。

为了筹备特殊教育研究分会，我和北京联合大学特殊教育学院的曲学利书记召集全国十多个相关高校在北京召开

出席华东师范大学召开的中国高等教育学会高等特殊教育研究会（筹）暨学术研讨会

了一次会议，还请了教育部和残联的领导一起研究如何成立这个学会。在商议拟订学会章程的时候，我对高等特殊教育的界定是：既是招收残疾人的高等教育，又是招收为残疾人服务的普通师范生的高等教育。申请报告拟订后，我们和高等教育学会的秘书长谈，他不太同意，说："特殊教育属于师范类专业，而北师大已经有师范教育学会了，没有必要再成立一个专门的特殊教育学会。"但是高等特殊教育既招收普通师范生，还直接招收残疾人，这就和一般意义上的师范教育不一样了。我们前前后后花了很多精力，反复去解释特殊教育研究分会与其他研究会的区别，最后终于说服了高等教育学会同意我们成立这个学会。但在没有获得民政部的正式批准之前，高等教育学会要求我们组织活动时要加一个"筹"字。这样，特殊教育研究分会第一次会议在华东师范大学召开，当时的会议加了"筹"字。2005年，特殊教育研究分会经民政部批准后才去掉"筹"字正式成立，2005年10月21日，在郑州的中州大学召开了研究会成立大会，并举办了第一次学术年会。特殊教育研究分会的第一届理事长是我，秘书长是北京联合大学特殊教育学院的曲学利。学会的规定是70岁以上人员不能担任学会领导。到第二届理事会改选的时候，我已经超过了规定的年龄，需推选新的理事长。关于理事长的推选，我不会只站在某一个学校的角度考虑问题，而是从能促进整个国家高等特殊教育发展的角度来思考，所以我首先想到的人选就是方俊明教授，他是当时最适合这个位置的人。后来我几次到上海去和他谈，推荐他作为理事长的候选人。

2015年南京，中国高等教育学会特殊教育研究分会年会，与参加学生论坛的研究生合影

特殊教育研究分会换届之后，我担任名誉理事长，还在继续参与学会的一些事，比如拟订每次年会的主题、评选研究会的论文、出论文集等。特殊教育研究分会成立以来，每年的年会不管在哪里召开，我都会去参加。同时我还一直鼓励研究生积极参与学术会议。因为我20世纪80年代第一次参加美国特殊儿童委员会年会时，看到会场有很多学生参与，发言很踊跃，所以我也希望我国的年会像美国一样，有年轻人参与。其实，从第一次年会开始就有研究生参加，每届年会我都会安排一到两名学生发言。现在开设特殊教育专业的高校越来越多了，特殊教育专业的学生也越来越多，安排一两个学生发言是不够的，需要给学生提供一个更大的交流平台。2014年泉州师范学院召开年会时，在我的建议下，单独开设了一个学生分论坛。就目前泉州、南京和天津三次年会的学生论坛来看，效果还是很不错的。

特教专业新建设

我去过郑州师范学院很多次，去讲过学，也指导过他们的专业建设。特殊教育是新兴的专业，如果学校大力去发展它的话，它可能成为一个特色，最后事实印证我这个观点是对的。我记得最初去郑州师范学院讲学的时候，这个学院连照相机都没有。我后来就用讲课费和自己的积蓄，购买了一台相机送给他们。一直以来我的想法就是，我的钱取自于特殊教育，也要用于特殊教育。我希望能帮多少算多少，也算是发挥自己的余热。

2012年10月，新疆师范大学开办民族特殊教育教师国培班，请我去做讲座。我一直很支持少数民族地区的特殊教育，所以就答应了。去了之后，我白天给他们做讲座，主题是"中国特殊教育发展脉络"，新疆师范大学初等教育学院特殊教育教研室全体教师、特殊教育专业本科生、"国培计划"特殊教育学科首期置换脱产研修班全体学员及乌鲁木齐市聋人学校的部分教师来听了讲座。当晚，我还给国培班学员开了座谈会。我没要课酬，最后把这笔钱退给了培训班的负责人，让他们买《特殊教育辞典》送给听课的老师。现在名和利我都不需要，能做点对特殊教育有好处的事情我还是愿意的。这也是取之于特殊教育，用之于特殊教育。

华南师范大学的特殊教育专业于2011年才开始筹备，2012年建立。2012年陕西师范大学召开特殊教育研究分会，华南师范大学的葛新斌也参加了，他是北师大特殊教育专业的毕业生。他来参加年会主要是因为他们学院要筹办特殊教育专业，要了解特殊教育的动态。我见到他之后很高兴，我一直希望有更多的学生从事特殊教育工作。华南师范大学的特殊教育专业是广东省残联和华南

2012年，在新疆师范大学初等教育学院讲学

师范大学一起办的，广东省残联副理事长柯沫夫也是我的学生。2013年，他们办培训班请我去做讲座，我就去了。他们好不容易把专业办起来，我当然要去支持。

四川师范大学的特殊教育专业也是新建的。2014年，他们办了一个特殊教育国培班。该专业的刘胜林、吴春艳两位老师都是北师大特殊教育专业的毕业生。他们请我去给来自四川省各个特殊学校的80多位老师做讲座。讲座结束之后，四川师范大学的老师要给我课酬，我一直拒绝，但他们最后坚持给我了。回到北京后，我用课酬购买了50多本《特教教育辞典》寄给他们，并委托他们寄给参与培训的特殊学校，保证每个参加培训的学校至少有一本《特教教育辞典》。

去这些学校做讲座，我要考虑自己要讲的内容是不是他们需要的，他们是否已经知道了。准备讲座内容的时候，我会提前了解大概有多少人参加，谁来参加，有什么需求……然后根据这些情况准备讲稿。虽然请我去讲的人说："您来可以提高整个培训班的层次，您讲什么都行。"但是我可不能随便讲，要么我就不去。我讲课的时候喜欢和听众互动。例如，有一次去四川做讲座，我就先提出最基本的问题让听众回答，即中国法律规定的残疾人分几类。很少有人能够说对，这下我就有话说了，现场气氛也活跃起来了。每次做讲座，我都是站着讲课，既尊重大家，也能更好地交流。做讲座时，我会准备提纲，但绝对不读提纲，我会加入一些个人的思考，可能跟大家的想法不一致，但是我抱着开放的态度，从来不说自己讲的都是对的、你们必须听我的。大家要结合自己当地的情况进行思考，要有地方和学校的特色，要反思外国的观点和做法，要总结自己的经验。有一次我去成都做讲座，成都一所盲聋哑学校的老校长下课后对我说："听了您的讲座特别感慨，现在很多人老讲国外的这个新、那个好，已经不去总结中国自己的经验了。"听他这样说，我很欣慰。发展我国的特殊教育应该博采众长，要仔细了解和用心分析我国、外国的实践和理论，经过一番去粗取精的过程，取其有益和适用我者，这样才能够消化、创新，并靠我们自己的努力开辟出自己的特殊教育之路。

民办机构予支持

成都"圣爱特殊儿童援助基金会"（以下简称圣爱基金会）的创办人是徐斌夫妇，徐斌曾到北师大进修过。他俩把准备结婚的钱全部用于办特殊教育，单凭这一点我就十分支持这个机构的发展。为了帮助更多的特殊儿童，他们到少数民族地区，甚至到麻风病地区去，要知道麻风病地区一般人是不敢去的，但他们敢去。当他们请我去给老师讲课时，我毫不犹豫地答应了。在新中国成立50周年的时候，中央党校出了一本全国性的大画册，其中关于四川省的部分刊登了一张圣爱基金会的照片，这说明他们做的工作得到了政府的认可。后来圣爱基金会在发展过程中遇到过经费上的困难，我曾为他们提供物质上的帮助，也给他们做过思想工作，让他们坚持下去。

民办孤独症康复机构北京市星星雨教育研究所（简称"星星雨"）成立董事会的时候让我当名誉理事长，每年他们开理事会时我都会参加，给他们提点建议，鼓励他们的发展。他们举办一些大型的活动时我也会尽量参加。2011年，第四个"世界孤独症日"，北京孤独症儿童康复学会和"星星雨"举办了关爱孤独症儿童公益活动，我去参加并发了言，对他们表示支持。2012年，第五个"世界孤独症日"，"星星雨"和深圳壹基金公益基金会、北师大中国公益研究院举办了倡导关注孤独症儿童的大型活动。在这次活动上，我发布了《中国自闭症儿童现状分析报告》。北师大的博士生吴春艳等人全程参与了这次报告的调研和撰写。在为"星星雨"服务的同时，我也享受了他们的一些资源。1996年，应德国外交部及德国联邦孤独症学会的邀请，"星星雨"的几位老师有机会到德国考察孤独症人士的社会康复体系，我也跟着他们一起去访问了德国。2014年，他们又请我一起去美国考察，我没去。因为我去过美国好几次，希望把名额让给其他一些民办机构的老师，让他们也有机会出国看看。

学术交流博众长

学术交流要博采众长，不能只学习一个国家，只学习一个国家是要吃亏的。以前日本人侵略中国时，我们的很多东西都被迫学习日本；后来20世纪四五十年代，我们主要学习美国；新中国成立后，我们又学习苏联；20世纪60年代以后，我们又开始以学习美国为主。1988年，我去苏联交流，苏联教育部的特殊教育委员会请我去讲美国的特殊教育，来听的都是他们学术界的权威。我很奇怪，为什么要让我一个中国人讲美国的特殊教育呢？他们认为，苏联人讲美国特殊教育，会骂美国；美国人来讲，就会吹嘘自己；而我是中国人，能比较客观地分析美国。我那时已经去美国访问多次，于是结合在美国拍摄的照片分享了我眼中的美国特殊教育。这件事情让我想到了我们中国，我们不能只与个别国家来往，而应该多方面了解更多国家，然后去思考哪些对，哪些不对，哪些合适，哪些不合适，在充分了解和对比的基础上来发展我们中国自己的特殊教育。因此，我费那么大劲儿去搜集俄罗斯特殊教育的资料，去翻译俄罗斯特殊教育学者的著作，就是希望年青一代能够了解更多的信息，更加多元

1988年，在莫斯科教师之家的苏联特殊教育师范庆祝会上，在座的有鲁鲍夫斯基、阿格涅祥、马拉费耶夫等教授

1989年，在国立列宁格勒赫尔岑师范学院介绍中国特殊教育

地看待世界特殊教育的发展。

　　我退休后一直想建立中国特殊教育与俄罗斯特殊教育的联系，希望大家能够更多元化地了解世界特殊教育。现在很多人都愿意去美国、英国，但是我们对俄罗斯的了解也要加深。我这一代人跟俄罗斯还有联系，俄罗斯现在很多研究特殊教育的学者都是我的师弟师妹，我们有共同的老师和共同的母校。有了这层关系，我们可以很方便地去了解他们的特殊教育情况，向他们寻求资料也比较容易，这对我们有很多好处。我希望借助自己的这些优势建立中俄两国特殊教育之间的联系。俄罗斯以前和中国有相似的地方，我们应该去了解俄罗斯特殊教育发展的情况，了解哪些是稳定的，哪些是变化的，稳定的可能就是特殊教育发展的共同规律，变化的可能就是俄罗斯特殊教育的特殊性，我们就要从中吸取教训。我们同时也要了解美国、日本等国家的特殊教育，这样才能博采众长。就我个人的特殊教育观而言，美国强调学生的个性自由发展，俄罗斯考虑社会需要，我主张要用辩证唯物主义的观点分析问题，将二者结合起来，既要考虑社会需要，又要考虑个性发展。

中俄特教再"建交"

我希望有生之年能够在与俄罗斯的联系方面办成两件事：一方面，两个国家的基层特殊教育学校能建立联系；另一方面，两国高校特殊教育之间的联系能够持续下去。

2012年，我曾经去过莫斯科的几所特殊教育学校，其中一所培智学校有从学前教育到职业教育整个教育体系。我拍了这所学校的照片，得到了他们的资料。回国之后，我带着这些资料去了海淀区培智中心学校，和学校的领导沟通，希望他们能够建立联系。只要他们有这个意愿，只要我能够做到的，我都愿意提供帮助。2013年，俄罗斯召开特殊教育学术会议，我带着邓猛、海淀区培智中心学校的副校长王红霞等人一起去参会。我们在俄罗斯一共待了10天，会后我带着他们去参观了莫斯科的特殊教育机构，其中包括那所培智学校，还去了类似国内资源中心的机构。海淀区培智中心学校当时也在建资源中心，参观俄罗斯的资源中心对他们会有借鉴意义。现在两所特殊教育学校已经建立了紧密的联系。在这期间，因为他们双方语言不通，沟通起来很费劲，我就在中间做翻译工作。我也帮助翻译两个学校的协议文本，以及我方去俄罗斯的邀请信等。整个准备过程中，我不断穿针引线，及时翻译，当他们的沟通桥梁。海淀区培智中心学校争取到上级机关的同意以及区外事部门的批准后，于2015年9月派了几位老师去

2013年，和俄罗斯培智学校老师及孩子们在一起

莫斯科的培智学校商谈合作的事情，建立了正式的合作关系。

在高等特殊教育方面，俄罗斯特殊教育的历史和特殊教育师资培养的历史比我国悠久。近年来，俄罗斯的特殊教育发展很快，在总结过去经验的基础上，积极学习西方先进理念，并结合本国情况大胆创新，其中有很多值得中国借鉴的方面。增强我国对俄罗斯特殊教育发展现状的了解，有利于我们广泛吸收不同国家和学者的观点和实践经验，创造有中国特色的学说和实践工作。因此，我一直希望中俄两国的特殊教育学者能够进一步加强联系。

2015年年初，我和肖非、邓猛商量，邀请俄罗斯的马拉费耶夫教授来北师大讲座。马拉费耶夫是俄罗斯教育科学研究院的院士，俄罗斯教育科学研究院矫正教育研究所所长。该所是俄罗斯研究残疾儿童心理特征和教育教学问题的最高科研机构，其前身是20世纪20年代初维果茨基等人创办的苏联缺陷儿童研究所，赞可夫、鲁里亚等世界著名学者曾在此开展科研。马拉费耶夫本人在俄罗斯特殊教育界享有崇高声誉。北师大特殊教育研究所非常重视两个研究机构之间的交流，邓猛安排了他的博士生江小英、颜廷睿专门负责这次对外联系。我给他们详细交代邀请俄罗斯专家来北师大的相关事宜，包括住宿、机票、邀请函、翻译、确定讲题、接送、来京参观路线、日程、讲座教室联系等，还给他们写了一封"接待俄罗斯专家建议"的邮件，希望他们能够学会外事的组织工作。前前后后经过了几个月，很多工作都确定下来了，但遗憾的是60多岁的马拉费耶夫教授身体状况不理想，突发心脏病，来华交流的事就不太可能了。但是既然大家已经花了这么多时间和精力，向学校申请的"短期海外文教专家项目"也通过了，如果放弃就太可惜了。

在这种状况下，我又联系了俄罗斯莫斯科市立师范大学纳扎洛娃教授。最后纳扎洛娃教授和她的同事博格丹洛娃教授一起来到中国。2015年12月3日至10日，两位教授在北师大进行了为期6天（除去路上的时间）的讲座，讲座主题涵盖了俄罗斯特殊教育学、特殊心理学的发展、维果茨基的著作及其学派中的特殊心理学问题、现代俄罗斯的特殊教育学和特殊教育、俄罗斯特殊心理学中的维果茨基思想的发展、特殊教育和融合教育中的法律和政策问题、发展损

2015年12月，纳扎洛娃教授讲座，我翻译　　　　　2015年12月，博格丹洛娃教授讲座

害儿童的特殊教育需求、发展偏常儿童的特殊教育需求和技术等内容，对俄罗斯特殊教育的历史和发展现状进行了全面的介绍。6天的讲座，只要我有时间都会到现场。第一天的讲座我全程站着翻译，剩余几天的讲座我们请了北师大外语学院的一名俄语专业的研究生做翻译，但他毕竟不是特殊教育专业的，有些地方翻译得不太准确。当他翻译不恰当的时候，我在现场会及时修订和补充。我还陪同两位教授到北京市朝阳区安华学校、启暗实验学校、海淀区培智中心学校参观。这次两位俄罗斯专家来北师大讲座，进一步推动了两国高等特殊教育之间的合作，也算是了却了我的一桩心事。

绵薄之力再奋蹄

退休后，我没有具体的职务，但是对特殊教育有益的事情我都会去做，比如给研究生授课，参加研究生开题和答辩，审书稿，写序，鉴定科研成果，参加科研课题开题、孤独症日活动、残联活动、各个研究会活动、特殊教育学校校庆活动、家长咨询活动等。我到北京市、上海市、深圳市、惠州市、中山市、重庆市等很多地方参观高校、特殊教育学校和机构，和年轻教师以及学生座谈，接受过电视台、电台、报纸等媒体的采访，担任过《中国听力语言康复科学杂志》的编审。2015年，教育部启动聋校、盲校和培智学校课程标准审稿工

1998年，浙江宁波海曙区达敏学校教学成果鉴定会

作，我多次担任综合组的评审专家。我之所以愿意参加，一方面是为了了解特殊教育发展的最新动态，另一方面也能贡献自己的余热。审稿期间，我每次都会给来自全国各个高校、特殊教育学校的同行赠送最新出版的《特殊教育辞典》。

我为很多人的书写过序言，有的是特殊学校的，有的是个人的。只要是对特殊教育有好处的，我都尽量写。每次写序言，我都会认真地看完内容，然后自己亲笔写，而不只是在作者拟好的内容上签字。比如，一位年轻学者要将博士论文出版，让我帮忙写序言。她的研究从融合教育的角度去探讨残疾人的教育权利问题，我挺感兴趣。我花了不少时间把整个书稿看完，然后打电话让她到我家里来谈她的书稿，还提前准备了一大堆外文资料，包括俄文书、英文书等。我跟她聊了三个多小时，给她讲解残疾人的权利何时获得了尊重以及融合教育思想的萌芽和流变，并对整个书稿进行整体的梳理。这本书2000多字的序言，都是我一字一句敲出来的。我对中国特殊教育界本土培养的博士很关注，博士论文是本土化的成果，我希望给这些年轻的博士们力所能及的帮助。

特殊教育学校出版的书让我写序言，我尽量要到学校去看一看他们的实际情况。2003年，海淀区培智中心学校要出版一套教材，让我帮忙写序，我就亲自去了一趟学校。他们带着我参观学校，给我介绍学校的发展情况，我当时提了不少意见。但是，我在序言里写了很多鼓励的话。这算是国内比较早的培智教材，一个特殊教育学校能够想到去开发校本教材，这是值得鼓励的事。后来他们创办了《海淀特教》这个刊物，让我写创刊词。尽管他们事先为我准备了拟好的内容，但我还是坚持自己重新写了一份。答应了别人的事情，我就不能随意。

民族特教系心间

民族特殊教育问题是我一直很关心的一个领域。我为何想到关注少数民族教育呢？我在苏联上学的时候，苏联有100多个民族，但是大城市一般才有特殊教育，很多少数民族地区的特殊教育问题没有得到解决。20世纪80年代，苏联大概还有一半地区的民族特殊教育没有发展起来。我去过美国几次，也了解过他们少数民族特殊教育的情况。后来我和美国负责民族特殊教育的官员一起吃饭，就问他美国少数民族地区特殊教育的发展情况。他说："我们对少数民族地区的特殊教育有支持政策，比如教师培训会特意给印第安人保留区一些名额。但是保留区教师的流失率很高，很多教师教一两年就走了。教师队伍的不稳定影响了少数民族地区特殊教育的质量。"美国和俄罗斯这样的大国的少数民族特殊教育问题都没有得到很好解决，可见，少数民族地区的特殊教育是世界性的难题。我国是一个多民族国家，现在开始关注少数民族教育，但是少数

赤峰市民族特殊教育学校留影，前排右五是我

1996年，南宁市盲聋哑学校留影

民族地区的特殊教育该如何发展？这是我一直思考的问题。

我关注少数民族教育的另一个原因是，我希望建设有自己民族特色的特殊教育，民族特色包括中国特色和地方特色。如果各个地方都有自己的特色，汇聚之后就会形成中国的特色。越是民族的就越是国际的。

我常鼓励来自少数民族地区的学生多关注当地特殊教育的发展，做些力所能及的贡献。2007年，我见到了北师大的本科毕业生贾君，她在吉林省教育科学院做教研员。见到她之后，我对她说："你一定要去看看延边地区少数民族特殊教育的发展情况。"2014年，在泉州师范学院开会时，北师大特殊教育研究所博士生赵梅菊跟我谈起湖北省恩施市少数民族特殊教育的发展情况。她告诉我，恩施市特殊教育学校的职业教育做得挺有特色，学校把土家族的传统手工艺编织西兰卡普编入职业课程。这就是少数民族地区特殊教育的特色。我也经常关注少数民族地区特殊教育的发展情况。以前我去云南调研，昆明聋哑学校的校长对我说，他们到一些民族聚居地去招聋生时，村主任不了解特殊人群，结果拉来了一个盲人。西藏地区的特殊教育发展得慢一些，以前都没有特殊教育学校。后来我了解到，北京市负责特殊教育的一个行政干部被派到西藏支边，在拉萨教育局当副局长，后来在拉萨创办了特殊教育学校，并派了老师到北京学习。2015年8月，国务院印发了《关于加快发展民族教育的决定》，提出要重视支持特殊教育。我很高兴看到这个政策，以后发展民族特殊教育就有根据了。

呕心沥血著新作

《世界教育大系·特殊教育》封面

梁忠义教授和顾明远教授主编的《世界教育大系》，由不同阶段的各类教育到不同国家的教育共20本书组成，内容着重反映20世纪50年代以来的教育改革和发展，力图较全面地反映世界教育的全貌及最新的改革动向，其中的《世界教育大系·特殊教育》一书由我来撰写。20世纪50年代，国家派我到苏联学习特殊教育；改革开放后，我多次去美国、英国、俄罗斯、挪威、意大利、以色列等国参加各种国际特殊教育会议。我在这个过程中收集了大量资料，了解到多个国家和地区特殊教育的发展情况，并与中国进行了比较，对特殊教育的很多问题有了自己的想法。写这本书正好是与特殊教育同人探讨各国特殊教育的好机会。写作过程中，我在论述和讨论问题时，尽量直接引用通过各种途径获得的原文资料，尽量多收集和分析过去到现在的资料。我的想法是，要尽量全面、客观地掌握第一手资料，要科学地分析资料，并吸取对我国有益的东西。在这个问题上，我们不能赶时髦、走形式，要踏踏实实地学习、实践和创造，博采众长，走出有中国特色的特殊教育之路。

这本书是2000年出版的，当时电脑还没有普及，我也不会用电脑。将近400页30万字的书稿，是我一个字一个字写出来的，非常辛苦，但印象也很深刻。这本书搜集了很多一手资料，也是我个人比较满意的一本书。比较遗憾的是，很多书店不单卖《世界教育大系·特殊教育》一本书，要卖就卖《世界教育大系》一整套，20本，980元，很多人买不起，也觉得没有必要买一整套。后来去杭州，杨凌子特殊教育学校老校长洪佳琳告诉我，杭州的一个书店卖单本，我就去那个书店把那里所有单本都买了，然后再送给其他老师。

特教辞典重修订

《特殊教育辞典》自1996年出版至今，进行了两次修订。第一次修订出版是在2006年，距第一次出版整整10年。这10年间，世界的特殊教育事业和学科有了很大发展和变化，所以第一版《特殊教育辞典》亟须修订，以适应特殊教育的新形势和特殊教育工作者的新需求。特殊教育研究中心全面组织辞典修订工作，历时两年，引入了最新的相关法律法规、教育观念和科研成果。此次修订增加了620个词条，总词条变成2252个，还对原书1/8的条目进行了内容或文字上的补充或订正，内容的修订遵循"新、多、简、用"的原则，即修订原有词条和新增词条的释文采用最新的材料；补充古今中外特殊教育领域的重要条目，使内容更为全面；释文力求准确、客观、全面、简明，使具有中等以上文化水平和专业知识的读者能够读得懂，用得上。我们力求使《特殊教育辞典》成为博采众长、具有中国特色、反映中国特殊教育学术水平的工具书。

《特殊教育辞典》第二次修订出版是在2014年。2006年修订出版的辞典受到广大特殊教育工作者的欢迎，两次印刷后已经基本售罄，但仍有读者想要购买。华夏出版社的同志建议重印前，是否根据特殊教育的发展和读者的需要再做一些修订或者出第三版。我认为这是一个好建议，符合特殊教育事业和学科

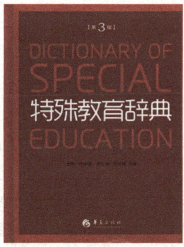

2006年、2014年版的《特殊教育辞典》

发展的需要。这对于我来说是一项很大的挑战，如果重新修订，就要组织大量人员来参加，我已经将近80岁，体衰而力不从心，但是我还是欣然接受。时代在前进，学科在发展，工具书也要与时俱进，及时修订和补充，才能适应读者的需要，反映特殊教育事业和学科的进展。我组织了来自北京、上海、武汉等地15所院校的50多位教师和研究生参加了辞典修订工作。本次修订新增近200个词条，删去了少量不常用的词条，更正了一些不准确的内容，补充了一些词汇的外文，最后收录与特殊教育学科和工作相关的词条2397条，覆盖中外特殊教育的各个领域，涉及教育、心理、医学、康复、法律、语言、历史等不同学科，其中以反映中国特殊教育情况的词条为主。另外，该辞典的附录收录了少数机构、院校、期刊的网域名称，以体现通过网络获取信息、进行学习的时代特点。

《特殊教育辞典》每一版出版后，我都会购买一大批，然后赠送给参与编写的人员、国内高校特殊教育专业和一线特殊教育学校的同行、特殊教育专业的研究生等。我还把《特殊教育辞典》赠送给美国、俄罗斯、日本等国家和我国港澳台地区的同行，不仅扩大了北师大特殊教育专业的影响，也扩大了《特殊教育辞典》的影响。第二次、第三次修订辞典时，我增加了顾定倩和邓猛两位副主编，吸收更多年轻学者参加，就是希望将来辞典的修订能够后继有人。《特殊教育辞典》只有经过不断修订才能跟上时代发展的步伐，满足特殊教育发展的需求。

译本出版路艰难

2006年在北京举办的国际图书博览会上，我看到了由纳扎洛娃教授主编、俄罗斯科学院出版社出版的第五版俄罗斯高校教材《特殊教育学》，并购买了一本。初步翻阅后发现，这本书系统地介绍了俄罗斯现代特殊教育的发展情况，也介绍了作者对国际和俄罗斯特殊教育历史上很多观点的看法。这对我们这些在20世纪受俄罗斯教育影响的人了解俄罗斯的现状很有帮助，也有利于更

多的人在当代多元化地了解各国特殊教育的发
展并吸取对我们有益的内容，所以我就想组织
人把此书翻译过来。

《特殊教育学》封面

2007年，北京教委举办第一届北京特殊教
育国际论坛，邀请的各国专家中就有《特殊教
育学》主编纳扎洛娃教授，她也曾在我留学的
国立莫斯科列宁师范学院学习，按年份算，她
是比我晚十多年的师妹。纳扎洛娃教授带来了
2007年出版的第七版《特殊教育学》。我同纳扎
洛娃表达了想要翻译这本书的想法，她欣然同
意。商定之后，纳扎洛娃帮助我们联系优惠购买该书版权，我负责翻译和在中
国的出版工作。我邀请了在苏联留学和工作过的老一代熟悉俄语的朋友，他们
毫不犹豫地答应参加翻译工作。20世纪50年代，我国"一五"计划时期派出的
留苏学生早已是古稀或耄耋之年的老人，至今健在的他们希望在有生之年尽最
后的微薄之力为自己的国家和人民再做一点事。我也请了改革开放后到俄罗斯
留学的特殊教育专业研究生，还有在国内学习俄语的特殊教育专业硕士生、博
士生。我想在翻译此书的过程中同时锻炼和培养了解俄罗斯特殊教育的专业人
员，使我国能多元化地了解世界特殊教育，以利于有中国特色的特殊教育事业
和特殊教育学科的进一步发展，改变只了解西方某一个国家特殊教育的情况。
这些年轻朋友也慷慨应允参加。大家克服专业和新术语的困难，基本上在当年
就完成了初译稿。

但是，由于出版单位和版权等问题，该书迟迟不能与读者见面。出版学术性
强但不赚钱或赚钱少的书在当时是很困难的。我们当年就完成了这本学术专著的
翻译工作，但是推迟了几年才出版，这是一个我们自己耽误前进时间的、让人心
痛的遗憾。在此过程中，出版社的很多朋友十分支持多元化了解世界的工作，但
大多爱莫能助，无权决定赚钱少的学术译著的出版。最终，那些关心特殊教育、
重视教育科学发展的出版社领导和朋友想方设法支持此项工作，使本来想在中俄

友好年中献礼而未能面世的《特殊教育学》赶在中俄语言年的尾期与读者见面。虽然《特殊教育学》拖了近5年才能出版，但好事多磨，经过了种种困难，该书终于修成正果。读者可以见到这本书，终究是一件令人欣慰的事。有人说，翻译是一件费力不讨好的事，这个过程很艰辛、很苦涩，但为了人类文明的交流，为了民族的复兴，为了多元化地了解、学习和借鉴世界各民族的优秀文明成果，再费力不讨好我们也要干，也总是有这样一些"傻人"在努力干。

中国特色特教观

退休后，我并未停止写作。退休后至今的数年中，我一共写了20多篇文章，有的刊登在全国的主要刊物上，有的则主要是为了配合国家出台的某个法令或政策。比如，国家出台关于特殊教育的政策后，人民日报要组几篇文章，这样的文章我愿意写，因为可以配合国家宣传特殊教育和残疾人事业。我的名誉是凭借特殊教育得的，我愿意用我的影响力为特殊教育服务。但是我不太愿意写涉及当前学术争论观点的文章。我担心我写了之后，很多人不愿意再争论了，这会影响百花齐放。

大道至简。我写论文无外乎就是从中国特殊教育的实际提出问题，然后借鉴国外特殊教育实践的经验以及中国特殊教育已有的经验去思考问题。退休前，我发表的《三因素补偿论》《我国盲、聋学校培养目标的特色》《中度智力残疾教育的几个问题》是这样写出来的，退休后的《特殊教育学校作用的发展》《融合与随班就读》《体现人权的残疾人特殊教育》等文章也是如此。

特殊教育学校作用的发展

学校是社会发展到一定历史阶段的产物，是按一定社会的需要、有目的、有计划、有组织地对年青一代进行教育的场所。特殊教育学校是各级各类学校的一种，是整个学校体系的组成部分。从18世纪法国建立第一所特殊教育学校以来，世界上许多国家都建立了特殊教育学校。在世界不断发展变化、新思想不断出现的形势下，有的地方还正在建立特殊教育学校，比如我们国家的西部地区，但有的地方的特殊教育学校由于各种因素被撤销。中国正处于社会和经济迅猛发展的时期，为残疾儿童开设的特殊教育学校是否应该保留？其作用是否有变化？《特殊教育学校作用的发展》一文发表在《特殊教育研究》1995年第4期。如今20多年已经过去了，我当时提出的看法正在一步步变为现实，其中一些观点仍具有一定启发性。

特殊教育对象的情况不同，各地区的具体条件不同，所以不能一概讲取消特殊教育学校。在某些地区、在某些情况下，某些特殊教育学校可以被取消，因为在那个地区、那个时间，那些特殊教育学校完成了历史使命，但取消所有特殊教育学校是不妥当的，也是不符合实际的。特殊教育学校的保留并不意味着其作用、功能在社会发展中没有变化，相反，特殊教育学校的职能和作用会随着社会经济、文化的发展而变化，以适应社会发展的需要。

中国的变化并不需要普遍取消特殊教育学校。特殊教育学校原有的单一作用和职能已不符合形势的需要，但中国的特殊教育学校可能仅需扩大服务范围、增强作用和职能就能完成新形势提出的要求。因为特殊教育学校有着专业的教师队伍，具备了一定的办学物质条件，可以成为一个地区特殊教育事业的骨干，支撑起适合中国特点的特殊教育发展的新格局，在特殊教育网络中起到中心作用。这样不仅可以促进特殊教育学校和当地特殊教育事业的发展，而且可以成为普遍教育和特殊教育的结合点，适应新时期的要求。

在新的条件下，特殊教育学校原有的作用应继续增强和扩大。一所特殊教育学校在发展本地区特殊教育的过程中应成为培养、教育残疾儿童的中心和示范点、师资培训（或进修）中心、教研中心、咨询辅导中心、科研中心、信息资料中心、职业劳动教育中心。

融合与随班就读

虽然美国的特殊教育发展较快，但是中国和美国的国情不同，美国的经验不一定全适合中国，中国有自己的特色。所以我在好几篇文章里讲到了特殊教育的民族性和国际性问题，越有民族性才能越有国际性，要想有国际性先得有民族性，这是一个辩证的、矛盾的又相辅相成的东西。特殊教育的教育对象是人，是有特殊性的人，对他们的教育要有共同的目的，也要有特殊的目的，有共同的手段，也要有特殊的手段，这个要统一起来，不要偏向一方，不要强调把某一个方面当成唯一的。这样的思想指导我写了《融合与随班就读》这篇文章，2004年发表在《教育研究与实验》上。

对于残疾儿童是否应该在普通学校就读这一问题，很多学者会从儿童的权利入手分析。在《融合与随班就读》一文中，我从残疾儿童的共性与特殊性的视角进行了论述。从共性来讲，不管残疾儿童残疾的种类和残疾发生的时间，也不管他们残疾的程度，他们首先是在社会上生活的人，是正在成长、发展着的儿童。因此，他们同样有人的社会性，有与正常儿童一样的基本发展规律和生理基础。残疾儿童的身体（包括形态、机能等）在自然生长，他们没有受到损害的感觉器官在外界环境的刺激下也在发展，他们的高级神经活动的发展有可能性和可塑性，他们的各种反射的基本规律与普通儿童是一致的。残疾儿童也按照从乳儿、婴儿、幼儿一直到成年的阶段发展并具有类似的年龄特征。正常儿童的教育目的、方针、原则和方法基本适用于残疾儿童。这些是时常被人们忽视的残疾儿童与正常儿童的共性。这些共性是残疾儿童的本质，是我们正确认识他们的基础，是对残疾儿童进行含有普通教育含义的特殊教育的一个重要的基本观点。不能平等对待残疾儿童的这种错误观点产生的根本原因常出在否定或忽视这种共性上，即只看到"残疾"，未看到"儿童"。我们首先要看到残疾儿童是正在迅速发育、成长的社会儿童的组成部分，绝不能因为他们的某些残疾或缺陷而使他们受到不公平的待遇和得不到全面发展。从特殊性来讲，认识残疾儿童与正常儿童的共性并不是说要把二者等同起来，认识二者的共性和首先强调共性并不排斥也不否认二者在教育和心理发展上的差异，不否认残疾儿童的特殊性。残疾儿童生理上的缺陷使其心理发展、高级神经活动表现出某些特殊性，进行特殊教育时不能忽视这些特殊性。我们在看待残疾儿童的时候，必须把他们与正常儿童的共性作为前提，但在进行教育和研究时，又必须从残疾儿童的特殊性出发，把共性和特殊性紧密、恰当地结合统一起来。有时需要强调或满足残疾儿童的某种特殊需要，我们就可以着重谈特殊性以引起社会的重视或教学内容、方法的改革，但不能因此忽视了残疾儿童和其他儿童的共性和社会化的共同需要；有时需要强调共性，强调儿童做人的平等权利，可以较多地强调共性，但不能忽视其特殊性和特殊需要。片面强调共性或特殊性都会对残疾儿童的成长和发展带来损害。二者很好地统一和结合才可为残疾儿童发展创造良好的条件。从正常化思想和原则的提出，到融合、回归主流、包容（全纳）等实践，这些均是对过去过分强调残疾儿童特殊性而使残疾人与社会隔离的一种否定，是社会的一种进步，是一种比几百年前的"残健混合"的更高层次的融合。但如果因此忽视了残疾人的特殊性或不尊重残疾人的差异，也会走向善良愿望的反面，不可能使残疾人的生活真正地正常化或回归和包容到社会之中。

中国的随班就读与西方的回归主流、融合教育的异同可以从共性与民族性的角度来看。中国的随班就读与欧洲的融合、美国的回归主流在教育安置形式等方面有相同之处，体现了特殊教育的一些共同规律，但又因各国教育哲学思想、教育制度和体系等方面的差异而有所不同。各个国家依据自己的国情和哲学观点确定了适合当时自己国家或地区的特殊教育安置形式。安置形式是为各国各地的教育目标服务的。相同的地方表现出特殊教育的共同规律，这是特殊教育的国际性；不同的地方表现出自己地方的特色，是特殊教育民族性的一面。二者密切相关，但二者又不可混同和互相取代。说到特殊教育安置形式的世界发展趋势，我认为，与其说某一种具体形式（如回归主流）是发展趋势，不如说适合于各国各地不同情况和特点的多种形式是一种发展趋势。可能某一国、某一地的某种形式在当地包含了特殊教育对象中的多数，但并不能因此而消灭另外一种适合某些有特殊教育需要的儿童的其他形式。有特殊教育需要的儿童是千差万别的，各地具体的自然环境、历史文化背景、教育发展水平也有差异，所以唯一的、万能的安置形式是不存在的。（《融合与随班就读》具体内容见附录）

在广西盲童随班就读指导中心

广西视残儿童教育"金钥匙工程"管理干部巡回指导

新中国特殊教育的发展

我是中国特殊教育的亲历者，对我们国家特殊教育的发展感触良多，曾写多篇文章进行阐述，《中国特殊教育50年》《改革开放30年中国特殊教育的发展与变革》《特殊教育60年》《新中国特殊教育的十大变化》分别发表在《特殊教育研究》《现代特殊教育》《中国残疾人》和《教育学术月刊》等杂志上。另外，载于顾明远主编的《改革开放30年中国教育纪实》一书中的《体现人权的残疾人特殊教育》一文，较为详细地梳理了改革开放30年来中国特殊教育取得的进步和发展。

1949年新中国成立前，我国仅有盲、聋学校42所，学生2380人，教职工360人，而"文化大革命"使刚刚发展起来的特殊教育事业遭到了破坏。改革开放后，特殊教育得到恢复和发展。改革开放30多年来，人们对特殊教育的认识有了巨大变化和进步，残疾人的特殊教育不仅得到了恢复，还有了极大的发展和变化。

有中国特色的现代社会的残疾人观、特殊教育观，是特殊教育快速变化发展的重要原因和指导思想。快速发展的特殊教育成为中国社会文明进步的重要标志之一，成为中国保障人权，践行人道主义、全民教育和教育公平、社会和谐的重要体现之一。安置残疾儿童就学的多种形式使残疾儿童可以尽快就近入学，还可以使学生更好地融入社会，促进社会和谐，是一条符合我国国情的普及残疾儿童少年义务教育的有效途径。残疾人的特殊教育初步形成了从残疾幼儿教育到盲、聋、肢残等残疾青年高等教育的体系，使残疾人从儿童到青年，都可以接受发展其潜能的平等教育，使他们有可能充分参与和融入社会，为社会发展贡献自己的才能。特殊教育法律法规体系随着社会的发展不断丰富和完善，为残疾人特殊教育的发展提供了强有力的支持和保障。中国特殊教育的师资培养从无到有，从仅有中等师范学校到建立高等师范院校、学院（系），从培养中等师范生、大学本科生到特殊教育硕士生、博士生，从地方自办到国家有计划地举办，走过了发达国家用近百年时间所走的路。教育行政机构和协调机构的不断完善与发展，推动特殊教育逐渐成为社会系统工程的一部分，保障了残疾人的受教育权和教育公平的实现。

中国是目前世界上最大的发展中国家，也是残疾人总量最多的国家，中国的特殊教育是世界上规模最大的特殊教育。全社会需要不断增强对特殊教育的认识，以适应建设和谐社会的要求：我国各地区特殊教育的发展还不平衡，需要加强中西部地区特殊教育的发展；各级各类特殊教育的发展还不平衡，各级各类普通教育机构中的随班就读工作需要进一步加强；特殊教育师资培养和相应的政策需要完善；特殊教育相关的法律法规要进一步健全和不断丰富、完善；有中国特色的特殊教育科学研究和学科建设需要大力加强；特殊教育的经费政策要切实落实；地方教育行政部门对特殊教育的领导与支持要进一步落实；民办特殊教育的政策也要进一步落实。

七十寄语述感言

2006年我到了古稀之年，进入特殊教育领域也整整50年，在北师大特殊教育专业创立20周年及我从教50周年庆典上，我给自己做了一个总结。

从心所欲感言①

风雨沧桑②人古稀，

融入③特教半世纪，

做人做事靠培养④，

---

① 本诗所有注均为朴永馨教授为原诗所写。《论语·为政》有"子曰：吾十有五而志于学，三十而立，四十而不惑，五十而知天命，六十而耳顺，七十而从心所欲，不逾矩。"在七十岁生日时，自己借孔子的话做感言标题，七十又有古稀之称，自己已从"早晨八九点钟的太阳"走到了夕阳。

② 指70年间经历了中外的社会变化，经过了抗日战争、国民党统治时期、新中国的不同时期，经历了历次政治运动，经历了从学生到老师，从中外学校到进入社会，从在聋校教聋生、智力落后学生到在大学教本科生、研究生、进修生，从到外国当留学生到教北师大的外国留学生，从当老师到当领导，从一人开辟特殊教育专业到建立特殊教育研究中心有了一支专业较齐全的队伍，从在国内工作到在国外宣传、交流我国特殊教育的酸甜苦辣的历程。

③ 指自己的身心通过学习、见习、实习、工作与特殊教育融为一体（从1956年到2006年）已经50年，经历了半个世纪。

④ 自己的成长、做人、做事，以及品质、思想的形成和能力的增长主要靠国家、社会、时代、老师、工友、同学等的帮助，有无数事例可以证明，这些我永远牢记。自己有些努力，但没有社会各方面的培养也就没有今天的朴永馨。社会、老师、同学培养了一个特殊教育工作者，这个特殊教育工作者在努力回报社会的培养，做了一些该做的工作。

回报社会探规律[1]。

特教高校辟阵地[2]，
学科育人新领域，
实践、讲课、书、刊、会[3]，
入港澳台进国际[4]。

些微工作成过去[5]，
向前诸事多且急，
唯物辩证有所悟[6]，

---

[1]　做事先做人，做人要做事；做学问要探索规律；要来自社会，回报社会；在特殊教育方面做人、做事、探索特殊教育规律。

[2]　1980年，我国大陆高等教育中开始有了特殊教育，自己开了特殊教育学、特殊心理学、特殊教育史、特殊教育教材教法等课，建立了特殊教育研究室（1980年）、特殊教育教研室、特殊教育专业（1986年）、特殊教育研究中心（1988年），培养了我国大陆第一批特殊教育专业本科生（1986年入学）、硕士研究生，培养了多批特殊教育进修生，开办了多种培训班，接受并培养了日本等国来华的特殊教育本科生和研究生。国家派遣自己去苏联学习特殊教育后的30年，北师大又派出中国留学生去美国、俄罗斯等国学习特殊教育。我国大陆有了特殊教育专业并开始建立新学科，开始平等参与世界特殊教育的发展进程。

[3]　综合近50年的工作，不外乎是参加了特殊教育的实践，在基层学校给聋生、智力落后学生讲课约20年，给本科生、研究生讲课近20年，组织和撰写了特殊教育方面的文章和著作，进行了科学研究和发表了有自己独立见解的论文，倡议并参与发起、组织建立了中国高等教育学会特殊教育研究分会，创办了特殊教育学术刊物，在北京组织了多次国际特殊教育学术会议等。

[4]　特殊教育专业建立后开始与港澳台的同行联系，进行交流；自己的特殊教育书籍、文章被介绍或转载到港澳台，台湾教育杂志几次约写关于大陆特殊教育的文章；开始加强与国际特殊教育院校、组织的联系，互相参观访问，参加国际会议并代表国家发言（如1981年罗马的国际残疾人年会议、1994年英国的手语国际会、1986年香港的亚洲第一届聋教育大会、1995年以色列国际聋教育大会等），使各国听到中国特殊教育的声音，在不少国家（美国、俄罗斯、意大利、日本、波兰、匈牙利、以色列、挪威、英国、韩国等）刊登自己撰写的我国大陆特殊教育的文章，《美国特殊教育百科全书》和特殊教育杂志几次约写关于中国特殊教育的条目和文章；曾应邀去多国（美国、俄罗斯、英国、韩国等）和多所大学（加州大学、加州州立大学、内布拉斯加大学、俄亥俄大学、国立莫斯科师范大学、国立赫尔岑师范大学、伦敦大学、布列斯托尔大学、曼彻斯特大学、奥斯陆大学、大邱大学、釜山大学等）作为中国特殊教育方面的学者去做演讲。

[5]　50年来所做的少量有限工作和一些成绩以及失败都已成为过去，摆在我们面前的未来的特殊教育事业和学科的工作很多、很紧迫。在使中国特殊教育事业适应和谐社会、可持续发展，使中国特殊教育成为大国、强国的特殊教育，使中国特殊教育工作者对世界特殊教育做出中国人应该做出的贡献方面，我们还有许多事要做。

[6]　几十年在特殊教育方面的体会可以概括为努力运用辩证唯物主义分析和认识特殊教育，用我们自己的努力来创新和发展中国的特殊教育。个人几十年特殊教育的实践与经历、对国内外特殊教育历史和现实的探讨是努力运用、验证唯物主义辩证法的过程，认识到马克思主义的基本理论在全面、客观地认识和对待残疾、残疾人，在发展特殊教育事业和学科上的重要指导作用。这是我们中国的特色和优势。

绵薄之力再奋蹄[①]。

未来工作任艰巨，
参照别人靠自己[②]，
中国特教中国色[③]，
后来诸君齐努力[④]。

一个特殊教育工作者　朴永馨
2006年6月27日

北师大特殊教育专业创立20周年及朴永馨教授从教
50周年庆典

---

① 现体弱多病，半年内三次入住医院，动过两次手术，切除了一个器官，但仍愿尽自己绵薄之力，不待扬鞭要自奋蹄，要尽力做些力所能及的对特殊教育事业、学科、培养人才有利的事。

② 《全国"十一五"特殊教育发展规划》和建设特殊教育大国、强国的完整体系及特色学科的任务要学习国外有用、适用的东西，不能闭关自守，要面向世界，但主要靠继承、总结自己的经验和自己的创新努力。过去的路是我们自己走的，今后的路还要自己走。

③ 我们国家各个方面的发展都要结合我国的情况，有我国自己的特点，这样才可以形成中国的特色，才可以使中华民族立于世界民族之林，继续做出中国人对世界文明和进步的贡献，无愧于祖先，无愧于后人。特殊教育的中国特色要靠我们中国特殊教育工作者来创造。我们有手和脑，有100多年的实践，特别是20多年来特殊教育有计划快速发展的实践，有热爱、忠诚特殊教育事业和创造精神的数万名教职员工，有积累起来的经验教训，有世界最大的特殊教育事业，有社会主义的优越性；有众多的有利条件（当然也有很多困难和问题），我们在特殊教育方面应该也可以做出自己的贡献。

④ 早来者已老，自然规律不可抗拒；后来者朝气蓬勃、谦虚谨慎，永远是特殊教育事业和学科的未来。特殊教育是我们大家的，但归根到底是年青一代的。青年是完成这个任务的主力，诸位要团结起来、共同努力。中国成为世界特殊教育大国、强国是指日可待的。衷心祝福我年轻的同行和朋友，中国特殊教育在期盼着大家的付出和创造。

耄耋抒怀诗四首

2016年恰逢北师大特殊教育专业创建30周年、我从事特殊教育事业整整60周年，6月27日是我80周岁生日。我和中国残联副理事长程凯博士、教就部副主任李冬梅，北师大教育学部部长朱旭东教授和全国十几所高校、特殊教育学校的特殊教育同人、毕业生代表一起参加了在北师大召开的建设有中国特色特殊教育学科专业研讨会。程凯在研讨会上发言时建议，专家学者和特殊教育工作者要深入特殊教育学校一线，解决实际问题，立足中国国情，将教育的共性与残疾人教育的个性相结合，将国外的先进教育理念与中国本土现实相结合，将特殊教育理论研究与教学实践需要相结合，加强对特殊教育实践的深入研究，加快提升特殊教育以改变我国残疾儿童青少年的未来。当前我国特殊教育的发展还很不均衡，还需要进一步完善公共政策、合理资源配置、提升信息化手段，将中国特色特殊教育学科专业的建设贯彻到学、教、研、用等各个环节，真正转化为提升中国特殊教育改革发展的内生动力，为"十三五"规划期间"办好特殊教育"提供强有力支撑。

研讨会上，我回首过去：我国特殊教育事业有了较大发展，特殊教育体系和师资培养体系基本形成。我也对特殊教育后来人寄予深切希望：特殊教育的中国体系尚不完善，希望能早日建立特殊教育的中国理论体系、学科和学派。最后我当场朗诵了为庆祝北师大特教创立30年而专门创作的《特教专业而立》《自己评价》《示弟子》三首诗：

特教专业而立[①]

特教专业三十年，

---

① 1986年，北师大建立了中国大陆第一个特殊教育专业，2016年是特殊教育专业建立30年即而立之年。30年来，中国的特殊教育事业有了很大发展，特殊教育体系初步建立，从学前早期干预到高等特殊教育的体系已建立，基础教育领域的特殊教育学校就有近2000所，各类有特殊教育需要的学生近40万人，师资培养体系亦建立起来，培养了本科生、研究生层次的专业人员。但是特殊教育的中国体系尚不完善，特殊教育的中国理论体系和学派尚待完善，需要后来人一起努力，创建中国自己的特殊教育理论体系、学科和学派。

事业发展理论浅，

后学弟妹齐努力，

中国特色学派建。

自己评价[1]

先有特教后有我，

历史机遇出成果，

个人力微不足道，

全靠众人添柴火。

示弟子[2]

回归自然万事空，

唯愿学派早诞生，

中国特色形成日，

恳请遥告京师翁。

  北师大特殊教育专业就是我的孩子，每逢它生日的时候我都会送上最诚挚的祝福，特别是10岁和20岁生日的时候，我特意买了蛋糕，与系里的老师和同学们一起分享。今年是特殊教育专业的而立之年，看到全国各地的北师大特殊教育专业的优秀毕业生回来，看到我们北师大特殊教育队伍日益壮大，我倍感

---

① 别人对我的工作有过很多溢美之词，是对我的鼓励，我表示十分感谢。但那不客观，事实是特殊教育选择了我，培养了我，教育了我，我在中国特殊教育发展历史长河中的一个小阶段（20世纪后半叶）、在大陆、在残疾人事业的特殊教育的一个领域做了一点工作（三个一），我是一个特殊教育老师，如果一定要加"之"字，那就称为"特教之子"，这要后人来评价是否够格。专业的建立靠的是历史条件，国家需要，领导重视，学校和系里的领导顾明远、袁贵仁、尹德新，系里各教研室老师，甚至系里职员秦忠洲、朱怀斌等，以及校外的邓元诚、沈葆忱等，更主要的是特殊教育教研室的各位老师：顾定倩、肖非、王雁、刘艳虹、钱志亮、韦小满、焦青、王工斌、李彩云、童忠良、哈平安等同事的全力参与和贡献。

② 仿照南宋爱国诗人陆游的《示儿》一诗（死去元知万事空，但悲不见九州同，王师北定中原日，家祭无忘告乃翁）的韵，写给特殊教育的后来者。人是由物质逐步演变成有生命的自然人、社会人，最后又回到自然的物质，到那时人在社会的一切就消失了。我作为一个特殊教育老师也会有一天回归自然，但在此之前有一心愿，就是有中国特色的科学的特殊教育理论学派的形成。

北师大校长董奇教授会见前来参加特殊教育学科专业研讨会的中国残联副理事长程凯博士

肖非主持建设有中国特色特殊教育学科专业研讨会

北师大教育学部部长朱旭东教授送来董奇校长赠送的鲜花

建设有中国特色特殊教育学科专业研讨会中毕业生发言

中国残联副理事长程凯博士、教就部副主任李冬梅，北师大教育学部朱旭东教授与特殊教育研究所教师就特殊教育学科建设交换意见

在建设有中国特色特殊教育学科专业研讨会上发言

欣慰。今年我依然专门订制了蛋糕与大家共享。今年特殊教育专业的生日有点特别，正好与我80岁生日一起过。尽管学生纷纷要出钱买蛋糕给我贺寿，但我坚持一定要自掏腰包。在我心里，特殊教育专业就是自己的孩子，既然自己的孩子过生日，这钱就应该由我这个父亲出！我委托学生订了四个蛋糕，在四块白色巧克力牌上写上"特教30年"，并特意配上《特教专业而立》的四句诗，将我对特殊教育专业的所有祝福都寄托在香甜的蛋糕里。

这一天，全国各地的毕业生、特教同人纷纷给我发来祝贺的短信和贺词。

北师大特殊教育研究所全体教师与前来参加研讨会的毕业生共聚一堂，共叙师生情，共话同窗谊，共展特教未来。

特教30年的生日蛋糕

《现代特殊教育》（高教）编辑部贺词

福如东海　寿比南山

贺信九六送祝福
朴素情怀特教心
老骥伏枥育新才
师恩永存木铎魂
八十岁月从容过
十足心意扶后人
大爱大善大智慧
寿比南山情长存

——特教96级全体贺

贺朴老师八十寿辰
暨特教专业三十年

朴银远渡重洋苦，
老骥伏枥办学忙。
八旬白发不老心！
十分心意助后人！
特教园里百花艳，
教书育人研究勤。
三尺讲台苦与乐，
十足信心特教兴！

周红省　刘巧云恭贺

96级毕业生贺词　　　　　　91级、97级毕业生贺词

与北师大特殊教育
研究所教师合影

与87级毕业生合影

与91级毕业生合影

与06级硕士毕业生合影

　　2016年7月1日，我们迎来中国共产党95周年诞辰，95年的历程见证了党的丰功伟绩。1956年，我在留苏预备部转为正式党员，到如今已经整整60年，中共七大到十八大的党章我全部都珍藏着。60年来，我时刻不忘党对我的培养。在这个特别的日子里，我专门写下一首诗，感怀自己60年的风雨磨砺和执着追求。

入党六十年

入党六十年，平凡一成员，

宗旨为人民，每天做一点。

名利抛两边，特教小贡献。

众人齐为公，中国梦实现。

附　录

为特殊教育事业而奋斗的战友——朴永馨

上海市特殊教育师资培训中心退休教师　银春铭[①]

　　我与朴永馨的友谊可以追溯到20世纪50年代。1955年，我们同时考入了当时的北京俄语学院留苏预备部。老朴高中时学习的外语就是俄语，被分配在俄语高级班；而我在高中学的外语是英语，就进入俄语基础班。1956年夏，在国家规定了每个人学习的专业之后，我们俩因为专业相同相识，由此拉开了我们之间长达半个多世纪的友谊，使我们成为为中国特殊教育事业而奋斗的亲密朋友。

　　当时，我们进入国立莫斯科列宁师范学院缺陷教育系（特殊教育系）学习。系领导考虑到中国的实际需要，特为我们两人编制了专门的学习计划——涵盖了当时苏联仅有的智力落后教育、聋教育、盲教育和言语矫正等四个专业。除了专业课程之外，我们还要学习公共必修课——苏共党史、政治经济学、辩证唯物主义哲学、普通心理学、学校卫生学、普通教育学及教育学史等。那时，我们真是苦不堪言：基本上说不来、听不懂、看不明，自己先成了"盲聋哑"。一节课下来，我们只能听懂几个单词。但是，我们没有任何退路！只能凭着中国人坚韧不拔、刻苦学习的精神（当然还有热心的苏联同学的无私帮助）硬着头皮坚持了下来。我们既要学习大量的生活和专业词汇，又要掌握陌生的课程内容，每节课下来还要阅读一系列参考文献。我们每天上完课后，就去图书馆，直到晚上10点闭馆时才回宿舍，在路上顺便买菜回去做饭，饭后还要继续攻读，常常到凌晨一二点才能休息，睡四五小时，就得起床迎接新一天的紧张学习。我们就这样苦苦奋斗"挣扎"到了毕业。

　　当时苏联的高等教育本科学制是五年，我们学习的课程不下30门，其中18

[①]　银春铭（1934—　），特级教师。1956年，教育部派出他与朴永馨留学苏联学习特殊教育专业。学成归国后，他全身心地投入特殊教育的教学和研究中。1979年，他创办上海市长宁区辅读学校，后任教于上海市特殊教育师资培训中心。他编著、翻译了大量的论文和著作，为中国特殊教育事业的发展做出了突出的贡献，在特殊教育界享有盛誉，与朴永馨并称为"南银北朴"。

门是考试科目，其他是考查科目，最后还有3次国家考试。虽然我和老朴都非常刻苦努力，但是他比我更认真，更善于学习，最后他以20门考试科目全优秀（5分）的成绩获得稀有的"优秀毕业文凭"。我虽然也拿到了这种文凭，但是含金量要比他的低——我有4门课程的考试成绩都是4分。

当初，国家指派我们去学习特殊教育专业，是准备让我们学成回来为国家培养特殊教育师资。可是，1961年我们回国，正赶上国家极为困难的时期。国家各方面都在调整、压缩，竟然没有适当的岗位可以安排我们。我们就到一线从事教学工作——老朴到北京市第二聋哑学校，我到上海市第二聋哑学校。国家说等度过困难时期再调我们上去。可是不久，"文化大革命"开始了，苏联的东西被斥为"修正主义"，我们在基层学校难以发挥专业特长。

1978年十一届三中全会之后，我们才真正有了为我国特殊教育事业大显身手的机会。20世纪80年代初，我们利用暑假转战南北，为特殊教育学校的教师进行许多次专业知识培训；有时候，一个多月的暑假我们要转战好几个地方。同时，我们还积极参与国家的各种特殊教育教学文件的制定工作。南京特殊教育师范学院的前身南京特殊教育师范学校的课程计划主要就是由我们两人拟定的。在该校招生的前两年，我们还为学校编写过首批专业课教材，并亲自授课。20世纪80年代后半期，国家教委师范司组织编制特殊教育师范学校的课程计划和纲要，我们都是主要的出力者。后来编写教材时，老朴被聘请为总顾问，我担任了《智力落后教育学》的编写顾问。非常重要的是，老朴在北京师范大学创建了我国第一个高等师范特殊教育专业，培养出我们自己的首批特殊教育学士和硕士。

30多年来，我们也为宣传和普及特殊教育知识编写了一系列著作，例如《缺陷儿童心理》《聋童教育概论》《特殊教育辞典》（《特殊教育辞典》已经出版到第三版，我只是其中"智力落后教育"的分主编，老朴是全书的总主编）。前几年，在老朴的努力下，我还与他联手翻译出版了俄罗斯的高等师范教育用书《特殊教育学》。此外，老朴个人翻译和编纂出版了几部影响很大的著作，如《智力落后学生心理学》（译著）、《特殊教育学》（叶立群主编的教育学丛书之一)、《特殊教育概论》(我国第一本特殊教育师范学校必修课教科书)、《特殊教育课程与教学》(高等教育自学考试特殊教育专业指定教材)等。

虽然,老朴和我都把自己的一生献给了特殊教育事业;但是显然他的成就要比我卓越得多。我为有老朴这样的朋友和他的重要贡献而骄傲,也为能和他一起献身于特殊教育这个人道主义的高尚事业而欣慰。我们都已进入古稀之年,老朴却仍然在发挥余热,承担着教育部的重要课题研究。我衷心祝愿老朋友身体健康、精神愉快,争取活到"茶寿"之年(108岁),继续为特殊教育事业做贡献!

2015年9月25日于上海

2015年9月,银春铭老师在上海家中接受访谈

朴教授是一个传奇

俄罗斯莫斯科市立师范大学 纳扎洛娃教授、博格丹洛娃教授

编者按：2015年12月3日至10日，应北京师范大学特殊教育研究所的邀请，俄罗斯莫斯科市立师范大学纳扎洛娃教授、博格丹洛娃教授讲授了为期多天的短期课程——俄罗斯的特殊教育及其研究。课程结束，我们提出，希望能对两位教授进行访谈，了解俄罗斯特殊教育同行眼中的朴永馨教授，她们欣然接受。北京师范大学外国语言文化学院俄语系研究生赵重刚为我们的访谈担任翻译，在此表示感谢。以下是我们整理的两位专家的访谈内容，标题由编者自拟。

朴教授能够邀请我们到北京师范大学进行学术交流，我们感到非常荣幸。

朴教授认识很多俄罗斯特殊教育界的人士，他留学期间学习了当时苏联特殊教育所有的专业方向，教育背景比较丰富，所以特殊教育专业的老师对他印象都很深，包括后来进入特殊教育专业任教的老师。更难能可贵的是，朴教授到现在对这些老师依然非常熟悉。苏联学生用5年学习一个专业，而朴教授却用5年学习了聋教育、盲教育、智力落后教育和言语矫正4个专业方向，这是开创历史的事情，在俄罗斯特殊教育历史上可以说是前无古人，后无来者。时至今日，国立莫斯科师范大学特殊教育专业的老师们仍然会给一年级的新生讲述朴教授当年的辉煌事迹：他克服了语言障碍，经过艰苦卓绝的努力，最终获得专业课程全优的成绩。老师们语重心长地告诉学生："你们要以朴教授为榜样，他学习了4个专业，你们哪怕能够学习两个专业也可以。"但是很多学生都觉得不可思议，认为这一定是老师们为了鼓励他们学习编出来的故事。1988年，当朴教授再一次回到国立莫斯科列宁师范学院的时候，老师们特地向学生介绍说，这就是"传说"中的朴教授。

朴教授非常热衷于科学、热衷于学术。他在学习期间，除了上课，还经常

去苏联教育科学院下属的特殊教育机构，认识了那里的很多老师。他也经常和矫正教育研究所实验室的老师交流，学习不同实验室的研究方法。因此，朴教授对当时的苏联特殊教育领域的实验和研究方法都非常了解。朴教授的阅读量也很大，读了很多有关特殊教育的书。他毕业时从苏联带回了整整两箱特殊教育方面的书籍。后来，中苏关系破裂，相当长的一段时间里，苏联特殊教育领域的老师很少得到朴教授的消息。直到20世纪80年代末，朴教授才又回到了苏联，回到国立莫斯科列宁师范学院。他应邀做了一个演讲，给大家讲述了中国特殊教育的情况。他还给苏联的特殊教育期刊投了一篇文章，专门介绍中国特殊教育的发展状况。后来，我（编者注：纳扎洛娃教授）把朴教授的文章用在博士论文的引文当中，他看到后很自豪地说："这是我的文章，纳扎洛娃引用了我的文章。"朴教授每次回俄罗斯，不仅去国立莫斯科师范大学，也去俄罗斯教育科学院和俄罗斯的特殊教育学校，所以他对俄罗斯特殊教育的发展有着广泛的了解。

　　2007年，我（编者注：纳扎洛娃教授）受邀参加第一届北京特殊教育国际论坛，朴教授非常热情地招待了我。原以为朴教授应该是正襟危坐、高高在上的样子，没想到他这么平易近人，这么善于交流，非常热心。第二天在会场的时候，我看到了中国特殊教育界人士对朴教授的态度。他们看到他之后就直接上去拥抱。我也曾跟朴教授开玩笑说："您的学生遍布全国各地，您是中国特殊教育学的祖师爷。"我个人认为朴教授是一个传奇，是中国特殊教育的一个奠基人。朴教授出版了很多著作，曾送给我他主编的那本厚厚的《特殊教育辞典》，我回赠给他我主编的第七版《特殊教育学》。回俄罗斯之后，我把朴教授的书展示给学生看："这就是中国老师所写的特殊教育著作，这么厚。"在朴教授的努力下，我的中文版《特殊教育学》得以在2011年出版。

　　此次来北京访问讲学，我们和朴教授进行了很有意义的交流。他给我们看了美国出版的《美国特殊教育百科全书》，其中中国特殊教育部分就是他撰写的。朴教授不断向世界各国介绍中国的特殊教育，是一个闻名全世界的学者，在俄罗斯、在美国及欧洲其他国家都是这样。让我们很吃惊的是，朴教授虽年事已高，但仍博闻强记、思维敏锐。讲座期间，他会及时发现我们讲得不够准确的地方，进行更为全面准确的补充讲解。朴教授将近80岁高龄，还保持一颗热心，为了让所有来听课的老师和学生都尽可能多、尽可能精确地了解俄罗斯的特殊教育学和特殊儿童心理学的发展，他不仅课前做了认真充分的准备，尽量亲自担任翻译，还坚持和我们一样站着授课，让我们实在是敬佩不已。

祝朴教授健康长寿！

2015年，纳扎洛娃教授（首排左二）、博格丹洛娃教授（首排左三）来北师大讲课合影

纳扎洛娃版《特殊教育学》中文版序言

　　这本教材于2000年在莫斯科由科学院出版社第一次出版。为了编辑这部教材，我们邀请了俄罗斯特殊教育各领域的首席学者，因此，俄罗斯很多著名专家的这部集体劳动成果反映了俄罗斯对健康和生活能力有某种局限的人，特别是对有特殊教育需要的人的教育、教学、社会融合问题的现代观点。目前，科学院出版社已经出版了这部书的第十版。

　　我们感谢本书能够出版中文版。首先感谢中国著名的特殊教育专家朴永馨教授，他早在2006年在北京举办的国际书展时就看到了这本书并产生了兴趣。他认为，需要把它介绍给中国特殊教育工作者，也就是要把此书译成中文。

　　本书翻译成中文并出版对俄罗斯特殊教育工作者有很大意义，是一种象征。因为在20世纪的几十年内，俄罗斯和中国的文化与科学（教育学、心理学、特殊教育）有过多方面卓有成效的合作：文化和科学知识的交流、苏联心理学和教育学经典著作的翻译、学生和教师的交流，其中包括在莫斯科高校中的中国留学生。这些有理想、不知疲劳和热爱知识的特殊教育留学生中就有朴

2013年，在莫斯科与纳扎洛娃教授会面

永馨教授，他今天仍然对俄罗斯的特殊教育有着全面了解，俄语也很熟练。

本书中文版的出版（最近几十年第一次出版俄罗斯特殊教育专著中文版）燃起了新的希望：俄罗斯与中国特殊教育学和心理学工作者之间专业的、科学的和人员之间的交流，为了生活能力受局限人的幸福而展开的互利双赢的合作进入了新的阶段。

以《特殊教育学》教材作者集体和我个人名义对促使这本书在中国出版的所有人深表谢意。

教育科学博士、教授

娜·米·纳扎洛娃

2010年12月于莫斯科

航 标

北京启喑实验学校校长　王克南

　　朴永馨教授学识丰厚、睿智直爽、敬业负责，是我40余年教育生涯的航标。通过朴教授，我知道了残疾人教育在其他国家受重视的程度及研究成果；知道了特殊教育还有许多值得探寻的领域；知道了特殊教育工作者一定要善于学习、善于思考、善于实践；知道了特殊教育工作者要有比普通学校教师更广博的知识、更扎实的业务、更科学的态度、更坚强的性格；知道了什么叫淡泊名利、锲而不舍、厚积薄发，什么叫全情投入、知无不言、敢于担当。和朴永馨教授在一个单位共事的时间虽然非常短暂，但他对我的影响一直伴随我工作的始终。无论是教学、科研还是管理，我都直接或间接得到朴教授的支持与帮助，受益匪浅，回想起来充满温馨与感激。

　　感谢我事业中的航标——朴永馨教授。

烟台聋校留影，左一为原二聋校长王克南

我是朴老师永远的学生

原北京市第二聋哑学校学生 刘红星

　　我是朴永馨老师曾经的学生。朴老师是当时北京聋哑学校里唯一一名苏联留学归国人员，他平易近人，很喜欢和聋人接触，像亲人一样爱护聋人学生，善良、慈祥，从不轻视我们。记得当年在"文化大革命"期间，我们经常参加演出，有时回家会很晚。家长不放心，于是请朴老师帮忙送我们回家。无论多晚，朴老师都义不容辞地送我们。朴老师的关爱让我对他印象深刻。母校85周年纪念活动时再次见到朴老师，他已满头银发，但精神矍铄，热情开朗。之后我们十几个同学到朴老师家里看望他，共同回忆往事。他乐观的性格让我们都喜欢和他聊天。朴老师退休后仍然坚持工作，为残疾人教育事业兢兢业业，甚至好几次住院还不顾病痛去帮助学校工作，我们非常感动。我们应该赞扬他，宣传他的精神，让更多人关心残疾人教育事业。

1961年，与所教的二聋学生合影，后排站立者是我，前排右一为李蜀嘉，后排左二为刘青青，后排右一为刘红星

毕业50年后，二聋学生（已退休）看望我，前排右一为刘青青，前排右二为李蜀嘉，二排中为刘红星

聋生给我画的画像

朴永馨学术活动年谱

1978年，保定，参加中国心理学会第二届年会，在分组会上发言

1979年12月，调入北京师范大学教育系

1980年1月，上海，参加全国聋哑学校统一教材审稿会议

1980年1月，参加北京市心理学会年会，以"异常儿童及其心理发展"为题发言

1980年10月，参加中共中央北方地方病领导小组学术委员会、地方甲状腺和克汀病学术交流和科学协作会议，做大会发言

1980年，创建特殊教育研究室

1980年，进行全国特殊教育学校情况调查，编印《全国盲聋哑学校简况一览表》

1980—1985年，先后到17个省市义务开展特殊教育教师培训

1980—1983年，每年参加中国盲人聋哑人协会的代表大会和全国委员会会议，当选为全国委员会委员

1981年1—2月，意大利罗马，参加"聋——国际残疾人年"国际会议

1981年春季，在中国高校首次开设特殊教育课程

1981年10月，参加北京市教育学会年会，提交论文《特殊教育初探》

1982年9月8日，晋升讲师

1982年，成立中国教育学会特殊教育研究分会，并担任副理事长

1982年11月，南昌，参加中国教育学会特殊教育研究分会成立大会和第一次学术讨论会，当选为理事和副理事长，在大会上发言

1983年5月，参加全国第二次教育科学规划讨论会和中国教育学会扩大理事会，当选为中国教育学会理事

1983年8月，接待美国特殊教育代表团

1984年5月，接待美国特殊教育代表团

1984年7—8月，参加中国教育学会理事会当选为中国教育学会学术委员会委员，在第一次学术讨论会上发言

1984年，招收第一位特殊教育研究生

1984年9月，参加英国布里斯托国际聋人手势语讨论会

1984年10月11日，南京，参加中国特殊教育研究会第一届学术年会，在大会上发言并做总结

1985年11月，在第二届中国教育学会学术讨论会上发言

1985年，开展北京市盲、聋、智力落后儿童生理、心理特点的调查

1986年，开展北京市三类残疾学生调查

1986年，建中国大陆第一个特殊教育专业

1986年，接待美国特殊教育专家柯克来访

1986年，开设第一期特殊教育讲习班

1986年，香港，参加亚洲第一届聋教育大会，并做国家发言

1987年，晋升副教授

1987年7月，参加第三届中国教育学会并当选为理事

1987年11月，当选中国教育学会特殊教育研究分会副理事长

1987年，获得"全国优秀特殊教育工作者"称号

1988年，北京师范大学特殊教育研究中心成立

1988年6月，参加北京国际特殊教育会议

1988年10月，参加全国高等师范院校特殊教育专业课程方案研讨会

1988年，由北京师范大学派送到苏联访学交流

1988年，芝加哥，参加美国特殊儿童委员会（CEC）年会

1989年，开设全国智力落后专业教师培训班

1989年，参与起草的《中等特殊教育师范学校教学计划（试行）》正式颁布

1992年，晋升教授

1992年，创办《特殊教育研究》杂志，任主编

1992年，成为享有国务院国家政府特殊津贴专家

1993年，获得首届"曾宪梓教师奖"

1995年，参加中美特殊教育研讨会、以色列国际聋教育大会

1995年，接待俄罗斯特殊教育专家阿格涅祥教授讲学

1995年，于人民大会堂接受美国特殊儿童委员会和美国人民民间使者项目授予的中美特殊教育交流贡献奖，并发言

1996年，应德国外交部及德国联邦孤独症学会的邀请，到德国考察德国孤独症人士的社会康复体系

1997年，接待俄罗斯特殊教育专家阿格涅祥教授再次讲学

1997年，参加台湾师范大学的海峡两岸特殊教育学术研讨会

1997年，退休

2001年，筹备中国高等教育学会特殊教育研究分会

2004年10月15日，参加由天津理工大学聋人工学院承办的中国高等教育学会高等特殊教育研究会年会（筹）暨国际研讨会

2005年10月21日，中国高等教育学会特殊教育研究分会在河南省郑州中州大学宣布正式成立，当选为研究会第一届理事长

2010年，中国高等教育学会特殊教育研究分会理事会换届，担任学会名誉理事长

2011年4月，参加北京孤独症儿童康复学会和北京市星星雨教育研究所举办的关爱孤独症儿童公益活动并讲话

2011年7月，参加在北京师范大学举办的特殊教育教师专业发展高级研讨会

2012年4月，参加壹基金关注自闭症儿童大型倡导活动，并发布《中国自闭症儿童现状分析报告》

2012年9月，参加在陕西师范大学召开的中国高等教育学会特殊教育研究分会学术年会

2012年10月23日，到新疆师范大学初等教育学院讲学

2013年4月，参加俄罗斯国际特殊教育研讨会

2013年10月，参加2013年特殊教育学术研讨会并致辞

2013年11月，参加在华中师范大学召开的中国高等教育学会特殊教育研究分会学术年会

2014年11月，参加在泉州师范学院召开的中国高等教育学会特殊教育研究分会学术年会，主持年会第一个学生分论坛

2015年5月，参加中国残疾人联合会组织的《国家中长期教育改革和发展规划纲要（2010—2020年）》实施5周年中期评估研讨会

2015年10月，参加在南京特殊教育师范学院召开的中国高等教育学会特殊教育研究分会学术年会，并主持年会学生分论坛

朴永馨学术著作、论文等一览（部分）

1978年9月13日，《汉语拼音及聋哑教学》，《光明日报》

1980年2月，《发展聋哑教育的几点意见》，《中国聋人》创刊号

1980年2月，《日本聋教育梗概》，《中国聋人》创刊号

1980年第3期，《她是生活的强者》，《中国聋人》

1980年第2期，《当前聋校课堂教学中的几个问题》，《北京盲聋教育》

1980年第2期，《手势及手语》，《北京盲聋教育》

1980年第2期，《国际特殊教育资料》，《聋教育通讯》（江苏）

1980年第2期，《略谈耳聋儿童的感觉与知觉》，《聋教育通讯》（江苏）

1981年，*The Present Situation of Education and Culture of the Deaf of China*（《中国聋人的教育和文化现状》），为1981年"国际残疾人年"会议写的发言稿

1981年第1期，《谈谈特殊儿童》，《聋教育通讯》（江苏）

1981年第2期，《罗马聋校访问散记》，《聋教育通讯》（江苏）

1981年第3、4期合刊，《谈谈特殊教育的问题》，《北京盲聋教育》

1981年第1期，《新式助听器》，《中国聋人》

1981年第2期，《谈谈手势语的作用》，《中国聋人》

1981年第2期，《友谊的聚会》，《中国聋人》

1981年第6期，《美国的特殊教育》，《外国教育动态》

1981年第4期，《特殊儿童及其心理发展》，《心理学报》

1981年第4期，《罗马一盲校》，《盲人月刊》（盲文版）

1981年4月22日，《要关心智力落后的人》，《北京晚报》

1981年5月，《国际残疾人年答问》，《中国妇女》

1981年6月10日，《盲文及其创造者》，《北京晚报》

1981年6月，《略谈国外的幼儿特殊教育》，《中国妇女》

1981年第6期，《对耳聋儿童父母的几点建议》，《父母必读》

1981年12月12日，《她用手感知世界》，《北京晚报》

1981年，《特殊教育资料选编（1）》，中国教育学会特殊教育研究分会

1981年，《美国特殊教育百科全书》，Wiley，撰写词条

1982年，《关于我国特殊教育的几个问题》，《教育学问题1》

1982年6月1日，《从海伦·凯勒谈到聋盲教育》，《盲人之友报》

1982年10月，《关于特殊教育的几个问题》，《北京市教育学会一九八一年年会论文选》

1982年11月，《开创群众性特殊教育科学研究的新局面》，《中国教育学会特殊教育研究分会成立大会及第一届学术讨论会资料选编》

1982年，与他人合作翻译出版《学前儿童初步数概念的形成》，人民出版社

1982年，《特殊教育资料选编（2）》，中国教育学会特殊教育研究分会

1983年1月2日，《一位特殊教育研究工作者的几点意见》，《光明日报》

1983年第3期，《耳聋父母要注意对不聋子女的教育》，《中国聋人》

1983年6月，*Chinese Children's Reading Skills and Coding Styles*，罗马第三次"手势语言研究国际讨论会"宣读论文，并编入论文集，中文为《中国聋童阅读技能和编码类型》

1983年，翻译出版苏联鲁宾什坦的《智力落后学生心理学》，人民教育出版社

1983年，《特殊教育资料选编（3）》，中国教育学会特殊教育研究分会

1984年11月，《试论我国特殊教育的发展和普及》入选《三个面向与教育改革：中国教育学会第一次全国学术讨论会文集》，教育科学出版社，获得北京市教育学会二等奖；后发表于《北京师范大学学报》1986年第2期；被1986年7月《新华文摘》转载；获北京市高等教育学会《教改之花》优秀论文奖

1985年，《聋童教育概论》，安徽教育出版社，于1992年再版

1986年，美国《聋人百科全书》，加劳德特大学出版社，撰写词条

1986年第2期，《残疾儿童教育的表述》，《三月风》

1986年第3期，《正确对待残疾儿童》，《三月风》

1986年8月，发布《北京市盲、聋、智力落后儿童生理和心理特点的调查研究报告》

1987年，与他人合作翻译出版《缺陷儿童心理》，科学出版社

1988年第1期，《对残疾儿童的认识和特殊教育的发展》，《江西教育科研》

1988年第6期，《中国特殊教育师资的培养》，《北京师范大学学报》

1988年7月，《中国聋教育》，《亚太地区聋人工作会论文集》

1988年，武杰著《儿童学习困难与教育》序，兵器工业出版社

1991年，《特殊教育概论》，华夏出版社

1992年，《教育大辞典》，上海教育出版社，撰写"特殊教育"词条

1992年，《苏联的特殊教育》收入《国外特殊教育资料选编》，华夏出版社

1992年，《〈中国手语〉教学辅导》，华夏出版社

1992年第1期，《三因素补偿论》，《特殊教育研究》

1992年第3期，《二十一世纪的中国特殊教育》，《特殊教育研究》

1992年，《耳聋儿童心理和教育的几个问题》，收入陈云英、沈家英、王书奎主编的《特殊教育的理论与实践》，教育科学出版社

1992年第6期，《大陆的特殊教育》，台湾《教师天地》

1993年，《中国大百科全书》教育卷和心理卷，撰写词条

1994年第1期，《我国盲、聋学校培养目标的特色》，《特殊教育研究》

1994年第2期，《中度智力残疾教育的几个问题》，《特殊教育研究》

1994年，北京市特殊教育师资培训中心《智力落后儿童及缺陷补偿》序，中国统计出版社

1994年，陈淑云等《聋儿游戏百则》序，华夏出版社

1995年第1期，《中国特殊教育机构的体系》，《特殊教育研究》

1995年第4期，《特殊教育学校作用的发展》，《特殊教育研究》

1995年，《特殊教育学》，福建教育出版社，于2007年、2014年两次再版

1996年，《特殊教育辞典》，华夏出版社，于2006年、2015年两次修订出版

1996年第1期，《台湾的特殊教育》，《特殊教育研究》

1996年第1期，Early Childhood Special Education in the People's Republic of China，*Early Child Development and Care*

1998年第1期，《努力发展有中国特色的特殊教育学科》，《特殊教育研究》

1998年第2期，《国际流行的一些特殊教育的理论观点》，《特殊教育研究》

1999年第4期，《中国特殊教育五十年》，《特殊教育研究》

1999年，周耿、王梅《孤独症儿童的教育训练》前言，中国统计出版社

2000年第2期，《二十世纪中国特殊教育研究回顾》，《特殊教育研究》

2000年第4期，《融合与随班就读》，《特殊教育研究》

2001年第5期，《为"十五"特殊教育改革与发展建言献策》，《人民教育》

2002年第12期，《让残疾儿童与普通儿童多在一起活动》，《大众心理学》

2003年第1期，《教育康复中的一个基本观点》，《中国听力语言康复科学杂志》

2004年第3期，《残疾人高等特殊教育的产生和发展》，《中国听力语言康复科学杂志》

2004年第1期，《高等特殊教育的发展》，《中国残疾人》

2004年第4期，《融合与随班就读》，《教育研究与实验》

2004年第10期，《特殊教育科研需要付出艰苦劳动》，《现代特殊教育》

2004年第12期，《"希望之家"：一所培养肢残儿童的特殊教育学校》，《现代特殊教育》

2006年第11期，《高等特殊教育是培养创新型人才的重要组成部分》，《中国特殊教育》

2006年第3期，《与时俱进，做创新型特殊教育教师》，《现代特殊教育》

2007年2月，《中国高等特殊教育的产生、现状和发展趋势》，《黑龙江教育》

2007年5月，《解读之三：盲校新课程方案的制订原则》，《现代特殊教育》

2007年8月，《和谐发展，双赢共荣》，《中国残疾人》

2008年9月，《在实践中积极探索特殊教育规律》，《现代特殊教育》

2008年12月,《改革开放30年中国特殊教育的发展与变革》,《现代特殊教育》

2009年4月,《美俄两国特殊教育师资培养及对我国的启示》,《中国教师》

2009年5月,《让残疾人求学梦圆》,《人民日报》

2009年6月,《特殊教育60年》,《中国残疾人》

2009年6月,《新中国特殊教育的十大变化》,《教育学术月刊》

2009年6月,《科学发展,与时俱进——学习第四次全国特殊教育工作会议文件及国办发〔2009〕41号文件》,《中国特殊教育》

2010年,参编《中国特殊教育史资料选》(上、中、下卷),北京师范大学出版社

2011年4月,《学说话》,华夏出版社

2011年5月,主译《特殊教育学》(俄),北京师范大学出版社

2011年6月,《让我们的孩子共享文明》,《人民政协报》

2012年11月,《迎接特殊教育发展的"又一个春天"》,《人民政协报》

2012年9月,《完善教育体系,实现教育公平:高等特殊教育研究论文选编》,知识产权出版社

2012年12月,参编《中国教育大百科全书》,上海教育出版社

朴永馨代表性文章选编

　　编者按：朴永馨教授的学术著作和论文一百有余，我们精选出其中的6篇文章——《试论我国特殊教育的发展和普及》《三因素补偿论》《特殊教育的基本观点》《中度智力残疾教育的几个问题》《融合与随班就读》《体现人权的残疾人特殊教育》。有的文章发表时间较早，有的选自非特殊教育的文集，有的发表在内部刊物《特殊教育研究》杂志上。这些文章集中体现了朴永馨教授的特殊教育思想，如今特殊教育界的青年学者和年轻学子很少有机会能够读到原文，希望这能够对未来中国特殊教育的学术研究有所助益。选用时部分内容有修改。

试论我国特殊教育的发展和普及

我国经济、社会的发展已经提出了普及教育的要求；党和政府为适应建设社会主义强国的要求做出了普及小学教育的决定，并且把教育作为今后20年内经济发展的战略重点之一。普及小学教育已成了迫切的现实问题。我们在贯彻落实邓小平同志"三个面向"指示，进行教育改革，实现普及小学教育的历史任务时，必然涉及身心发展中遇到各种障碍和残疾的缺陷儿童的特殊教育的普及问题。是不是需要提出发展和普及特殊教育的问题？如何走中国式的发展和普及特殊教育的道路？本文想对这些基本问题进行一些初步探讨。

一、发展和普及特殊教育问题的提出

有残疾的缺陷儿童（盲、聋和聋哑、智力落后、肢体残疾、语言障碍等儿童）的特殊教育是一个国家整个教育事业的有机组成部分。早在1951年，新中国建立不久，周恩来总理签署的《政务院关于改革学制的决定》就把缺陷儿童的教育从慈善救济性质的社会事业纳入了整个国民教育体系。这个文件指出各级人民政府应设立聋哑、盲目等特种学校，对生理上有缺陷的儿童、青年和成人施以教育。30多年来，我国的盲聋哑教育有了较大发展，从新中国成立前的42所学校、2380名学生、360名教工（1948年）发展到1982年的312所盲聋哑学校、33673名学生、9235名教工，不只是数量较快增长，质也有了变化：加强了党的领导，改变了慈善救济的性质，按照教育事业发展的要求规定了统一的学校方针、任务，制订了教学计划，编写了教材等。这是新中国成立前的特殊教育所无法比拟的。但是，由于过去人们认识上的错误和工作上的失误，我国教育长期被忽视，特殊教育在被忽视的教育中又是一个薄弱环节。特殊教育的发展不仅与经济的发展不相适应，而且与普通教育事业的发展也不适应。我国盲聋哑适龄学生的入学率仅为7%。实际上，盲、聋儿童仅是有残疾的缺陷儿童的一小部分，其他类型缺陷儿童的教育更加薄弱或者是空白的。我国需要接受特殊教育的各类儿童有二三百万人。我国缺陷儿童在人口中的比例与世界其他国家的平均数大致是相同的。但我国有残疾的缺陷儿童就学的人数与全部人口的比例大大低于世界平均水平。据1981年联合国教科文组织统计，不包括中国在内的共有24亿人口的96个国家和地区的注册特殊学生数为6347900人，约占这些国家总人口数的2.61‰，其中美国特殊学生占总人口的1.7‰，欧洲为4.4‰，日本为1.7‰，亚洲为0.25‰，非洲为0.17‰，阿拉伯国家为0.23‰。而我国盲聋哑学生入学人数仅约占总人口的0.03‰。特殊教育的这种落后状况与建设现代化社会主义强国的要求是不相适应的，与"三个面向"的要求也是不相适应的。1982年12月，我国通过的《中华人民共和国宪法》规定了国家和社会帮助安排盲、聋、哑和其他有残疾的公民的劳动、生活和教育。把残疾人的教育问题列入国家的根本大法，在各国的宪法中还是不多见的。作为即将普及的教育的一个组成部分，特殊教育的发展和普及问题也应提到日程上来，要提高人们对特殊教育重要性的认识，使特殊教育在教育事业中有恰当的地位。发展和普及特殊教育将有以下几方面的作用。

1. 政治上体现了《中华人民共和国宪法》赋予的平等权利，体现了社会主义制度的优越性。我们社会主义国家不分民族、性别地给予每一个公民法定的平等权利，这是世界人民有目共睹的。《中华人民共和国宪法》也规定了有各种生理残疾的人有同样平等的权利，而且有些法律（如《中华人民共和国刑法》）还给予了他们特别的人道主义关怀。发展特殊教育就是实现这些平等权利和人道主义的基础，是一些外国朋友看中国社会主义制度优越性的一个侧面。我们要提高全民族的教育和文化水平，要调动一切积极因素从事现代化建设。如果没有这一部分残疾人的文化水平的提高和积极性的调动，很难说我国达到了调动全民一切积极因素的要求。如果残疾人不受教育，他们就无法享受平等权利，无法接受人类的文化遗产，甚至因不识字而不能行使选举权。普及小学教育后，一般儿童都可入学，残疾儿童的家长就会更强烈地提出："我们的孩子怎么办？普通小学不收，谁来管？"

2. 经济上变消费者为生产者。未受教育的残疾人要依靠父母和社会生活，几乎是在单纯地消耗社会物质财富；文化程度很低的、从事简单手工劳动的残疾人的劳动生产率很低，创造的财富很少，只能勉强维持自己的生活，有时还需社会补助。如果用一定经费开办特殊教育进行智力投资，使残疾人受到教育，提高文化水平和劳动技能，他们就可以从社会物质财富的消费者变为生产物质财富或精神财富的劳动者，他们的智力得到开发后就可以提高劳动生产率，为社会创造更多的价值。普及初等教育是经济发展的基础，这已从很多国家小学入学率高经济发展就快的事实中得到证明。反之，社会经济发展又对其成员的文化教育提出新的要求。社会的进步、生产的发展，对人的教育提出越来越高的要求，人类的文明程度也越来越高，对于普通人是这样，对于需要特殊教育的残疾人也是这样。残疾人作为社会的平等劳动者也需要接受越来越多的文化教育。过去残疾人纯手工的简单重复性劳动已逐渐为机械化、电气化的设备所代替，没有现代化的科学知识就很难适应这种生产的要求。例如，过去耳聋工人修剪地毯用手工剪，现在多使用电剪了。生活中现代化的电器产品越来越多，助听、助视等助残设备也多是电子化的了。残疾人没有现代科学知识，不只难以从事现代化生产，也难以过现代化生活，难以使用现代化的补偿各种缺陷的设备和工具。我们绝不能只让健全的普通人进入现代化生产和生活，而让有生理缺陷的残疾人永远处在简单手工劳动和非现代化生活的境地。少量的特殊教育投资可获得很大的经济效益。绝大多数（95%以上）的盲、聋、智力落后的人是可受教育、可掌握劳动技能并从事生产性或服务性劳动的。北京市民政工业公司所辖的11个工厂、1个农场，有盲、聋、哑和肢体残疾工人2321名，占全部工人的一半以上。1982年该公司的每人平均产值为7160元，其中橡胶五金厂的372名盲、聋、哑和肢体残疾工人的平均产值为12712元。1982年这个公司给国家上缴税收230万元。这里的工人多是受过初等教育的。至于极少数生活不能自理的残疾人，那是社会照顾的对象，不是特殊教育的对象。

3. 可以促进精神文明建设。党的十二大报告指出，要努力提高每一个社会成员的精神境界，要在共产主义思想指导下，在全社会建设社会主义精神文明。一方面，这个任务应包括有生理缺陷的社会成员的精神境界的提高。如果没有特殊教育，盲、聋、智力落后等缺陷儿童就不能有效地学习科学文化知识，聋哑人甚至不能掌握语言，那么他们就不能学习和接受共产主义思想，不能继承人类的文明和文化遗产，也不能享受今天社会的文明，社会主义精神文明建设就会出现一块空白，社会主义精神文明的建设任务就没有全部完成。另一方面，很多身残志坚、刻苦学习成才的残疾人的奋斗精神又为我们社会主义精神文明增添了新的内容。吴运锋、张海迪以及盲、聋成才的劳动模范和先进人物鼓舞着全社会的人们去建设更高层次的精神文明。

4. 使普及小学教育的工作更加完善。如果在普及小学教育时有1%的健全学龄儿童还未入学，可以说基本实现了普及小学教育，只是在数量上还有一点缺陷。但是，如果占儿童总数99%的健全儿童全部入学，而占儿童总数1%（事实上不只1%）的残疾儿童不能受到教育，还是文盲，那就很难说普及了小学教育，只能说在普及小学教育中缺少了一个方面，是不完善地普及了小学教育。由于普通教育和特殊教育的基础、条件不同，所以我们要从实际出发来确定教育发展的规模和速度，不考虑特殊教育这个有机的组成部分来普及小学教育是不恰当的。

此外，特殊教育对于缺陷儿童的家长、社会也有很大的意义，对于心理学、教育学、医学等科学的研究也有很大的意义。

特殊教育与计划生育也有密切的关系。计划生育是我国的一项基本国策，我国号召优生优育。但是，目前的科学技术和文化普及程度还不能保证每一个婴儿都是优生的，还有少数非优生的残疾儿童或后天造成的缺陷儿童。如果我们发展特殊教育，特别是早期诊断和早期教育，使这些非优生或非优养的儿童也能受到优质的早期教育，使他们的缺陷得到最大限度的补偿，使他们能健康地成长，成为自食其力的社会平等成员，其中的一些人还可发挥才能，成为国家需要的专业人才。

因此，特殊教育是教育的一个重要但薄弱的组成部分，是随着我国经济的发展和小学教育的普及而提到日程上的一个问题，必须得到应有的重视。

二、国外普及特殊教育的经验

在欧洲，特殊教育成为教育的一个组成部分已有二三百年的历史。目前世界上宣布或实行普及特殊教育的国家和地区有几十个。我们考察和分析一下各国普及特殊教育的状况，会对我们有所裨益。根据现有资料，这些国家普及特殊教育的基本经验如下。

1. 随着社会与教育的发展，及时提出普及特殊教育的问题。人皆平等、人皆有用、人皆要受教育的自由、平等、博爱思想的提出和传播以及社会政治、经济的发展是18世纪欧洲特殊教育学校产生的条件之一。随着社会生产的发展和对劳动力的文化要求的提高，普及教育的问题被提出来了。特殊教育作为教育的一个组成部分，其普及问题也随之被提出。俄国十月革命后不久，列宁就签署过协调对缺陷儿童教育的决议，以斯大林为首的苏联党和政府也研究过特殊教育，通过了决议。随着苏联经济建设和文化建设的发展，联共（布）中央在1930年7月做出了《关于普及初等义务教育的决定》，随后在1931年6月又提出了对有生理缺陷（盲、聋等），智力落后和语言缺陷少年儿童实施初等义务和普及教育的问题。日本在19世纪末20世纪初实施了普通小学的四年制、六年制义务教育，在第二次世界大战后（1947年）决定实行和普及九年制义务教育，同时提出了实施6岁至14岁的残疾儿童的特殊义务教育问题。19世纪美国有的州就规定了普及义务教育，但直到20世纪各州才全部实现了8年至12年的义务教育。特殊教育的普及问题在美国各州不断被提出。1972年，马萨诸塞州通过法令，规定所有缺陷儿童接受义务教育。南斯拉夫在第二次世界大战后经济恢复时期就注重发展教育，由于铁托总统的重视，发展特殊教育的问题也被提了出来。

2. 普及特殊教育要有法令，并不断修正、完善。宣布和实施普及特殊教育的国家多是有国家法令或行政规定的。这些规定有两种形式。一种是与普通教育法令合在一起的。例如，日本1947年公布的教育法中，特殊教育作为与大学、中学、小学、幼儿园等并列的一章，规定了普及特殊教育的有关问题。在以后的年代，各国还不断修正、充实特殊义务教育的内容。另一种是在普通教育法令之外单独做出的决定。例如，1930年8月14日，苏联政府通过了《关于普及初等义务教育的决定》；1931年6月3日，苏联人民教育委员会发布了关于对有生理缺陷、智力落后和语言障碍儿童、青少年实行初等普及义务教育的命令。美国曾在普通教育法令中多次规定了特殊教育的问题，在各州发布有关特殊教育法令的基础上，1975年通过了《所有残疾儿童教育法》。很多国家的法令或附件，对特殊教育对象的鉴定标准和方法做了规定，以便于统一而准确地保证各类缺陷儿童进入适合自己特点的学校或班级中。日本、苏联的法令中都有这类规定。

在上述国家，特殊教育的普及是逐步、分阶段的，各地的发展也是不平衡的，一般都是先普及初等教育，规定4年或5年的学习年限或者规定受教育的年龄范围，然后再逐步增加普及的年限，提高到普及初中、高中或中专的水平。普及各类缺陷儿童的特殊教育也是逐步的。例如，日本盲校、聋校有一定基础，在1948年开始实行盲校、聋校小学义务教育，到1954年开始实行盲校、聋校初中义务教育；由于智力落后、肢体残疾等特殊学校在第二次世界大战后没有及时恢复，直到1979年日本才实行了智力落后、肢体缺陷、病弱儿童的中学义务教育。苏联于1931年开始实行四年制小学特殊义务教育，以后才逐渐实现了初中和高中义务教育，后来盲校、聋校是十二年制义务教育，智力落后学校是八年制义务教育。美国各州特殊教育的发展是不平衡的，有的州在联邦法令颁布之前已普及了义务教育，有的在1975年之后才逐步发展。

3. 要有关于师资培养和教育经费问题的规定。为了发展特殊教育，特殊教育师资和特殊教育经费是两个重要的条件。普及特殊教育的国家在要求普及特殊教育的同时一般都对师资和经费做出相应规定。例如，苏联1931年的命令中专门有一部分讲缺陷学校的教师，要求教师要在中等师范学校或短期培训班中受过专门训练。根据当时急需特殊教育师资的情况，苏联规定1931年至1932年由教育部门加强短期训练班的师资培训。苏联将短期训练班设在各地已有的特殊学校内，同时在各地中等师范学校内设特殊教育师资部，还在中等师范学校内设语言矫正课和盲校教育短期课程，使每一个师范毕业生都有这方面的知识。培训班的师资由有经验的教师和大专院校特殊教育系毕业生担任。高等师范院校的特殊教育系也逐步发展，分布在各加盟共和国中，为各类特殊学校培训师资。日本在1947年的教育法中对特殊教育师资问题做了规定，随后开始在东京、广岛的大学中培养盲校和聋校的师资。至今，日本培养各种特殊教育师资的大学有几十所，遍布各地。各国普及特殊教育的决定或命令对办学的经费问题也有规定。例如，苏联的决定有关于计划经济部门在特殊教育方面应承担任务的专门条文。日本有许多文件对特殊教育财政做出了规定。美国的有关法令也是如此。

4. 普及特殊教育采取多种形式和重视学生的劳动教育。在普及特殊教育时除了通过传统的正规特殊学校外，很多国家还规定对有特殊需要的儿童提供各种形式的帮助，如在普通学校设立特殊班，让特殊儿童与普通儿童混合编班学习并加强课外辅导，向特殊儿童父母提供帮助，建立咨询、医疗、教育、科研、劳动相结合的特殊教育中心，实行个别教学等。

国外在对特殊学生进行文化科学知识教育时注意了依照实际情况加强劳动教育，培养一定的劳动技能。有的国家在普及特殊教育时就明确提出有专业教育的普及教育，有的在后期加强这方面的工作或者设立专修班。有的国家由政府有关部门颁布雇用残疾人的专门法令。

三、走中国式的发展和普及特殊教育的道路

我们要建设现代化国家，走中国式的社会主义道路，创立有中国特色的教育科学。特殊教育同样要吸取历史经验，博采各国之长，走中国式的普及道路。我国的特殊教育总的来讲基础薄弱，各地发展不平衡，国家经费有限，受过专门教育的师资缺乏，入学率低，特殊教育门类不齐全，未建成完整的体系。但是，党和国家以及社会各方面都很重视这方面工作，有一些地方（如黑龙江、吉林、辽宁、山东、江苏等地）有迅速发展特殊教育的经验，国家已采取措施逐步解决特殊教育发展中的问题。根据我们的国情，除了可

借鉴国外普及特殊教育的某些合适的经验（如立法）外，目前我们还可以采取以下办法。

1. 多层次办特殊教育，以地方和集体办为主，国家加强领导和适当补助。我们现有的盲、聋学校和智力落后特殊班多是国家教育行政部门拨出经费、设备，派出教师来办的，也有少部分是民政部门出钱办的，用的都是国家的经费。国家预算中的教育经费是有限的，国家不可能短时间内拿出大量的钱开办特殊学校。除了国家根据财力继续有计划地投资开办新的特殊学校这条途径外，应该还有地方办学和集体（或个人）办学这两条途径。有一些地方的财政有条件，该地方又需要特殊教育，那么地方领导就应该把这项事业纳入地方发展规划，拿出钱办特殊教育，解决当地问题。有一些大的国有企业单位，盲人、聋人的单位，农村的生产大队或一部分群众有缺陷子女需要入学，集体或个人愿意出资、出力、出地方和设备来办特殊教育，那么国家就应按规定批准其办学，由集体（或个人）解决自己单位或一部分群众的缺陷子女入学问题。有的地方已有这方面的经验。国家一方面要对这些教育机构加强领导，给予适当的物质帮助，另一方面应把国家办的学校搞得更好，成为各个地区特殊教育业务的中心，担负起做强特殊教育的任务，指导和帮助其他学校。地方和集体（或部分群众）办的教学单位要按照国家的方针、政策、规定和要求，对缺陷儿童进行初等义务教育和劳动训练，使学生从三四年级（或从12岁）起加强劳动教育，参加生产劳动，逐步做到办学自力更生，学生上学不用家长和国家花钱。这样，我们的特殊教育事业才会有较快的发展。

2. 多种方式办特殊教育，以特殊班为主。现有的盲、聋教育机构多是专门的特殊学校，有单独校舍、领导干部、职工、独立的财务等。要创办这样一个新学校，人员编制多，投资多，一般需要几十万甚至上百万元。有条件的地方应继续办专门的学校，但是在普通学校附设特殊班是国内一些地方办特殊教育的好方式。在当地教育部门和学校领导、老师重视的条件下或在有关单位（或个人）的资助下办起一个聋童或智力落后儿童的特殊班，只需要一间教室、一或二位教师和少量的开办费（少则几十元，多则几百元），不需要很多的基础建设投资和人员编制。这样可以解决一个乡镇或一个居民区的缺陷儿童入学问题。在逐步发展后，有条件的特殊班可以单独成校，也可以长期设在普通学校内。我国已有不少在普通学校长期附设特殊班的经验，有的已设了十几年。这是使缺陷儿童与普通儿童受到一体化教育（integration），是缺陷儿童为将来进入社会做准备的一种很好的方式。特别是在一些边远和偏僻地区开办一所特殊学校的条件是不具备的，而在普通小学附设一个或几个班则是可能的，有10个左右的学生就可开班。有新生来源可每年招生，如果当地学生来源不足，则可以隔一两年招收一个班。这样学生可避免长途往返到中心城市去读书，也可节约食宿费用。预计今后我国特殊班学生的数量将超过特殊学校学生的数量。特殊班应是我国普及特殊教育的一种重要形式。教育部门在财政上可对这种特殊班给予适当照顾。为了开展特殊教育中的幼儿教育和技术教育，也可以开办特殊幼儿班或技术教育班，不需要采用在各地普遍建立专门的幼儿园和中等专业学校的办法。当然，建立少量的示范性专门机构还是有必要的。

3. 多种办法培训特殊教育师资，以地方培训为主。有了办特殊教育的资金和组织形式后，还要解决培养特殊教育师资的问题。我国已在筹办第一所中等特殊教育师范学校，计划每年招收160人，学制四年，这是很可喜的。但建设这样的学校投资较大，建设周期也较长。只靠这种方式培训特殊教育师资，从时间和数量上都不能满足特殊教育事业发展的需要。要普及各类特殊教育，需要的教师数以十万计，目前却不足一万人。因此，除了在专门学校用较长的周期培养骨干教师外，还应该充分利用我国各地现有的高等或中等师范院校的力量培训更多的特殊教育师资。我国已有了在普通中等师范学校培训特殊教育师资的尝试。黑龙江、山东等地已在普通中等师范学校开设特殊教育师资班，学员前两年学共同的师范课程，最后一年学特殊教育课程和进行实习，由当地或外地特殊学校教师授课和指导实习。有的地方还有办三个月至半年的短期培训班的经验，对受过普通师范教育的人或现任小学教师进行再培训。这些是又快又多培养特殊教育师资的办法，可以较快地满足各地发展特殊教育的师资需要。教育部可确定一所高等师范院校办特殊教育专业或培训班，为中等师范学校特殊教育班代为培养专业教师（特殊教育学、特殊心理学方面）。除了这些培训办法外，还可以采取函授和面授结合的办法培训特殊教育师资，由教育部组织有关单位编写一套教材，发展中等或高等师范函授教育，先以少数地方为试点，然后逐步铺开。

4. 规定多种期限和不同要求。我国地域广阔，各地经济条件不同，文化教育基础参差不齐，对特殊教育的发展和普及不能实行一刀切和一步走。在有中央统一法令之前，特殊教育发展较好或普及初等教育较快的地方（如黑龙江、辽宁、吉林、山东、江苏、上海、北京等）可先提出和实行普及特殊教育。特殊教育发展缓慢、入学率低或普及初等教育较慢的地区可以努力创造条件，逐步发展。有条件的地区可以直接普及小学特殊义务教育，并进而考虑延长年限，普及幼儿和初中特殊教育，加强劳动技术教育，提高特殊教育质量等。条件较差的地区可以两步走，先解决扫盲和劳动训练的问题，第二步再达到小学水平。国家要承认差别，提不同要求。

我们要依据中国的实际情况，贯彻"三个面向"的方针，加强党的领导，提高认识，努力工作，艰苦奋斗，走出中国式的发展和普及特殊教育的道路。

（本文入选《三个面向与教育改革：中国教育学会第一次全国学术讨论会文集》，教育科学出版社，1984年；获得北京市教育学会二等奖，后发表于《北京师范大学学报》1986年第2期；被1986年7月《新华文摘》转载；获北京市高等教育学会《教改之花》优秀论文奖）

三因素补偿论

——补偿动态模式初探

中国国家教委（原教育部）颁布的聋、盲和智力落后学校（班）的教学计划明确规定了各类特殊学校的培养目标和任务。这些中央主管教育部门的政府文件分别提出了"针对盲童生理缺陷……采取各种补偿措施"（1987年1月）、"补偿聋哑学生的听觉缺陷"（1987年7月）、"有效地补偿其（按：指弱智儿童）智力和适应行为的缺陷"（1987年12月）。三个文件都提到了"补偿任务"。

本人试就此问题进行一些理论探讨，与诸位商榷。

一、特殊教育中"补偿"的概念和种类

"补偿"这个词在很多学科中被使用，如贸易中有"补偿贸易"，财经中有"补偿财经政策""补偿税收政策"，科技物理中有"补偿摆""补偿绕组"等，其含义不全相同。在教育学中，18世纪就有人提出和实施对低收入贫困家庭子女的"补偿教育"（continuation education）（或译"补习教育"），20世纪后在许多国家发展起来。美国在1964年推行了对"处境不利儿童"的"补偿教育"（compensatory education），这实际是一种补习性质的教育。我国在特殊教育方面提出"补偿"是在1957年教育部颁布的《办好盲童学校和聋哑校的几点指示》中。该指示谈到盲校和聋校教学的主要特点时，提到了"补偿他们的视觉缺陷"和"补偿他们的听觉缺陷"。在此之前，苏联著名盲教育专家捷姆佐娃出版了《在认识与劳动过程中盲缺陷的补偿途径》（1956年）一书，并很快被译成中文于1958年出版。"补偿"的俄文是Компенсация，一般在其后面加上 нарушенных функций，即"损害功能的补偿"。在联合国教科文组织邀请各国专家编写的特殊教育术语中，此词的英文对应词是compensation of perturbed functions，西班牙文为compensación de las funciones perurbadas，法文为compensation des fonctions perturbees，这些词均由拉丁文compensatio转化而

来。特殊教育中的"补偿"完全不同于其他领域中的含义。英文、法文、西班牙文、俄文特殊教育词汇中的"补偿"的概念相同，苏联《特殊教育辞典》中的定义更全一些，是"由于患病或创伤，某种机能损害或丧失时，机体机能改造的复杂的多方面的过程。补偿改造包括恢复或替代丧失或损害的机能以及机能的改变"。而《美国特殊教育百科全书》（*Encyclopedia of Special Education*）中无此条目。

根据国际经验和中国的实际，"补偿"应理解为：机体在失去某种器官或某种机能受到损害时的一种适应，是一种与正常发展过程不全相同的有特殊性的发展过程。在这种有特殊性的适应和发展过程中，被损害的机能可以被不同程度地恢复、弥补、改善或替代。这就是说，当一个有生命的机体（主要是人，也可以是某种动物）的一部分组织受到破坏，或者组织虽未损害而生理机能有一定障碍时，其生物本能使其为了自身的生存，要去适应周围的环境和自己受损的机体，其统一的机体的未被损害的部分就去部分或全部代替、弥补被损害的部分，产生新的机能组合和新的条件联系。人类还可以为机能损害的人创造更适宜其发展的条件或者利用新的科学技术、工具手段，使其更快地适应生活和劳动，使缺陷为其发展带来的不利影响减到最小限度或者使缺陷已带来的影响得到最大限度的克服，为达到此目的要动员各种内部和外部因素。这种补偿是积极的、正确的，这是我们期望的一种补偿类型——正补偿；但也可能产生另一类消极的、不正确的补偿，即机体对已产生的机能损害产生消极的适应，被损害的机体屈服于损害，不再使用被损害的机能也不寻求任何替代，出现的变化是增加了新的机能损害或加重了原有的损害，甚至把此种情况延续到机体的死亡。从表面看，被损害的机体似乎也适应了环境，但这是低水平的适应，是消极的补偿。当人的机能损害发生在不利的外界条件中时，常有听觉、视觉、肢体或智力障碍者自认倒霉，悲观失望，屈辱一生。以上两种情况可以称作正补偿和负补偿。正、负补偿都是一种发展，是在正常发展规律基础上的、各种损害带来的特殊的发展过程。补偿过程作为一种发展，与正常发展的规律基本上是相同的，例如，发展受本身遗传因素和外界的影响，在发展中起重要作用的是中枢神经系统等。但是补偿过程也有其特殊性，如发展的某些途径不同，组成的条件联系体系或各部分的相互关系不同等。

补偿缺陷常常是针对某一个残疾人讲的，与此相关的术语还有特殊教育或康复，但三者的着眼角度是不同的。补偿重点讲的是被损害机能的恢复或替代的过程；特殊教育讲的是对各种有特殊教育需要的人的培养、教育教学，使他们成长和成才；康复的概念包含的内容比补偿大而广，多指包括医疗、心理、教育、社会、职业等多方面的综合康复，以便残疾个体返回社会。但是，三者又是互相联系、在某些方面有相同点的过程。

二、补偿的三个因素

对于在特殊教育中的缺陷补偿曾经有过强调生物因素的说法，并用动物的某种器官或机能损害后得到补偿的实验来加以证明，认为高级动物（包括人）的一个器官损害时，另外健康的器官会本能地、自发地替代已经损害的器官，如使小狗失聪或失明，小狗仍可适应生活。也有人强调补偿的社会性，认为外界条件（包括社会制度、有组织的教育、物资设备和条件等）对补偿起决定作用，甚至可以使被损害的中枢神经变化，这过分夸大了外界条件对补偿的作用。不管是完全自发的补偿还是超过客观可能的外界补偿都过分强调了补偿中的一种因素，是不正确的。全面分析补偿过程，我们可以看到三个重要因素。

1. 生物因素：人类（包括高级动物）有自己的种系发展历史，在这个漫长的过程中，生物学的规律（如物种进化、用进废退、适者生存等）在起着作用，进化的结果使人类成了今天的人。人的比较稳定的各种解剖结构、机能、本能和特点在一代代繁衍中遗传，人的神经系统，特别是高度发展的中枢神经系统是社会发展的人所特有的。人出生后就有某些先天的素质和为未来生理、心理发展奠定的基础，人能适应变化的外界条件，这些都是人的本能。人的这些生物因素在产生功能损害时是首先起着重要作用的，是补偿的物质基础，为补偿过程提供了可能性。

2. 社会因素：这是补偿过程能够进行的外界条件。人本身的遗传素质没有一定的外界条件就不能存在和发展，人是有社会性的，所以与自然环境和社会环境应该是统一的，社会环境更加重要。残疾人的家庭条件和为其创造的教育条件、康复条件等更是使其潜在可能性变为现实性的必要条件。是否能早期发现和诊断残疾？是否可以有计划地适时开始补偿过程？是否创造了必要而可能的条件并按照客观规律促进补偿？社会如能创造这些条件，那么补偿过程就可更快更好地完成。否则，潜在的发展可能性就变不成现实，或延长补偿的过程，或实现不了最佳的补偿。社会因素应包括社会经济发展水平、科学技术的成就、生活和教育的物质条件、执政者的有关法律和政策规定、整个社会和残疾人周围人们对残疾人的认识（人们的哲学和教育思想）和对残疾人的态度（残疾人的社会地位）、某一残疾人所处的具体环境等。一个残疾人起码的补偿的外界条件是其直接抚养者的正确态度和一定的物质保证。良好的社会条件可以产生积极的正补偿，不良的社会条件可以产生消极的负补偿。

3. 意识（或心理）因素：人是有意识的。物质世界发展到一定阶段产生了人类，人类组成了社会。在人的高级神经系统发展和人劳动的同时，人类产生了意识，人的意识是人脑的属性、是社会存在的反映，可反作用于存在和社会。这是人与其他动物不同的地方。人对社会存在和发展的认识、对环境、对在生产中人际关系的认识等是人的意识的构成部分，这里面也应包括残疾人对自身缺陷的认识和态度。由环境和存在决定的残疾人本身的这些认识和态度对缺陷的补偿同样起着重要的作用。生物因素和社会因素都是通过人（特别是残疾人）在起作用。残疾人不是消极被动地任凭外界因素在起作用，残疾人是外界作用的主体，是积极的接受者，是可以反作用于外界因素的。残疾人正确地、科学地认识残疾，面对现实、用坚强意志和乐观态度自觉对待缺陷，积极主动创造补偿条件，可使补偿过程更顺利地按客观规律实现，有时其补偿过程的完善甚至可能超过人们的预料；反之，由于残疾人本身消极悲观、自卑逃避，即使有好的社会条件和潜在的生物学发展可能性，补偿过程也不可能很好地进行。人的意识（或心理）因素是受生物因素和社会因素制约，又是影响生物因素和社会因素能否充分发挥作用的一个后天因素。人自觉的有意识的活动，包括人的认识和个性，使人的补偿与动物的补偿具有完全不同的性质。

以上三方面的因素在补偿过程中是统一、相互作用和协调平衡的。在一个补偿过程中或在补偿的某一阶段，要具体分析每一个因素的作用，有时某一因素可以构成事物的主要矛盾，在另一时期又有变化。但总的来说，过分强调生物因素而忽视后两者就可能使补偿成为自发的自然过程；过分强调后两个因素，而忽视生物因素就可能提出超过客观可能性的补偿要求。

总之，要全面地、统一地分析在补偿中先天与后天、内因和外因诸因素的作用，以便在补偿缺陷中最大限度地发挥社会、机体本身生理和意识的功能。这三个因素可以归结为补偿的生物—社会—意识（或心理）模式，这个补偿模式也可以扩大到康复和特殊教育领域中使用。

三、补偿模式的动态

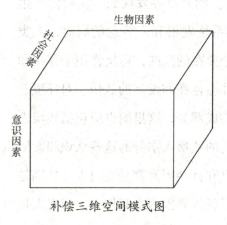

补偿三维空间模式图

补偿不是静止的瞬间状态，而是一种动态的变化和发展的过程，补偿中的三个因素也是发展变化的。如果把补偿的三个因素中的每个因素作为空间理论和几何学中的一维，那么三因素可以构成一个立方体式的三维空间模式（见图示）。

但是随着时间的变化，三个因素中包括的各个方面是会发展变化的。例如，某些医学治疗或康复可以改善生物因素的状况或者某些疾病使生物因素恶化，这就打乱了原补偿中三个因素的相互关系、打破了原有平衡，使补偿的可能性增大或者减小，克服或增加了新的困难，三个因素就要变动以达到新的平衡，使新的补偿过程开始。某些社会因素也会改变，如制定有利于残疾人的法令、发明新的科学技术补偿手段、转变社会对残疾人的态度、创造良好的补偿条件等可以为促进补偿提供新的条件，加速补偿的进程；反之，人们鄙视的态度、社会动荡、自然灾害、物质条件的恶化等，都会使某些可能性无法实现。残疾人个人的态度更是如此。残疾人经过社会帮助和本人努力可以更坚强、乐观、主动、积极地参与补偿过程，促进和完善补偿过程，反之不利的社会条件和教育会使残疾人悲观失望，积极补偿则无从谈起。但这些都是可以互相转化的，只要有一定的条件，这些都可以朝有利补偿的方向变化。所以，三个补偿因素（生物、社会和意识）如用图表示，那么三维空间中的线段是有大小和方向的矢量，可向正、负两个方向发展变化。

只有全面地、动态地分析补偿的诸因素，并在不断变化中求得补偿过程诸因素在发展中的平衡，才能对补偿有正确的认识，并按照客观规律自觉地促进补偿过程。

（本文原载于《特殊教育研究》1992年第1期）

特殊教育的基本观点

第1节　特殊教育基本观点的意义和依据

一、意义

马克思主义告诉我们，社会存在决定社会意识，而社会意识反过来又可以对社会存在起作用。人们对特殊教育对象残疾儿童的认识也是由社会存在决定的，而这种认识反过来可以影响特殊教育的产生和发展。

在古代欧洲，限于社会的生产力和文化发展水平，人们把盲、聋、肢残、痴呆者认为是"魔鬼缠身"，残疾人连生存的权利都没有；在奴隶社会后期和宗教势力占统治地位的中世纪，生理上残疾的儿童有了生存的权利，但被认为是"上帝的惩罚"。在对残疾人的这种认识条件下是无特殊教育可言的。欧洲文艺复兴和资本主义开始萌芽期间，特别是法国大革命前后，社会的变革引起了人们认识的变化，残疾人的生存权利和社会地位得到了确认，人皆有用、人皆平等的思想也涉及了残疾人。这是欧洲特殊教育产生的思想基础之一。随着人们对残疾人的认识的提高，欧洲特殊教育的进一步发展有了新的条件。这样的历史发展经验是值得借鉴的。

中国特殊教育发展的历史上也有过这样的经验和教训。当人们把残疾人看作"残废人"时，人们否认了残疾人受教育的可能性与必要性，特殊教育就不能发展；当把残疾人只看成是"怜悯""救济"的慈善对象时，仅能对他们施以仅可糊口的劳动技能训练；当把他们看成是平等的社会公民，正确认识他们的发展可能性与社会地位、价值时，特殊教育就获得了发展。认识了残疾儿童与普通儿童有很多共性，残疾儿童（盲、聋、智力落后儿童等）的随班就读才有了可能。

为了今日中国特殊教育的加速发展和改革，正确认识和对待残疾儿童是一个重要的前提和首要的思想条件。

二、依据

中国特殊教育的理论基础是马克思主义。所以我们对残疾儿童的认识和基本观点应该是正确运用马克思主义观点去分析特殊教育对象的结果。

唯物主义的观点使我们认识到残疾儿童是一个客观存在，不是命运的捉弄和上帝的安排，使我们看到他们发展的必然性和可能性。

马克思主义的辩证法可使我们透过残疾儿童的现象看到事物的本质，看到残疾儿童与普通儿童存在着的共性和特殊性，二者互相依存，不可否定其中任何一个方面；辩证法还告诉我们要分析事物发展中的矛盾，对具体事物进行具体分析，分析其主要矛盾和次要矛盾。这个观点可以使我们正确认识和对待残疾儿童，进而更有成效地进行教育工作；对残疾儿童特殊性一分为二的分析可以使我们找到要解决的主要问题和可以依靠的积极方面；应从发展变化的观点来看一个事物，这可以使我们对损害了的功能的补偿和残疾的康复充满信心；内因、外因条件，遗传、环境和教育条件的马克思主义观点可以使我们看到教育的地位、作用和我们的责任。

马克思主义世界观和方法论在特殊教育及其对象上的具体运用构成了特殊教育的一些基本观点。

第2节　四个基本观点

运用马克思主义理论认识残疾儿童及其教育的观点有很多，上节中列举过的"残疾不等于残废""残疾儿童有受教育的必要性和可能性""残疾儿童应享有儿童应享有的平等权利""儿童优先"等都是符合客观实际、对社会进步和特殊教育发展有积极作用的观点。

根据中国特殊教育工作者的多年实践，笔者逐渐形成了对残疾儿童的如下基本观点。

一、残疾儿童与普通儿童相比有基本的共性，同时又有其特殊性

残疾儿童不管其残疾的种类（盲、聋、肢残、智力落后等）如何，也不管其残疾的程度（轻、中、重）如何，首先是在社会上生活的人，是正在成长、发展着的儿童。因此，他们同样具有人的社会性，有与正常儿童一样的基本发展规律和生理基础。残疾儿童的身体（包括形态、机能等）在自然增长，各种感觉器官在外界刺激下也在发展，其心理现象按产生方式来说也是反射。他们的高级神经活动有发展的可能性与可塑性，各种反射活动的基本规律与普通儿童是一致的。残疾儿童也是按照从乳儿、婴儿、幼儿、少年等阶段的顺序发展着的，一直到成年。因此，正常儿童的教育目的、方针、教学原则和方法基本上适用于残疾儿童。这些是常被人们忽视的残疾儿童与正常儿童的共性。而这个共同的本质是正确认识残疾儿童的基础，是对残疾儿童进行特殊教育和科学研究的一个基本观点。不能平等对待残疾儿童的错误观点产生的基本原因就在于否定或忽视了这种共性。我们首先要把各种残疾儿童当成正在迅速发展、成长着的儿童，绝不能因为他们有着某些缺陷而使他们得不到全面发展和公平待遇。

当然，强调认识残疾儿童和正常儿童的共性并不是说要把二者等同起来，认识二者的共性并不排斥也不否认残疾儿童的教育和心理发展有某些个别差异。残疾儿童生理上的异常使其心理发展、高级神经活动表现出特殊性，在进行特殊教育时是不能忽视各类儿童的这些特殊性的。例如，盲童的视觉有障碍，对事物的认识缺乏视觉表象，更多地用触觉、听觉认识外部世界，不能阅读普通书籍，而要用手指去摸读凸起的盲文点字；聋童的听觉有障碍，第二信号系统形成困难和缓慢，由于言语形成的缺陷，聋童较长时间停留在具体形象思维阶段，他们多用视觉来了解外部世界，用手势进行交往；智力落后儿童的感知觉速度慢、范围窄，言语不发达，思维直观、具体……

我们在看待残疾儿童的时候，必须把他们与正常儿童的共性作为前提；但在进行教育和科研时，又必须从残疾儿童的特殊性出发，把共性和特殊性紧密

结合起来。

二、对残疾儿童的特殊性要具体分析

每类残疾儿童都在生理上、认识活动上、个性发展上、教育方式方法上有一系列的特殊性。一类残疾儿童的特殊性可以列出10条、20条。对于根据事实列举出的特殊性不能等量齐观，要加以具体分析，以利于进行特殊教育。这至少要进行三方面的分析。

首先要区别各种特殊性中哪个是原因，哪个是结果，也就是区分出第一性缺陷和由其派生出的第二性缺陷。对于自幼耳聋的儿童来说，聋是第一性缺陷，由于听不见而不能模仿言语而变成的哑是第二性缺陷，哑是聋的结果，二者不可等同。当前世界上已多用"聋"，而不泛称"聋哑"。对于盲童来说，视觉障碍是第一性缺陷，缺少事物的具体表象是由盲产生的第二性缺陷。对于智力落后儿童来说，各种原因造成的大脑损伤（包括器质性和功能性障碍）是第一性缺陷，而认识活动和情感意志的缺陷是第二性的。第一性缺陷是各类残疾儿童心理和教育特殊性产生的物质基础，是主要应由医生来确诊和鉴定的或者通过某些医疗措施加以治疗的；而第二性缺陷要由教育工作者通过有计划、有目的的教育教学活动加以训练和补偿。教育工作者难以诊断和医治生理上的缺陷，但可依靠教育的力量来改善或矫正生理障碍引起的发展中的缺陷。美国著名的特殊教育家柯克教授说"医学的终点就是教育工作者的起点"，即医学鉴定第一性缺陷后就由教育工作者开始矫正第二性缺陷。当然，这个起点应是教育、心理、医学等各方面共同协作的使残疾儿童康复的新开始。

其次，要具体分析在诸多第二、第三性缺陷中的主要缺陷和次要缺陷。例如，盲、聋、智力落后儿童心理活动中的感知觉、记忆、言语、思维、情感、意志等方面都表现出特殊性或缺陷，教育的目的、方法、组织形式、交际工具等方面也有诸多特点。这些缺陷或特点在残疾儿童的发展或教育过程中起的作用不同，可以也应该分出主次，以便抓住主要的、决定性的环节来进行更有成效的特殊教育。聋童言语发展的迟缓是造成他们整个心理活动缺陷的最主要的一个因素，这个因素影响着其心理发展的成熟。聋童心理发展和教育的特点无不与此因素密切相关。盲童缺乏视觉的感性认识，这是其认识、言语、思维发展中的主要不利因素。智力落后儿童的感知觉缺陷（速度慢、范围窄）和抽象概括能力差以及认识事物的需要发展不足，是他们整个心理发展障碍和教育教学中产生困难的主要表现。肢体残疾儿童觉得自信心不足，认为在社会上难以独立平等地生活，需要依赖别人，这是肢体残疾儿童心理康复的主要方面。抓住主要矛盾就可事半功倍。

再次，对残疾儿童的特殊性的具体分析应该一分为二，不只看残疾给他们心理活动和教育带来的困难和不利的一面，也要看到残疾给儿童心理发展带来的新的动力和积极的影响，这一点是常被人们忽视的。聋童由于听觉障碍，更多地使用视知觉。经过多次生活实践的训练，聋童比同龄正常儿童视知觉的发展更快，更完整，直观形象记忆也更好些。盲童由于更多地利用触觉认识事物，以手代目，所以他们手指尖的触觉两点阈一般优于正常儿童。盲童用触觉认识事物时可以知道物体的温度、硬度等，这是视觉从表面上难以看出的。下肢残疾儿童的上肢可以代替下肢，而上肢残疾儿童的下肢或嘴可以代替手书写、绘画。一分为二地看待残疾才可以扬残疾人之长，避残疾人之短，仅看到消极影响是片面的。

三、要从发展的观点看残疾，认识功能损害补偿和康复的可能性

有人把盲、聋、智力落后等缺陷及其后果看作一成不变的，这就产生了一种悲观情绪。实际上，世间任何事物都是在矛盾中不断发展的，儿童的残疾也一样。

生理学、心理学的研究证明，人的机体是一个完整的统一体，各种感觉器官是互相联系、综合起作用的。当一个器官活动时，经常有其他器官配合活动，残疾儿童的某种感官、肢体或神经系统的部分机能受到了损害，但他们还完整地保存着其他感觉器官或肢体的功能。人类的中枢神经系统在机能上有很大的可塑性，在儿童时期的发展过程中可以产生机能的重新组合或部分替代，

损坏了的或发育不足的机能可得到部分矫正或恢复，这是与正常发展过程不全相同的有特殊性的发展过程，这就是缺陷的补偿。

医学上对残疾的治疗可以使盲、聋等缺陷的状况有所改善，但目前医学对大量的残疾还不能治疗。在不能改变残疾这个客观事实的情况下，教育、训练和心理康复可以改变残疾个体的整体机能状况。我们可以利用视觉、触觉等代替听觉，教会聋童说话，更可以利用现代化的电子仪器和助听器使聋童利用听觉的残余机能，发挥潜力，这样就使聋童的整个心理发展逐渐从偏离正常轨道而趋向正常。盲童也可利用听觉、触觉等代替视觉来认识世界。古今中外很多盲、聋或肢残人经过教育训练达到了很高的发展水平，为人类社会进步做出过贡献。即使是人们认为很难改变的先天造成的智力落后儿童，如能在早期发现后就进行训练，其生活自理能力、认识能力等也可得到一定程度的补偿。

除了生物的本身代偿和现代化的科学仪器可以助听、助视、助行以外，残疾人的觉悟和社会意识可以使他们更自觉地训练和适应，使残疾带来的不利因素向好的方面转化。

四、教育条件和后天环境在残疾儿童的发展中起重大的作用

儿童先天遗传性的生理特点，特别是脑发育、高级神经活动的特点，仅仅为儿童的心理发展提供了可能性。能否发展？向什么方向发展？发展的情况怎样？取决于环境和教育的影响。"遗传提供儿童心理发展的可能性，而环境和教育则规定儿童心理发展的现实性。"这是因为外界环境（生活条件、教育）为儿童提供了大量的、丰富的外界刺激物，引起儿童的心理反应。教育教学是一种有目的、有计划、系统性的对儿童的影响，在正常儿童的心理发展中起着主导作用。

残疾儿童同样如此。耳聋、目盲、智力低下、肢体残疾提供的发展可能性虽在某些方面有别于正常儿童，但发展可能性的基本方面是相同的。耳聋、目盲、肢体残疾使发展的途径有些变化，智力低下使发展的顶点降低，但这些儿童都可以在良好的教育和适当的外界条件下充分发挥其内部的潜在能力。经过

教育，聋童不只可以学会语言，而且可以感知音乐的节律和美，并可用舞蹈、手势表达出来；盲童可以欣赏图画、绘制和设计图形，可以成为雕塑家；盲、聋的潜能与发展可能性是极其巨大的。智力落后儿童经过训练，多数可学到一定的文化知识，掌握某些劳动技能，成为社会上平等的劳动者，为人类做出他们力所能及的贡献。当然，外因还要通过内因起作用。想让聋人从事以听觉为主的工作或让盲人从事以视觉为主的工作，目前可能性是很小的，让智力落后儿童成为高级科技人才也是不现实的，因为内因使他们受到了一定的局限。尽管如此，可以肯定的是：良好的社会条件、早期就组织施行良好的教育可以帮助各类残疾儿童把他们潜在的发展可能性变为现实性。

（本文选自朴永馨主编的《特殊教育学》，福建教育出版社，1995年）

中度智力残疾教育的几个问题

近十年来，我国的智力残疾儿童教育得到了快速发展。1984年教育部的统计中才出现智力残疾教育，当时全国仅有智力残疾学校4所，特殊班160个，在校智力落后学生3257人。到1993年，仅教育系统领导的智力残疾学校已达299所，智力残疾学生特殊班1664个，还有大量的随班就读的智力残疾学生，三项共计101634人，已约占在校受特殊教育总人数（168585人）的60.29%。智力残疾儿童教育发展的速度、规模及绝对数量均大大超过了有100多年历史的盲、聋教育。全国除西藏外，各地均有了不同形式的学龄智力残疾儿童教育。

一、中度智力残疾儿童教育的重要性和迫切性

1982年《中华人民共和国宪法》明确提到了残疾公民的受教育权，1985年《中共中央关于教育体制改革的决定》和1986年《中华人民共和国义务教育法》均明确提到了发展智力残疾儿童教育。1987年国家教育委员会印发了《全日制弱智学校（班）教学计划》（征求意见稿）。轻度智力残疾教育的发展和工作有了可遵循的政府文件。1988年政府又确定了特殊教育的发展方针和新格局，其中包括以普及义务教育为重点，实行多种办学形式；以特殊教育学校为骨干，逐步形成有大量特殊教育班和随班就读的特殊教育发展格局。这是符合国情、有中国特色的特殊教育发展途径。1988年后，国家开始组织力量编写全日制智力残疾学校常识、语文、数学、音乐、美术、体育、劳动技能7科教学大纲，1990年由国家予以颁布和出版，随后又开始编写这7科的教材和（或）教学参考书并于1993年秋开始使用。短短几年的时间，国家已把占智力残疾儿童大多数（约占70%）的轻度智力残疾儿童的教育工作纳入了正轨，并出台了配套的措施。在这种条件下，普及义务教育工作要完善，特殊教育改革要深入发展，中度智力残疾儿童的教育问题就提上了日程。这里的根据和条件如下。

1. 已建立不少智力残疾儿童学校（也称作辅读学校、培智学校、开智学校、启智学校等）。每年招收的学生中轻度智力残疾的比例相对减小，而中度智力残疾儿童的比例逐步上升，有的学校达到了20%~30%甚至50%。轻度学生有的在附近普通学校随班就读，有的在普通学校的轻度班上学，要求进入特殊学校的中度学生比例就相对增加了。原先为轻度学生安排的计划、大纲、教学参考书等不能适应中度学生的情况，而教师也急需一种新的适合中度学生特点的教学指导或参考文件，因此研究中度智力残疾教育、制定相应文件和发展这类残疾学生的教育事业成为一种急需的工作。

2. 中度智力残疾者在全体居民人口的比例按照世界卫生组织（WHO）的估算为3‰，如果中国有12亿人，那么大约有360万中度智力残疾人士。根据1987年全国残疾人抽样调查结果，中国7~15岁的中度智力残疾儿童占同龄全部智力残疾儿童（约450万）的29.45%，即大约为133万人。这是一个不小的绝对数字，是普及义务教育和发展特殊教育不容忽视的一个困难儿童群体。在广大农村和老少边穷地区未入学的残疾儿童中，可以入学的中度智力残疾儿童占有很大比例，数量大于轻度的，困难也大于轻度的，因此，中度智力残疾儿童的教育是普及特殊义务教育中的难点与重点。中度智力残疾儿童较易被发现并鉴定，现在已有越来越多的这类儿童被检查出来。家长也急需妥善安置这些应受义务教育的儿童，以便安心地投入改革开放的各项工作，使社会更加稳定。

3. 发达国家和地区早已开展了中度智力残疾儿童教育，有很多可供借鉴的经验。我国已有很多省和学校开展了中度智力残疾儿童教育工作并且也取得了成功的经验。从中央到地方的教育行政领导部门已有可能和力量在发展特殊教育时着手领导这项工作。

国家教委适时地提出了制定中度智力残疾儿童教育纲要、进行实验和逐步发展中度智残儿童教育的任务。这个工作必将为完善我国特殊教育的体系、实现《残疾儿童少年义务教育工作"八五"实施方案》、普及义务教育以及实现"人人受教育"的全球目标做出应有的贡献。

二、中度智力残疾儿童身心发展特点和受教育的可能性

在国务院批准的"残疾人标准"中，智力残疾被分为轻度、中度、重度和极重度四类，在我们的实际教育工作中一般常分为轻度、中度、重度三类。实际工作中的中度一般应指智力残疾分级中的三类（中度）和一部分二类（重度）的人；一级（极重度）和接近极重度的一部分重度的人可称为三级分类的重度。这只是为了实际教育教学工作的方便，鉴定标准等仍以国家的规定为准。本文所讨论的中度均是实际教育教学工作中的中度，即包含了"标准"中的中度和部分重度的智力残疾儿童。

1. 国家规定的智力残疾的定义是"智力残疾，是指人的智力明显低于一般人的水平，并显示出适应行为的障碍"。中度智力残疾儿童首先要符合这个定义规定的两条标准，即智力明显低下和适应行为障碍，二者缺一不可。不统一考虑这两个方面的标准就会做出错误鉴定，有损于儿童身心，贻误发展良机，造成不可挽回的影响。国家规定的三级智力残疾（中度）是"IQ值在35~50或45~55。适应行为不完全；实用技能不完全，如生活能部分自理，能做简单家务劳动；具有初步的卫生和安全常识，但阅读和计算能力很差；对周围环境辨别能力差，能用简单方式与人交往"。轻度和重度的表现与中度有所差别，除IQ值有明确规定外，在其他方面没有绝对的界限。国务院的标准指出了中度智力残疾儿童的根本特点和进行一定水平学习的可能性。

2. 中度智力残疾儿童一般可以在医学检查中找出明显的病因和生理指标的异常或明显的机能损害，或伴有其他缺陷。我们从外形、面部表情或眼神上可以看出此类儿童较重的缺陷，群众常称之为"带相"，即从外表可以初步看出此人明显落后于常人。

3. 在心理发展上除了发展的生理基础和基本规律总体上与正常儿童有共同性外，中度智力残疾儿童在心理的各个方面因其残疾而表现出很多缺陷。如，对事物的知觉速度缓慢、不完整；概括和形成概念极为困难，但可以有最初步的概括（看出个别物体间的差异，把具体事物分组）；表象常无系统、无

顺序；思维偏具体性、偏惰性；计数、识字困难，有时能阅读，但常不理解，学应用题困难；言语极不发展，并在各个发展阶段都开始得很晚，有人只会重复别人或从前学过的话，有的经常不说话（低年级时可达到人数的1/4），不少人大脑的言语中枢部分有损害，经过教育，这类儿童可知周围事物的名称并说出来，可发展口头语言，但用语言表达的需求不强烈，教育后可增强人际交往的需要；记忆的容量小，处在低水平，再现材料时经常歪曲；难以引起他们的注意，注意不稳定，易分心，但有很大潜力，可以发展；运动的协调性和准确性差，速度缓慢，手指表现精细动作困难，长期训练后可以有较大改善；劳动活动中难以理解口头下达的任务，掌握一种技能需更长期的锻炼，倾向于单一重复的定型操作；年龄大些，可较正确地评价自己的活动和能力，可培养起对事物和劳动的兴趣、荣誉感、责任感等。总之，思维具体性、言语和运动的缺陷、感知觉的速度慢及个性中需要水平低等是中度智力残疾儿童很突出的、但经教育可逐步改善的弱点。

三、中度智力残疾儿童教育的目的

1. 教育目的就是培养目标。明确而科学的目的对于任何教育都是极为重要的，这决定着一类教育的全部工作，是该种教育的出发点和归宿。中度智力残疾儿童教育目的的依据和其他各级各类教育一样，都要根据我国的社会生产力和生产关系发展的需要和人自身发展的需要来确定。中度智力残疾儿童的教育目的受以下因素制约：（1）建设中国特色社会主义和改革开放的要求；（2）国家经济发展要求等决定的总的教育目的和有关法令；（3）社会文化的发展水平和目前智力残疾儿童教育的现状；（4）智力残疾儿童的特点。中度智力残疾儿童教育的目的也应体现出把社会需要与个人需要相结合、共同目标与特殊目标相结合的特点。

2. 综观日本、美国、俄罗斯和我国港台地区中度智力残疾儿童教育的目标，可以看出它们更多强调了各个领域中能力的发展（如自理生活、社会生活、与人沟通、适应环境、个人品性、职业适应等），同时较多地提到了语文、数学、自然、音乐、体育、绘画、生活劳动、家政等科的教学。也有一些地方安排了特殊的学科，如实物实践能力、生活单元学习、日常生活指导等。总的来讲，它们强调了智力残疾的特殊性，强调了多学科教学。一些国家和地区还提到了促进中度智力残疾儿童"均衡发展"，有与其他学校共同的促进发展的任务。

我国在北京、浙江、四川等地不少特殊学校也进行了中度智力残疾教育的实验和总结。杭州大学等在《弱智儿童教育研究》中提出的中度智力残疾教育的目标是"克服身心缺陷，掌握基本知识，自理日常生活，从事简单劳动，适应社会环境"。四川许家成等在《弱智儿童教育》中提出可训练的智力残疾儿童（中度智力残疾儿童）的教育目标主要是"培养生活自理的技能，尽量减少他们的依赖性；培养社会适应能力和社会交往能力。发展在一定的庇护环境中从事经济活动的能力。学习一些最简单的生活中实用的读、写、算知识。尽可能地使他们在家庭或监护环境下可以自助自护，有经济收益，能够适应社会交往，通过良好的教育训练，使他们能在一定的监督和庇护下正常生活和工作"。为此，一些同志提出了开设人际交往、人格塑造、生活劳动、职业劳动、语文、数学、感知等课，也有的同志提出进行"三基"教育，即基本生活态度（包括情感、个性、习惯、兴趣、热爱生活、与人相处等），基本劳动技能（包括生活自理、简单劳动、自我服务、生活家务职业等），基本文化知识（简单文化、口语等）教育。

这些意见强调了从智力残疾儿童身体和智力特点的实际情况出发，强调了"克服身心缺陷"，同时也强调了分科设置较多的课程。

3. 综合国内外各种成功的经验，结合我国的实际情况，遵循确定教育目标的依据，中度智力残疾儿童的教育目标应该概括为全面发展、补偿缺陷、准备进入社会。这里的意思是：通过适合身心发展特点的教育与训练使中度智力残疾儿童在德、智、体等方面全面发展，最大限度地补偿其缺陷，使其掌握生活中实用的知识，形成基本能力和习惯，为将来进入社会参加力所能及的劳动、成为社会平等的公民打下基础。三个方面的具体任务如下：全面发展的任务是使每个中度智力残疾儿童在基本道德品质和行为规范、初步文化知识、身体健康等方面都获得适合其特点与水平的发展与进步；缺陷补偿的任务是根据每个中度智力残疾儿童的运动、感知、言语、思维、个性等方面的主要缺陷，采取各种教育训练措施，使其各方面的潜力发展到尽可能高的水平，达到康复的最佳效果；准备进入社会的任务是指培养他们的生活自理能力、与人友好相处和参与社会生活的能力与习惯，形成简单的劳动技能和习惯，为其在可能范围内达到自尊、自信、自强、自立和参与社会生活打下基础。

全面发展是我国用马克思主义观点看待人的教育的一个根本观点，中度智力残疾儿童也是我们社会中正在发展、成长着的儿童，他们应有与任何儿童一样的受教育权和发展权，他们应该也可能在德、智、体、美、劳等方面生动活泼地发展，只不过发展的基础、水平、具体要求、途径等有所不同。这是我们的根本出发点和指导思想。补偿缺陷是在全面发展思想的指导下进行的，没有缺陷补偿就不能全面发展，没有全面发展，补偿缺陷就失去了方向和特色，失去了缺陷补偿的目标。这两个方面是统一的整体，是相辅相成的关系，缺一不可。全面发展应是教育中度智力残疾儿童的前提和指导思想，但应从中度智力残疾儿童实际出发，才能体现共同任务与特殊任务的辩证关系。全面发展和补偿缺陷都是为了使中度智力残疾儿童进入社会，使他们从事力所能及的劳动和社会活动。

四、中度智力残疾儿童教育的原则

思想性、科学性、可接受性等教育教学原则反映了教育教学中的普遍规律，是多年教学实践中成功经验的总结概括，各类教育均应注意遵循。中度智力残疾儿童是我国少年儿童的一个组成部分，中度智力残疾儿童的教育作为各级各类教育中的一级一类教育，同样要遵循普通的教育教学原则，但要注意结合中度智残儿童认识活动的特点和可能性。

鉴于中度智力残疾儿童的特点，针对他们的教育教学还应注意遵循一些特殊原则。

1. 普遍性和特殊性统一的原则。中度智力残疾儿童与普通儿童、轻度智力残疾儿童都是成长中的儿童，他们既有相同的地方又有差异，因此要把他们的共性和特性统一考虑，准确认识和掌握中度智力残疾儿童认识活动、心理发展的规律和特点。有两条必须注意，一是必须时刻不忘教育对象是儿童的一个部分，与其他儿童有很多共同的地方；二是必须时刻不忘他们是中度智力残疾儿童，一切要从他们的特点和实际情况出发。

2. 应用性原则。教给中度智力残疾儿童的全部知识、培养的全部能力与习惯应是他们生活和未来劳动中需要的。由于他们发展的可能性是有限的，达不到正常儿童的水平，因此他们的全部教育教学活动应考虑未来生活和劳动最直接的需要。抽象的、系统的学科他们学不会，学了也没用。时刻不要忘记他们学的东西应当是为了用，无用的不要学；即使是有用的也要找最主要的和可能教的去教。否则就浪费了时间，仅有了教学的形式，而没有教学的、对中度智残儿童有益的效果。课程不宜太多，不宜安排科学系统的学科，而应从中度智力残疾儿童的发展需要出发，安排得少一些，综合一些，要接近生活一些。打破普通小学和轻度智力残疾儿童的七八门课的框框，可以综合为生活适应、活动训练、实用语数三科。

3. 实践活动性原则。这要求他们不仅为了用而学，而且要在用中学、做中学。因为他们的特点之一就是抽象思维差，言语发展差，但可以在实践中学会一些东西，虽然不一定能用言语表达。因此，利用他们的可能性与长处，避开他们的弱点和缺陷是十分重要的。在实践中学恰恰可以引起他们的兴趣，吸引注意力，增强记忆力，使他们运用多种感官和途径，避开弱点恰恰是补偿了缺陷。在某种意义上说，对低年级中度智力残疾儿童的教学有些类似对正常幼儿园小班幼儿的教学，对高年级中度智力残疾儿童的教学类似小学一年级的教学。一般讲，中度智力残疾儿童的智力年龄和社会成熟程度要比他们的生理年龄小4~5岁或更多。

4. 弹性原则。中度智力残疾儿童是一个群体，他们有很多共同的特征，可以共同活动、共同学习。但是，每个人因为病因、年龄、发展历史、社会环境、学习经历等的不同而有自己的特点，他们之间也有个体差异。这些差异对于他们的学习能力、学习内容、学习进度、学习方法等均有影响。中度智力残疾儿童中有的可以认识几百个汉字、学会生活中的算术，也有的学习10以内的数都困难，不会写自己的名字。因此，班级集体教育教学还应注意个别差异，用分组（分层）教学或多种方式区别对待。不同阶段可以有不同的对待，使用同一个模式和框框是不行的。一个儿童的各个方面和各个时期的发展也不是平衡的。因此，教学计划、教学要求、教学内容、方法应有弹性，可以适当伸缩以适应不同的儿童。

5. 补偿原则。这是一条所有残疾儿童教育教学都应遵循的原则。全部教育教学内容及活动均应有补偿功能缺陷、促进康复和适应社会需要的功能。开展每一种教育教学活动或安排每一个内容时都应考虑到补偿中度智力残疾儿童的什么缺陷，用什么方法补偿缺陷。思想教育、知识学习和技能训练与补偿工作应统一考虑，仅考虑思想教育和知识学习不是恰当的针对残疾儿童的教育教学，尤其不是中度智力残疾儿童的教育教学。三者统一考虑和妥善安排才可体现中度智力残疾儿童教育教学的特色。

中度智力残疾儿童教育在我国还是一个新的课题，还有很多问题需要研究。本文仅就几个问题进行了讨论，存在不妥谬误之处在所难免。诚恳希望此文能引起人们的注意，起到抛砖引玉的作用，使各个学科的专家和中度智力残疾儿童教育工作者更多关心和研究这个问题，使有中国特色的中国智力残疾儿童教育的学科和事业与整个国家同步发展，给每一个中度智力残疾儿童更美好的未来。

（本文原载于《特殊教育研究》1994年第2期）

融合与随班就读

[摘　要]　本文回顾了融合教育发展的历史轨迹，在此基础上指出，残疾儿童的身心发展及其教育虽然具有一定的特殊性，但正常儿童的教育目的、方针、原则和方法也基本适用于残疾儿童。无论是我国的随班就读，还是欧美等国的回归主流，均是各国依据自己的国情和哲学观点确定的适合本国的特殊教育安置方式。

[关键词]　融合　随班就读　残疾

一、简单的回顾

自有人类，就有残疾人。残疾是人类发展过程中不可避免要付出的一种社会代价。随着社会的发展和进步，人们对残疾人的认识逐渐科学和客观，对残疾人的态度也由从肉体上消灭而渐进到平等对待。残疾人的社会地位也由无生存权、有限生存权发展到有较平等的社会权利。单独为残疾人开办的特殊教育也随之产生和发展。建立特殊教育学校时，亦有是否单独建校的争论。善良的进步人士为了照顾残疾人的特殊需要而选择了单独建校的方式。由于这种方式在推动人类平等教育上有着进步作用，18世纪至20世纪，世界很多国家都建立了特殊教育学校。

特殊教育学校这种安置残疾儿童的形式在历史上起过进步的作用，开辟了使残疾人受到适合其特点教育的途径，培养出了对社会做出有益贡献的残疾人，使他们成为社会上的平等成员。同时，这些学校积累了教育训练残疾儿童的经验，总结了规律，使我们今天仍然在受益。特殊教育学校今天仍在教育上起着重要的作用。但是，由于人们认识和历史发展的局限性，特殊教育学校在使残疾儿童社会化等方面也有一些值得探讨和反思的问题。

据现有的材料，丹麦的班克·米尔克森（Bank Milkkesen N. E.）在1967年根据丹麦有专门机构大量收容智力残疾者的情况，提出了"残疾者、智力落后者应与普通市民一样，具有同等的生存权利，使他们的生活尽可能地接近普通市民的生活条件和生活方式"。这种思想得到了欧洲一些学者的赞同。1968年2月，瑞典学者本格特·尼尔耶（Nirje B.）应邀出席美国召开的关于智力落后问题的研讨会时，把此思想介绍给了美国，并用"正常化"加以概括，提出了"尽可能保证智力落后者日常生活的类型和状态，与成为社会主要潮流的生活模式相接近"。这种思想以"正常化"这个术语得到了快速传播。1969年，丹麦议会通过了关于准备"融合"（integration，以前被译为"一体化"）的决定（Parliamentary Resolution：Preparation of Integration），1976年进一步通过了特殊教育在小学和初中融合的法规（The Primary and Lower Secondary School Act：Regulations on Integration）。融合教育的思想在欧洲得到了进一步传播和实施，出现了残疾儿童进普通学校与普通儿童进特殊教育学校的情况。美国首次使用integration（融合）一词是在1980年。美国学者德诺（Deno）于1970年著文提出了多种形式安置残疾儿童接受教育的、著名的、有很大影响的"倒瀑布体系"。1975年，有的学者提出了回归主流。同年，美国第94届国会通过了第142号法律，即著名的《所有残疾儿童教育法》，提出了"最少受限制环境"（LRE）、"个别化教育计划"（IEP）等概念。回归主流的观点被很多人接受和运用，但美国特殊教育的国家法令中（包括克林顿签署的PL105–17公法）都没有用"回归主流"和"融合"。在美国实施《所有残疾儿童教育法》时，一些学生被选择安置到了普通班学习。1982年4月，明尼苏达州召开的一次会议上，美国教育部负责特殊教育项目的一位官员桑塔格博士（Dr. E. Sontag）在报告中提出，选择特殊学生到正常班的干预政策中使用"包容概念"（inclusion concepts，或译为"包含"）是合理的。其后，不少学者，例如，明尼苏达大学的雷诺兹（Maynard C. Reynolds）教授提到，通过回归主流使更多的有特殊需要的儿童进入学校、家庭和社区生活是一种包容（inclusion），后来又进一步发展成"全部包容"（full inclusion），并在美国多个州试验。对"包容"（inclusion），美国众多学者有过不同的定义和解释。1994年，美国一个著名的教育研究机构（NCERI）经多年研究后提出了一个包容（inclusion）的定义："为所有学生，包括有重大残疾的学生提供得到有效服务的机会，包括得到需要补充的工具和辅助性服务并被安置到附近学校与其年龄相适应的班级，以使学生拥有在社会中像所有成员一样丰富的生活。"他们把"包容"作为整个教育改革和机构重建的一项工作。但美国的特殊教育学术界对此一直存在着两种对立的观点，而且各类残疾教育、各州的发展实践不平衡，做法也不尽相同。根据20世纪末美国教育部每年向国会提供的报告（Annual Report to Congress），美国3~21岁12类残疾儿童、青少年不少于543万，约有1/4在特殊教育学校（班）和医疗等隔离环境中，各个地区也不相同。美国有2/3的言语障碍、1/4的肢体残疾学生在普通班级中学习，而仅有不到5%的智力落后学生在普通班级中学习；在马里兰州、亚拉巴马州、马萨诸塞州等地有40%以上的残疾学生在正常班，而在得克萨斯州、亚利桑那州、印第安纳州等地，在正常班的残疾学生不足10%，甚至只有2%~3%。1993年年初，中国哈尔滨召开亚太地区的特殊教育研讨会时，大洋洲的一位学者把"包容"介绍到中国，我国当时把inclusion译为"全纳"。1994年6月，联合国教科文组织在西班牙召开会议，通过《萨拉曼卡宣言》，明确提出"包容教育"（前译为"全纳教育"），"有特殊教育需要者必须有机会进入普通学校，这些学校应该将他们吸收在能满足其需要的，以儿童为中心的教育活动中"。从此，在中国，很多人以"全纳"（应为"包容"）作为国际上的新观点而广泛使用。

中国特殊教育学校有100多年的历史。新中国成立后，特别是改革开放后，特殊教育得到快速发展。至2003年，教育部统计，我国有特殊教育学校1551所，单独统计的盲、聋、智力落后学生364740人，其中随班就读的学生24万多人，约占总数的2/3。中国大陆残疾学龄儿童约700万人，大多数人已入学，在普通学校读书，没有被单独作为特殊教育学生统计。残疾人（盲、聋）在普通班级中学习的情况在中国文献中早有记载。例如，1948年出版的《第二次中国教育年鉴》中就记载了盲人罗福鑫在普通大学毕业的事例。这类情况在中国一直没有间断。20世纪70年代后，有聋人黄夷欧、杨军辉、周婷婷，盲人邵佐夫、王韧等在国内外高校读书并毕业的事例。改革开放初始，为了普及儿童的初等教育，东北地区的一些学校出现了不追求升学率而让智力落后儿童就近跟班学习的事例，海伦县也出现了聋童、多残儿童在村小就读的实践。1983年8月，国家教委在《关于普及初等教育基本要求的暂行规定》中指出了智力落后儿童目前多数在普通小学就学。1987年12月30日，国家教委《关于印发〈全日制弱智学校（班）教学计划〉（征求意见稿）的通知》中也明确提到"在普及初等教育的过程中，大多数轻度弱智儿童已经进入当地普通小学随班就读。这种形式有利于弱智儿童与正常儿童的交往，是……解决轻度弱智儿童入学问题的可行办法，原教育部于一九八三……已予以肯定。各地……对这种形式应当继续予以扶持，并帮助教师改进教学方法，加强个别辅导，使随班就读的弱智儿童能够学有所得"。这是目前查到的教育部文件中第一次出现"随班就读"一词，而国家对此种形式的肯定更早，在1983年。1988年11月在全国第一次特殊教育工作会议上，国家教委的报告中明确提出了"为了加快特殊教育发展的步伐，必须改革过去只举办特殊教育学校的单一模式，实行多种形式办学，要在办好特殊教育学校的同时，有计划地在一部分普通小学附设特殊教育班或吸收能够跟班学习的残疾儿童随班就读"。此报告确定了有中国特色的，包括特殊教育学校、特殊教育班和随班就读三种主要形式的特殊教育发展的新格局和模式。随后，1989—1994年，国家教委委托8省市进一步实验盲、聋、智力落后三类学生的随班就读并多次召开现场会和研讨会。1990年和1994年，国家在《中华人民共和国残疾人保障法》和《残疾人教育条例》中又以法律法规的形式对随班就读予以规定。1994年，国家教委发布了《关于开展残疾儿童少年随班就读工作的试行办法》。2003年2月，教育部和中国残疾人联合会印发的《全国随班就读工作经验交流会纪要》中说："十多年来的实践证明，随班就读在普及残疾儿童少年义务教育中发挥了非常重要的作用，是发展我国特殊教育事业的重要策略，是我国基础教育工作者特别是特殊教育工作者参照国际上其他国家的融合教育的做法，结合我国的特殊教育实际状况所进行的一种教育创新，充分体现了'三个代表'的重要思想，从一开始就深受欢迎并不断显示出其强大的生命力，是一条符合我国国情的普及残疾儿童少年义务教育的有效途径，它对发展我国特殊教育乃至推动整个基础教育工作具有十分重要的意义和作用。"

二、关于有特殊教育需要儿童的一个重要观点

我们今天已能比前人更客观、更科学地认识和对待各种有特殊教育需要的儿童，当然包括狭义的特殊教育对象残疾儿童。对残疾儿童，多数特殊教育工作者已形成一个重要共识，即残疾儿童不管其残疾种类和发生的时间，也不管其残疾程度，他们首先是在社会上生活的人，是正在成长、发展着的儿童。因此，他们同样有人的社会性，有与正常儿童一样的基本发展规律和生理基础。残疾儿童的身体（包括形态、素质、机能等）在自然增长，各种未损害感觉器官在外界环境刺激下也在发展，他们的高级神经活动的发展有可能性和可塑性，各种反射的基本规律与普通儿童是一致的。残疾儿童也按照从乳儿、婴儿、幼儿一直到成年的年龄阶段发展并具有类似的年龄特征。正常儿童的教育目的、方针、原则和方法基本适用于残疾儿童。这些是时常被人们忽视的残疾儿童与正常儿童的共性。这些共性是残疾儿童的本质，是我们正确认识他们的基础，是对残疾儿童进行含有普通教育含义的特殊教育的一个重要的基本观点。不能平等对待残疾儿童的错误观点产生的根本原因常出在否定或忽视这种共性上。只看到"残疾"，未看到"儿童"。我们首先要看到残疾儿童是正在迅速发育、成长的社会儿童的组成部分，绝不能因为他们的某些残疾或缺陷而使他们受到不公平的待遇和得不到全面发展。

当然，强调认识残疾儿童与正常儿童的共性并不是说要把二者等同起来。认识二者的共性和首先强调共性并不排斥也不否认二者在教育和心理发展上的群体差异，不否认残疾儿童的特殊性。残疾儿童生理上的缺陷使其心理发展、高级神经活动表现出某些特点，进行特殊教育时不能忽视这些特殊性。例如，盲童视觉有障碍，在对客观事物的认识中缺乏视觉表象或不确切，更多地用触觉、听觉认识外部世界，不能阅读普通印刷的书籍，要用手指去摸读凸起的盲文点字；聋童听觉有障碍，第二信号系统形成困难和缓慢，言语形成和发展有缺陷，思维较长时间停留在具体形象阶段，多用视觉来了解外部世界，常用手势交往；智力落后儿童的感知觉速度慢、范围狭窄，言语发展不足，思维直

观、具体，认知的主动性和情感的高级需求缺乏或不足等。我们在看待残疾儿童的时候，必须把他们与正常儿童的共性作为前提，但在进行教育和研究时，又必须从残疾儿童的特殊性出发，把共性和特殊性紧密、恰当地结合统一起来。有时需要强调或满足残疾儿童的某种特殊需要，我们可以着重谈特殊性以引起社会的重视或教学内容、方法的改革，但不能因此忽视了这些儿童和其他儿童的共性和社会化的共同需要；有时需要强调其共性，强调他们做人的平等权利，可以较多地强调共性，但不能忽视其特殊性和特殊需要。片面强调共性或特殊性都会对残疾儿童的成长和发展带来损害。二者很好地统一和结合才可为残疾儿童发展创造良好的条件。从正常化思想和原则的提出，到融合、回归主流、包容（全纳）等实践，它们均是对过去过分强调残疾特殊性而使残疾人与社会隔离的一种否定，是社会的一种进步，是一种比几百年前的"残健混合"的更高层次的融合。但因此而忽视了残疾人的特殊性或不尊重残疾人的差异，也会走向善良愿望的反面，使残疾人生活不可能真正地正常化、回归和包容在社会之中。

三、随班就读和回归主流的比较

中国的随班就读与欧洲的融合、美国的回归主流在教育安置形式等方面有相同之处，体现了特殊教育的一些共同规律，但又因各国教育哲学思想、教育制度和体系等方面的差异而有所不同。现仅就中国随班就读和美国的回归主流加以初步比较，与各位商榷。二者的相同之处有：（1）教育安置形式相同或相似，均把残疾学生安置到普通班级（或主要在普通班级）与正常学生一起上课；（2）学生都有平等受教育的权利；（3）体现残疾学生与社会、特殊教育与普通教育相融合的思想；（4）根据学生的个体差异提供对其的个别帮助、辅导或咨询。由于中美两国国情的不同，随班就读与回归主流二者之间也有很多的不同（见下表）。

	随班就读	回归主流
出发点	为普及义务教育使残疾儿童尽快就近入学	保障普及义务教育后教育机会均等、人权
目标	在穷国普及世界上最大的特殊教育	残疾人共享教育资源，回归社会主流
法律依据	国家法律规定随班就读和制定相关章程	法律没有规定回归主流，仅规定了"最小受限制环境"（LRE）、"个别化教育计划"（IEP）等
教师及指导方式	基本是班主任及任课教师课前、课后、课上照顾	有IEP计划，有助理教师、辅导（咨询）教师、巡回教师、志愿者及专业人员辅导等
对象	基本是轻度智力落后、重听、盲生等有条件者	可以是全部学生，尽可能回归
理论基础	残疾儿童与普通儿童有基本的共性，也有特殊性，二者是统一的	人权
教育体系中地位	特殊教育格局中三种主要安置形式之一（还有特殊教育班和特殊教育学校）	提倡最佳的形式，是发展趋势，实际也有多种形式，是言语等类残疾儿童的主要安置形式
班级人数	普通班级40~80人，随班就读者仅1~3人	班级人数少（20人左右），残疾学生也少
经费	节约，少花钱多办事	并不省钱，有时还需更多经费
班级社会群体	互助友爱，集体帮助，发扬中华优良传统和道德风尚	强调个人自我发展和独立，较少集体间互助

当然，还可以从其他方面比较异同。比较出随班就读和回归主流的差异并不说明孰优孰劣，因为它们都是适合各自国家的具体情况的。

从历史的发展和上面的比较中可以看出，各个国家依据自己的国情和哲学观点确定了适合当时自己国家或地区的特殊教育安置方式。安置形式是为各国各地的教育目标服务的。相同的地方表现出特殊教育的共同规律，这是特殊教育的国际性；不同的地方表现出自己地方的特色，是特殊教育民族性的一面。二者密切相关，但又不可混同和互相取代。

说到特殊教育安置形式的世界发展趋势，笔者认为，与其说某一种具体形式（如回归主流）是发展趋势，不如说适合于各国各地不同情况和特点的多种形式是一种发展趋势。可能某一国、某一地的某种形式在当地包含了特殊教育对象中的多数，但并不能因此而消灭另外一种适合某些特殊教育需要儿童的其他形式。有特殊教育需要的儿童是千差万别的，各地具体的环境、历史文化背景、教育发展水平也有差异，唯一的、万能的安置形式是不存在的。

我们应与各国特殊教育工作者多交流、多互相了解，从比较相同和不同的方面中相互学习，从各自国家和地区的具体情况出发来推动各自国家特殊教育事业和学科的发展，造福社会、造福各自国家和地区的特殊教育对象，特别是社会中的弱势和困难群体——残疾儿童。这样，各国各地发展了各自的特殊教育，也就为世界的特殊教育做出了自己的贡献。

（本文原载于《特殊教育研究》2000年第4期、《教育研究与实验》2004年第4期）

体现人权的残疾人特殊教育

　　1949年以前，各类残疾儿童的特殊教育与民众教育馆、博物馆、图书馆、体育场、电影院、补习学校等归为一类，总称为社会教育。这时的特殊教育学校多为教会举办和私立，属于社会救济慈善事业。新中国成立后，在1951年周恩来签署的《政务院关于改革学制的决定》中，盲、聋等特殊教育被纳入国家教育体系，成为国家教育事业的一个组成部分。教育部设立了盲哑教育处，接管和改造了原有的特殊学校，使特殊教育的性质发生了根本改变，特殊教育得到了发展。1948年，全国有盲、聋学校42所，学生2380人，教职工360人；到1965年已发展到学校266所，学生22850人，教职工3722人。"文化大革命"使特殊教育事业遭到了破坏和干扰，1978年特殊教育学校只有292所。

　　改革开放后，特殊教育得到恢复和发展。1984年，特殊教育学校发展到330所，其中除盲、聋学校外，还有4所专门的智力落后学校。1988年，特殊教育学校恢复发展到577所，学生57617人，教职工16056人；2007年，基础教育的特殊教育学校有1618所，学生413143人（含随班就读残疾学生265877人），教职工44862人。改革开放30年来，人们对特殊教育的认识有了巨大变化和进步，残疾人的特殊教育不仅得到了恢复，还发生了极大的发展和变化：有中国特色的特殊教育体系和发展道路正在形成；在残疾人教育方面体现的人权、社会主义人道主义、教育公平在稳步实现；特殊教育促进社会和谐发展的作用在加强；社会对残疾人和特殊教育的认识有了极大提高；特殊教育正逐步取得适应整个社会和教育事业发展的重要地位，成为促进和谐社会建设的组成部分。

一、有中国特色的残疾人特殊教育指导思想的形成

　　1987年，全国残疾人抽样调查推算，我国有视力残疾、听力语言残疾、智力残疾、肢体残疾、精神病残疾和多重残疾人口5164万人，占当时人口总数的4.9%；推算1986年年底0~14岁残疾儿童占总人口的7.75‰，约817万人。由于我

国人口增加和结构变动、残疾标准修订等因素，按2006年第二次全国残疾人抽样调查推算，我国残疾人占全国总人口的6.34%，为8296万人，涉及2.6亿人口的家庭，其中0~14岁残疾儿童约389万。因此，残疾人教育是我国教育事业的重要组成部分，必须高度重视。

纵观新中国成立以后的几十年，特别是近30年残疾人特殊教育的发展变化，每一步都体现了党和政府的关怀、重视。在改革开放初期，党的第二代领导集体就指出，中国需要改进对残疾人的服务。1986年，中国残疾人联合会成立，成为推动特殊教育事业发展的一支重要力量。改革开放以来，国家为保障残疾人的权益采取了一系列措施：制定《中华人民共和国残疾人保障法》；支持国家残疾人事业发展，设立专门协调残疾人事业的统一机构；大力倡导关心和帮助残疾人的风尚；在残疾人中广泛开展自立自强活动；响应联合国《关于残疾世界行动纲领》（1982年）、《儿童权利公约》（1989年）、满足全民基本学习需要的《世界全民教育宣言》（1990年）、9个世界人口大国全民教育的《德里宣言》（1993年）、关于特殊教育的《萨拉曼卡宣言》和《行动纲领》（1994年），实施了很多改善残疾人状况和发展特殊教育的计划和行动。这些措施使我国的残疾人事业和特殊教育走上了一条适合中国国情的发展道路并取得了举世瞩目的历史性成就。

残疾人教育观念的变化首先体现在指导思想的变化上。1991年5月9日，中共中央总书记江泽民同志在同全国自强模范、助残先进集体、个人代表座谈时发表的重要讲话中说，残疾人问题也是一个人权问题，残疾人是社会主义事业的一部分，残疾人是社会主义大家庭的一员。残疾人事业的发展水平，是社会文明进步的标志之一。1992年1月21日，江泽民在考察江苏常州特殊教育学校后专门题词"特殊教育造福后代"。党的第三代领导集体运用马克思主义观点，结合世界和我国残疾人事业的实践，着眼于我国残疾人状况的改善和经济社会的协调发展，就残疾人问题，历史地、全面地、深刻地阐述了一系列重要思想。

残疾，是人类发展进程中不可避免要付出的一种社会代价。残疾人有人的尊严和权利,有参与社会生活的愿望和能力,同样是社会财富的创造者。帮助他人,特别是帮助残疾人,是对自我的完善和精神的升华,也是发扬中华民族助人为乐的传统美德。人道主义,是处理人与人之间关系的基本道德规范。人权保障,是国家的责任。对残疾人这个困难群体给予帮助,是人类文明和社会进步的一个重要标志。我们共产党人追求人类解放,我们的社会主义国家以实现全体人民的富裕幸福为根本目的,更应尊重残疾人的公民权利和人格尊严,保护他们不受侵害。同时,我们还应给予这个特殊而困难的群体特别的扶助,通过发展残疾人事业,使他们的权利得到更好实现,使他们以平等的地位和均等的机会参与社会生活和国家建设,共享社会物质文化的成果。残疾人参与社会生活,有赖于社会的帮助,也取决于自身的奋斗。残疾人要有求生存、图发展的志气,要履行应尽的义务。

2007年,胡锦涛总书记在中国共产党第十七次全国代表大会报告中提到"优先发展教育,建设人力资源强国"时直接提到"关心特殊教育"的问题。这是"特殊教育"第一次出现在党的全国代表大会的报告中。2008年3月28日,中共中央、国务院发布了《关于促进残疾人事业发展的意见》,再次重申"关心残疾人,是社会文明进步的重要标志。残疾人事业是中国特色社会主义事业的重要组成部分"。文件在第四部分"促进残疾人全面发展"中专门提出:"发展残疾人教育。鼓励从事特殊教育,加强师资队伍建设,提高特殊教育质量。完善残疾学生的助学政策,保障残疾学生和残疾人家庭子女免费接受义务教育。发展残疾儿童学前康复教育,加快发展高中阶段特殊教育,鼓励和支持普通高等学校开办特殊教育专业。逐步解决重度肢体残疾、重度智力残疾、失明、失聪、脑瘫、孤独症等残疾儿童少年的教育问题。采取多种措施扫除残疾青壮年文盲。积极开展残疾人职业教育培训,有条件的地方实行对残疾人就读中等职业学校给予学费减免等优惠政策。支持师范院校培养特殊教育师资。实施中西部地区特殊教育学校建设工程。落实特殊教育学校教师特殊岗位津贴政策。各级各类学校在招生、入学等方面不得歧视残疾学生。"

上述有中国特色的现代社会的残疾人观、特殊教育观,是20世纪90年代特殊教育快速变化发展的重要原因和指导思想。这些思想上的变化使特殊教育与普通教育逐渐同步发展并逐步融合。中国特殊教育成为中国社会文明进步的重要指标之一，成为中国实现人权、社会主义人道主义、全民教育和教育公平、社会和谐的重要体现之一。在马克思主义的残疾人观指导下，残疾人的特殊教育有了很多适合中国国情的历史性变化。

二、从单一教育安置盲、聋儿童形式到多种安置形式

在中国，从1874年英国传教士办起第一所盲童学校、1887年美国传教士办起第一所聋校起，安置盲、聋儿童的是独立设置的特殊学校。有条件的家长把适龄或超龄的盲、聋儿童送到个别大中城市中设立的慈善救济性质的盲校、聋校，学一些文化和职业技能，根本就谈不上与普通同龄儿童就近平等入学。1949年后，盲、聋儿童入学的性质有了变化，人数增加，但以单独特殊学校形式远离居住地教育安置盲、聋儿童的格局没有改变。

改革开放后，人们解放了思想，对残疾人及残疾人工作有了新的认识。1988年11月18日，经国务院批准，国家教委、民政部、中国残疾人联合会联合召开专门会议研究残疾人特殊教育问题，这是中国历史上第一次全国特殊教育工作会议。这次会议研究制定了《关于发展特殊教育的若干意见》，并在次年由国务院向全国转发。会议提出："发展残疾人教育事业，实行普及与提高相结合、以普及为重点的方针，着重发展义务教育和职业教育，积极开展学前教育，逐步发展高级中等以上教育。"这个方针随后以法律形式确定下来，为建立适合中国国情的、平等的特殊教育体系明确了方向，指导了一个历史时期的特殊教育发展。

中国残疾儿童数量多，特殊教育学校少。作为发展中国家，中国很难办成千上万个特殊教育学校来满足普及特殊教育的需要，当时特殊教育儿童入学率仅为6%。根据上述国情，国家教委副主任在上述会议的讲话中指出："为了加快特殊教育的发展步伐，必须改革过去只举办特殊教育学校的单一模式，实行多种形式办学。要在办好特殊教育学校的同时，有计划地在一部分普通小

学附设特殊教育班或吸收能够跟班学习的残疾儿童随班就读。逐步形成以一定数量的特殊教育学校为骨干、以大量特殊教育班和随班就读为主体的残疾少年儿童教育的格局。"此后，特殊教育学校、特殊教育班和随班就读成了我国安置残疾儿童的三种主要形式，形成了有中国特色、适合中国国情的特殊教育发展的道路，这是根据中国实际和经验总结出的发展道路和格局。这一办学格局的提出，改变了多年来用大量经费和人力在大中城市建立特殊教育学校的单一模式，实行了多种形式办学，即在办好少部分残疾学生就学的特殊教育学校并发挥其骨干和中心作用的同时，大力发展普通学校设特殊教育班和吸收残疾儿童进入普通学校随班就读，从而使大多数残疾儿童，特别是相对集中于农村、贫困地区的残疾儿童少年能就近平等入学，加快了残疾儿童少年义务教育的普及。实践证明，这样做既有利于特殊教育与普通教育的相互渗透和促进，又有利于残疾儿童与正常儿童的发展，从而逐步形成一条投资少、见效快、效益大的残疾儿童教育发展的路子。这种多样安置残疾儿童就学的形式使残疾儿童可以尽快就近入学，还可以使学生更好地融入社会，促进社会和谐。

中央和地方教育行政部门做了大量各类残疾儿童随班就读的实验和研究工作，进行了多次总结和推广，制定了《关于开展残疾儿童少年随班就读工作的试行办法》，全面推进了随班就读工作。经过多年的努力与发展，1988年提出的以随班就读和特殊教育班为主体、以特殊教育学校为骨干的残疾儿童少年教育新格局在很多地区已基本形成。基础教育阶段的残疾学生入学率在全国超过70%，在东中部多数地区已超过90%。随班就读的三类残疾学生人数到2007年已达到265877人，占教育部统计的盲、聋、智力落后三类基础教育阶段在校生总数的60%以上，几乎是特殊教育学校学生总数的2倍。其中，随班就读的盲生和智力落后生数量占该类在校学生数量的80%以上，随班就读的聋生数量占在校聋生数量的1/4。2002年，教育部在总结随班就读的经验时指出："随班就读是发展我国特殊教育事业的重要策略，是我国基础教育工作者参照国际上其他国家融合教育的做法，结合我国特殊教育实际的一种教育创新，是一条符合我国国情的普及残疾儿童少年义务教育的有效途径。"这不仅是在基础教育领域加快教育公平的适合中国的做法，也是各级各类教育应体现的一种融合教育的思想和做法；是实现残疾人的人权、体现以人为本的残疾人观的措施。

三、全方位、多层次的残疾人特殊教育体系的形成

新中国成立后，国家开办了一些特殊教育学校，有更多的盲、聋儿童可以去学校学习。除20世纪50年代末，我国曾短期有过北京、大连办起的低能（智力落后）班、聋幼儿和聋职业班外，特殊教育基本是学生晚几年入学（一般是到9岁或更晚，有时13~16岁学生还可进入盲校、聋校一年级或超龄班）、盲生接受6年、聋生接受10年的小学程度教育。这比过去有了进步，但受教育对象仅有盲、聋两类残疾儿童，受教育程度仅是小学，远远达不到发达的文明社会应有的教育公平。

（一）特殊教育对象的扩大

1987年，全国残疾人抽样调查的数据表明，在0~14岁视力、听力、智力、肢体、精神和综合各类残疾中，盲童占2.3%，聋童占14%，智力残疾儿童占65%。人们逐渐认识到，盲、聋以外的其他残疾儿童少年的教育，特别是智力落后儿童的教育也应该提上日程。

首先得到发展的是智力落后儿童的教育。改革开放后，在国家提出普及九年义务教育后，教育工作者发现，小学入学的儿童中有部分学生不能跟上全班进度，全国很多地方都遇到了这个问题。针对这一情况，各地展开了智力落后儿童教育的有益探索。上海1979年的一项调查发现，在一个区的41所小学中就有270名智力落后学生。为了能对这类学生因材施教，上海市第二聋哑学校设立了智力落后儿童特殊班，命名为"辅读班"，后改为附属辅读学校单独施教。大连在两个区建立了智力落后儿童启智学校，并在7所学校设立了智力落后儿童班。江苏省江都县在1983年创办农村智力落后儿童辅读班。北京提出恢复智力落后教育，在1984年成立一所独立的培智学校，吸收经过精神科医生严格检查确诊的学生入学。1985年3月，国家教委在上海专门召开了全国智力落后教育经验交流会，总结和交流了全国12个省市的办学经验。会后国家教委向全

国印发了会议纪要，推动了人数众多的智力落后残疾儿童教育的快速发展。从1984年起，教育部的特殊教育统计中除传统的盲校、聋校外，还增加了对培智学校的统计，当时仅有4所，到1994年独立的培智学校已有370所，2000年达到380所。此外，还有智力落后儿童教育与聋童教育合并在一起的特殊教育学校600多所。

1989年，《关于发展特殊教育的若干意见》指出，重点抓好盲、聋、智力落后三类残疾儿童普及教育的同时，要注意其他类残疾儿童教育。文件指出，各地学校"要继续创造条件，积极吸收肢体残疾和有学习障碍、语言障碍、情绪障碍等少年儿童入学，并努力改进教学方法，探索教学规律，使他们受到适当的特殊教育"。1994年7月，国家教委基础教育司委托北京市教育局进行孤独症（自闭症）儿童教育训练实验，取得了积极成果，随后，这项工作扩大了规模。

言语和语言障碍儿童、学习障碍儿童以及肢体残疾儿童的教育也在普通教育机构中逐步得到了重视和实施。江苏邳州就建立了一所专门的教育训练与治疗结合的肢体残疾儿童学校。2008年3月，中共中央、国务院发布的《关于促进残疾人事业发展的意见》明确指出要逐步解决重度肢体残疾、重度智力残疾、失明、失聪、脑瘫、孤独症等残疾儿童少年的教育问题，采取多种措施扫除残疾青壮年文盲，进一步推动了多种类型残疾儿童特殊教育的发展。

（二）多层次的残疾人特殊教育体系的形成

残疾儿童的早期教育在普通幼儿园、专门幼儿园（班）、特殊学校学前班、康复中心等多系统、多种形式的机构内进行。人们认识到残疾儿童早期干预的重要性，提出了"三早"原则，即早期发现、早期诊断矫治、早期教育训练，减少或消除残疾带来的消极影响与后果。这不仅对儿童的发展有利，同时在经济上也是合算的，早期花在残疾儿童身上1元钱，可以节约入学后花在残疾学生身上的6元钱。1991—1995年，各级聋儿康复机构已达到1765个，对60000名耳聋幼儿进行了听力语言训练。随着九年义务教育的推行，特殊教育也由小学教育变为九年义务教育。1993年，国家教委颁布了九年制盲校课程计划，第一次确定了与普通中学近似的盲校初中计划。聋校和智力落后学校也根据教育对象的实际情况，确定了受教育年限与普通教育相同但内容要求有差别的、适合该类学生的课程计划。在发达和中等发达地区，残疾儿童的义务教育已经得到普及，一些发达地区甚至提出普及残疾人12年义务教育。

残疾人义务教育后的职业教育在20世纪80年代以后也有了很大发展，国家在该方面有了专门的计划和实施方案，多种形式的机构和措施并行。例如，到1995年年底，全国已建立残疾人中等职业学校29所，职业高中42所，技工学校28所，在校学生累计10800人，普通中专、职高、技校录取残疾学生累计17300人。另有非学历教育残疾人职业培训机构1968个，累计培训11.57万人。2006年，残疾人职业培训机构有4457个，职业培训647389人次，获职业资格证书74432人次。此外还有残疾人中等职业教育机构117个。

为填补残疾人高中教育的空白，受国家教委和中国残疾人联合会委托，1992年，南京聋校和青岛盲校分别举办了我国第一个正式的聋人高中和盲人高中，为实现教育公平，为残疾人平等进入高等院校准备条件。1995年，这两个学校的第一届高中毕业生全部升入相关高校学习。随后，高中阶段的盲、聋教育在全国多个地方得到发展。2006年，特殊教育普通高中已有69所，其中盲人普通高中15所，聋人普通高中54所。

过去，盲、聋精英屈指可数，他们经过特殊批准和照顾进入过高校接受高等教育。1985年2月，国家教委等有关部委发出《关于做好高等院校招收残疾青年和毕业分配工作的通知》，规定"各高等学校应从残疾考生的实际出发，贯彻德智体全面考核，择优录取的原则，对上述残疾考生，在全部考生德智条件相同的情况下，不应因残疾而不予录取"，还规定残疾考生毕业后由国家统一分配工作。这为残疾（当时仅指肢体残疾）考生接受高等教育打开了合法通道。1985年9月，中国第一个专门招收肢体残疾学生的大学本科专业系别山东滨州医学院医学二系成立，残疾考生可以参加全国高校招生统一考试，统一录取。经过中国残疾人联合会和吉林省共同努力，1987年长春大学建立了招收盲、聋和肢体残疾三类残疾青年的特殊教育学院，面向全国招生，设立适合不同残疾学生的针灸推拿、音乐表演、绘画、艺术设计、动画、会计学6个本科专业。1991年，天津理工大学建立了专门招收聋人的高等工科学院，当时叫特殊教育部，现名聋人工学院。随后全国各地建立了多个专门招收残疾青年的特殊教育机构（学院、班）。除这类特殊教育机构外，普通高校还有随班就读的个别事例。

2003年3月，教育部、卫生部、中国残疾人联合会共同发布《普通高等学校招生体检工作指导意见》，把强制性的体检标准改为指导意见，体现了对考生平等权益的保护和以人为本的理念。这个文件进一步放宽了对患病者和残疾人的录取要求，指出考生的生理缺陷如果不影响专业学习，录取时一般不应受限制。这就为残疾青年开辟了进入高等学校大门的途径。这些规定后来又以法律法规的形式得以确定，保证了其执行。有残疾的青年可以依据自己的能力读专科、本科、硕士和博士研究生，例如，北京大学等高校就培养过聋人博士研究生，内蒙古师范大学等学校培养过聋人硕士研究生，北京师范大学有过盲生读数学系、肢体残疾生读心理系与教育系的事例，培养过肢体残疾本科生、研究生的高校更多。现已经有一批残疾青年成才并融入社会，为国家做出了贡献。还有部分国内高校毕业的聋、盲等残疾青年到国外留学，并获得了硕士、博士学位。《中国残疾人事业年鉴（2007）》表明，2006年全国高等特殊教育学院录取残疾学生986名，普通高等学校达到录取分数线的残疾学生4371名，录取4148名，其中本科2159人（盲145人、聋254人、肢体残疾1760人），高职专科1989人。残疾人也可以接受其他继续教育，例如成人教育、高等教育自学考试、中央广播电视大学特殊教育学院等。

20世纪八九十年代，作为公办教育的补充和教育的组成部分，民办的特殊教育训练机构在很多地方逐渐建立起来，为发展中国特殊教育事业做出了很大贡献。例如，北京招收智力落后幼儿的新运养育院，广州的至灵残疾儿童教育机构，成都的圣爱早期残疾幼儿教育机构，北京的第一个中国孤独症儿童教育训练机构。在政策的允许和鼓励下，在各地残疾儿童家长、热心特殊教育的人士及国外慈善机构等的帮助下，全国各地建立了很多这类机构。仅针对孤独症

（自闭症）儿童的民办教育训练机构全国就有几十家，还有民办的特殊教育学校。国家关于民办教育的规章制度和条例的出台，为特殊教育事业的发展开辟了新的途径。

从群众性科研组织方面来看，中国教育学会、中国高等教育学会、中国职业教育学会等都设有二级的特殊教育专业委员会或研究分会。

30年来，残疾人的特殊教育初步形成了从残疾幼儿教育到盲、聋、肢残等残疾青年高等教育的体系。这种与普通教育紧密联系又相对独立的、包括从幼儿到高等教育各层次、招收各类残疾人的较完整的教育体系，彻底改变了过去残疾人只能受到小学教育、只能从事简单手工劳动的局面，使残疾人从儿童到青年，都可以接受发展其潜能的平等教育，使他们有可能充分参与和融入社会，为社会发展贡献自己的才能。这是改革开放30年来，中国逐步形成的适合自己国情的特殊教育体系，是实现残疾人人权和教育公平、全民平等受教育原则的又一体现。

四、从个别法规到法律体系的逐步形成

改革开放后，我国加强了法制建设，特殊教育逐渐纳入了依法治教、依法办特殊教育的轨道，逐渐形成了与普通教育法律体系有基本共同点又有特殊性的法律法规体系。这个法律法规体系有如下四个层次。

（一）国家根本大法的规定

1982年，《中华人民共和国宪法》除对公民的受教育权有一般规定外，特别在第四十五条规定："国家和社会帮助安排盲、聋、哑和其他有残疾的公民的劳动、生活和教育。"在国家根本大法中单独列出残疾人教育问题在我国这是第一次，在世界上也是很少见的。这一规定是制定残疾人教育法律法规的根本依据和出发点，是一般保障公民权利的规定之外对残疾人的人权和平等受教育权的根本保证。

（二）国家专项法律法规的规定

1986年，《中华人民共和国义务教育法》第九条规定地方各级人民政府为

盲、聋哑、智力落后的儿童、少年举办特殊教育学校（班）。这里把盲、聋、智力落后等残疾儿童和少年的教育作为一种政府行为，列入了国家义务教育的范畴，规定了残疾儿童和少年平等接受义务教育的权利。2006年修订的《中华人民共和国义务教育法》再次明确了包括残疾儿童在内的适龄儿童少年接受九年义务教育的权利，而且还对责任、受教育方式、教师待遇、经费、主管人员职责以及处罚等，均做出了更明确的法律规定。

1990年，国家颁布了《中华人民共和国残疾人保障法》，其中第三章专门规定了残疾人的教育问题，再次宣布了国家保障残疾人受教育的权利，国家、社会、学校和家庭对残疾儿童、少年实施义务教育，同时对残疾人教育的发展方针、办学渠道、普通教育方式、特殊教育方式、成人教育、师资、辅助手段等都做了规定，还规定了残疾人的定义和种类，即包括视力残疾、听力残疾、言语残疾、肢体残疾、智力残疾、精神病残疾、多重残疾和其他残疾8类。这就不仅为重点进行的3类（盲、聋、智力落后）残疾儿童教育，而且为其他类别的残疾人享受平等教育权做了法律规定。2008年修订的《中华人民共和国残疾人保障法》又重申了这些规定。

此外，国家的很多专项法律中都有关于特殊教育的条款，例如《中华人民共和国未成年人保护法》（1991年）、《中华人民共和国教师法》（1993年）、《中华人民共和国教育法》（1995年）等。1994年，国务院颁布了《残疾人教育条例》，这是我国最高行政部门制定的有关残疾人教育的国家专项行政法规。该条例共9章，内容丰富，涉及特殊教育的性质、地位、方针、政策、体系、领导，以及从学前教育到成人教育的各级各类特殊教育、教师、物质条件保证等各个方面，这些规定既具有世界特殊教育的普遍特点，又有中国特色。

（三）国家教育行政等部门有关特殊教育的规章

教育部等国家教育行政部门为实施国家有关特殊教育的法律法规制定了一系列有法律法规性质的文件，有解释性质的细则、实施意见等，如《关于实施〈义务教育法〉若干问题的意见》（1986年）、《中华人民共和国义务教育法实施细则》（1992年），还有各类特殊教育学校的课程计划（方案）、建设标准、教学仪器设备名录等。1998年，教育部发布了《特殊教育学校暂行规程》。这是中央教育行政管理机构发布的在特殊教育学校全面贯彻教育方针、实现教育教学规范化管理的文件，对九年义务教育的特殊教育学校的培养目标、入学和招生、教育教学、考核、校长教师、日常管理等都做了具体规定。

（四）地方关于特殊教育的法规

地方人民代表大会和政府以及地方教育行政部门根据国家在特殊教育方面的法律法规，依据地方实际情况制定了很多具体实施办法、规定、条例、细则等。这一层次的规定更具体、更有可操作性，在基层特殊教育学校更易实施。

上述四个层次的特殊教育法律法规构成了相对独立的教育法体系，加上普通教育的法律法规，残疾人受教育的权利有了法律法规的保障，特殊教育的发展和管理纳入了法治轨道。改革开放30年来，特殊教育法律法规体系随着社会发展不断丰富和完善，为残疾人特殊教育的发展提供了强有力的支持和保障。

五、特殊教育的师资培养取得长足进展

新中国成立初期，特殊教育学校的教师多由社会招募或在普通中等师范学校毕业生中挑选，再在特殊教育学校实践中接受"师傅带徒弟"式的培养。改革开放后，各地特殊教育发展很快，对特殊教育师资的需求也极大增加，原来的个别培养方法已经不能满足需求。1981年，黑龙江省的特殊教育学校有61所，约占全国特殊教育学校总数的1/5。为满足本省特殊教育教师的增员需要，黑龙江省于1981年在肇东（中等）师范学校成立了特殊教育师范部，专门培养特殊教育学校教师，每年招生90人。这是我国第一个设在普通师范学校内的特殊教育教师培养培训机构。随后，受国家教委委托，江苏省教育厅于1982年开始筹建我国第一所中等特殊教育师资培训机构南京特殊教育师范学校，为全国各地培养盲、聋、智力落后三类特殊教育学校的教师，学制四年，1985年开学，每年招收160名全国各地学员。学校由国家教委直接领导，由江苏省教育厅和南京市教育局具体管理。与此同时，山东省人民政府决定把昌乐师范学校

改建为特殊教育师范学校，自1985年起面向全省招生，为全省培养特殊教育师资，以适应山东这个特殊教育大省的需要。辽宁省也在1986年决定将原营口幼儿师范学校改建为特殊教育师范学校。

为加强中等特殊教育师范学校建设，国家教委于1989年11月16日印发了《中等特殊教育师范学校教学计划（试行）》，对中等特殊教育师范学校的培养目标、课程设置等一系列问题做出了明确规定。这是培养盲、聋、智力落后三类学校教师的、三至四年制的中等师范学校使用的计划。培养目标除了提出一般师范学校的德智体要求外，特别提出了热爱并愿意从事特殊教育事业，理解和尊重残疾儿童，掌握从事初等特殊教育所必备的中等文化科学知识和专业技能等要求。这个教学计划结合我国实际，适合当时我国的情况，与普通师范相比既有共性又有特殊性。

1994年，为适应教育事业的发展与改革，全国中等特殊教育师范教育改革研讨会在陕西召开，总结经验、分析存在的问题和研究将来的工作，会后发表了研讨会纪要。到1995年，这类特殊教育师范学校（部、班），已基本遍布全国大多数省，总数达到33所。

1980年，北京师范大学率先调入专业人员，在教育系建立了特殊教育研究室，为教育、心理专业的学生开设了特殊教育与心理课程；1986年9月，北京师范大学教育系设立特殊教育专业，第一次在全国招收了15名特殊教育专业的本科生。从20世纪80年代中期开始，为培养高层次的特殊教育人才，国家教育部门统一安排，有计划地在全国6个大区的部属师范大学建立特殊教育专业。华东师范大学心理系（1988年）、华中师范大学教育系（1990年）、西南师范大学和陕西师范大学教育系（1993年）相继建立特殊教育专业，招收特殊教育专业的大学生。之后，辽宁师范大学、重庆师范大学等校也设立了本、专科层次的特殊教育专业。1989年10月，国家教委师范司在北京师范大学召开全国高等师范院校特殊教育专业课程方案研讨会，会后印发了《高等师范院校特殊教育专业教学计划（草案）》。该文件规定，高等师范院校特殊教育专业的主要任务是培养中等特殊教育师范学校（班）、普通中等师范学校特殊教育专业课的师资，以及特殊教育科研人员、行政管理人员和社会工作者。同时该文件对培养目标、学制、课程设置等也做了规定。这对当时特殊教育专业的发展起到了指导和规范作用。

在国家三级师范改革为二级师范、逐步取消中等师范的过程中，原中等特殊教育师范学校也采取适合当地情况的多种方式升格为高等师范院校。北京第一师范学校的特殊教育师范部在2000年独立成为北京联合大学特殊教育学院，集培养特殊教育师资和招收盲、聋等残疾青年的双重功能于一身。南京特殊教育师范学校于2002年经江苏省政府批准升格为应用型高等专科学校。有的学校的特殊教育师范部与师专或其他职业学院合并，培养大专层次的特殊教育大学生，例如1997年福建泉州中等特殊教育师范学校与泉州师专合并，成立了培养特殊教育师资和普通小学师资的专门院系。

北京师范大学早在1984年就以比较教育专业的名义招收过特殊教育方面的硕士研究生。1993年，北京师范大学、辽宁师范大学建立了特殊教育硕士点，开始招收特殊教育专业的硕士研究生。2004年，华东师范大学3位由方俊明教授任导师的我国大陆第一批特殊教育专业博士生通过了答辩。2007年起，北京师范大学开始由王雁教授招收特殊教育专业博士研究生。

此外，特殊教育高等教育自学考试，与康复有关的特殊教育语言训练、听力康复学等相关学科的专业人员培养机构和系统也逐步建立和形成。

随着特殊教育师资培养的发展，特殊教育的科研机构也相应建立。1988年，在原特殊教育研究室的基础上，北京师范大学成立了特殊教育研究中心。该中心由国家教委设立，并由国家教委和北京师范大学双重领导。同年，中央教科所建立了特殊教育研究室，一些大学建立了特殊教育研究所（室）。特殊教育的群众性科研机构（研究会）在全国和各省纷纷建立，积极开展群众性的教育教学科研工作。内部的和公开的特殊教育杂志创办和发行，大量特殊教育文集、专著、译著等得到出版。

在短短的30年中，中国特殊教育的师资培养从无到有，从仅有中等师范学校到建立高等师范院校、学院（系），从培养中等师范生、大学本科生到特殊教育硕士生、博士生，从地方自办到国家有计划地举办，走过了发达国家用近百年时间所走的路。我国特殊教育师资的培养走上了有中国特色的正轨和多元化的道路。有了中国自己的特殊教育师资培养和科研体系，落实残疾人的受教育权利就有了保障。

六、特殊教育逐渐融合为社会系统工程的一部分

改革开放后，第一次全国特殊教育工作会议由国家教委、民政部、中国残疾人联合会共同主持，会议文件由国务院转发各地政府。文件特别提出特殊儿童教育要与当地实施义务教育工作逐步实现统一规划、统一领导、统一部署、统一检查，使残疾儿童的义务教育工作与教育部门主管的整个教育工作融为一体。以后的法律法规明确规定了政府、教育、卫生、民政以及残疾人组织在特殊教育中的责任，规定了国务院有关部委既分工又合作的机制：教育行政部门负责贯彻执行国家关于特殊教育的方针政策，对特殊教育进行宏观指导和具体管理；民政部门负责组织儿童福利机构和社区服务机构，对残疾儿童进行文化教育和职业技术教育；劳动部门协助有关部门组织推动残疾青年的就业前培训、在职培训和介绍就业等工作；卫生部门负责残疾儿童少年的分类分等和检查诊断以及招生鉴定工作，对康复医疗进行指导、宣传等；计划和财政部门负责特殊教育事业发展规划的综合平衡，积极支持特殊教育工作；残疾人联合会把发展特殊教育作为自己的重要任务之一，协助政府，动员社会，完成政府委托的工作；工会、共青团、妇联等社会各界也结合各自实际，支持和帮助特殊教育事业发展。

为协调残疾人工作包括特殊教育工作，国务院于1993年5月成立了国务院残疾人工作协调委员会，由一位国务委员任主任，由有关部委的一位副部长任副主任，由国家财政、人事、劳动、教育、卫生、民政、体育等33个相关部委和社会团体的负责人任委员，具体工作由中国残疾人联合会承担，秘书处设在中国残疾人联合会。该委员会的职责是综合协调有关残疾人事业的方针、政策、法规、规划的制定，协调解决残疾人工作中的重大问题，组织协调联合国

在中国有关残疾人事务的重要活动，每年召开一次会议，2006年经国务院批准更名为国务院残疾人工作委员会。改革开放后，教育部在初等教育司（后改名为基础教育司）内设特殊教育处，主管全国特殊教育工作。但随着特殊教育在小学层次的基础上不断延伸，特殊教育已涉及基础教育之外的职业教育、高等教育、师范教育等司局的工作。1994年4月，国家教委为协调有关司局涉及特殊教育的工作，成立了教育部特殊教育办公室的非常设机构，由一位副部长主持召集有关司局负责人开会，研究解决特殊教育中的重要问题。该办公室设在基础教育司，并承担日常工作，既管理残疾人基础教育，也协调残疾人成人教育、职业教育、高等教育等。各省、自治区、直辖市教育部门和地方均由一位领导成员分管特殊教育工作，设专职或兼职人员具体管理特殊教育工作。

教育行政领导机构和协调机构的不断完善与发展，推动特殊教育逐渐成为社会系统工程的一部分，保障了残疾人的受教育权和教育公平的实施。

中国残疾人的特殊教育取得了巨大成绩，得到了全社会和世界的认同。但中国是目前最大的发展中国家，也是残疾人总量最多的国家，中国的特殊教育是世界上规模最大的特殊教育。全社会需要不断提高对特殊教育的认识，以适应建设和谐社会的要求；各地区的特殊教育发展不平衡，需要加强中西部地区的特殊教育发展；各级各类特殊教育的发展不平衡，盲、聋、智力落后之外的其他类型残疾人的教育，义务教育之外的学前、高中及以上学历的教育和职业技术教育、成人教育还很薄弱；残疾人特殊教育的融合教育方式，即在各级各类普通教育机构中的随班就读工作需要进一步加强，特别要加强在基础教育之外其他教育阶段的融合教育；特殊教育师资培养和相应的政策需要完善；特殊教育相关的法律法规要进一步健全和不断丰富、完善；有中国特色的特殊教育的科学研究和学科建设需要大力加强；特殊教育的经费政策要切实落实；地方的教育行政部门对特殊教育的领导与支持要进一步落实；民办特殊教育的政策也要进一步落实。

中国的残疾人特殊教育要进一步体现人权、社会主义人道主义和教育公平，促进社会和谐，还有很长的路要走，还有很多工作要做。有了不断发展的科学残疾人观和现代社会的特殊教育观，有了正确的方向和中国特色的发展道路，我国的特殊教育将取得更大的成就，将对世界的特殊教育事业做出更大贡献。

（本文原载于顾明远主编的《改革开放30年中国教育纪实》，人民出版社，2008年）

后　记

后 记

　　我们整理朴永馨先生口述史的动议起于2014年深秋。在拜读北师大教育学部几位老教授的口述史之后，我们不约而同地萌生了编写先生口述史的想法。先生是新中国特殊教育发展的亲历者和见证人，在我国大陆高等特殊教育事业从无到有再到蓬勃发展的进程中，起着开创和引领作用，其影响遍及中国及海外。他创立了北京师范大学特殊教育专业（1986年），即我国高校第一个特殊教育专业，建立了我国大陆第一个特殊教育研究室（1980年）和第一个特殊教育研究中心（1988年），创办了国内第一本特殊教育杂志《特殊教育研究》，培养了新中国第一批特殊教育本科生和研究生。2016年是北师大特殊教育专业建立30周年，也是先生80岁生辰暨从教60周年，后生晚辈希望通过编写先生的口述史，为未来学者提供一些切实可靠的先生生平纪事及中国特殊教育事业发展的脉络。此项编写工作随即得到北师大特殊教育研究所所长肖非老师的全力支持。

　　鉴于时间紧迫，我们组成四人编写组。2014年年底，在查阅先生的学术著作及北师大特殊教育系发展史的基础上，编写组与先生商定了访谈提纲。先生在确定访谈提纲时多次强调："我希望这本口述史突出的是'特殊教育和我'这个主题，而不是朴永馨的个人生活史。特殊教育培养和成就了我，我不能忘本。我现在的一切都是特殊教育给的，如果有什么可以留给你们后辈的，那也是和特殊教育一起留下来的。"2015年4月至6月，我们几乎每周安排两到三天去先生家中聆听先生与特殊教育的故事。每次去访谈，先生都会提前准备好讲述提纲及相关文字资料、照片等。在访谈的过程中，我们常常惊叹于先生的博闻强记，他能记起在苏联留学期间几乎所有老师和同学的名字，以及在北师大工作时教过的每一个学生，他甚至可以如数家珍地将每一个学生（有的已是先生50年前的学生）的现状娓娓道来。先生对收集资料、保存资料的用心、细心、精心更是让我们敬佩不已。改革开放后，先生曾多次应邀赴美国、英国、俄罗斯、挪威、意大利、以色列、韩国等国和我国台湾、香港、澳门等地访问和学术交流，在美国、俄罗斯、英国、韩国、挪威等国的多所大学做过演讲，他的足迹更是遍布大半个中国，每到一处先生都会极为用心地留下相关资料。由此，才有了展现在读者面前的这些丰富而珍贵的一手图文资料，包括先生留苏时期的老照片、聋校工作期间记录的学生档案、北京师范大学建立特殊教育专业的申请书、到世界各国学术交流的照片、与每一届学生的合影等。但是，我们在书中只能呈现一小部分先生收藏的照片。我们何其幸运，能够亲眼看到如此宝贵的照片和资料，亲耳听到先生生动地讲述照片背后的故事……

先生年事已高，每次访谈往往一坐就是一上午，高负荷的脑力劳动，跨越时空的回忆和述说对老人家的身体是极大的挑战。2015年5月初，先生做了一次手术，访谈中断一段时间。好在先生恢复得很好，随后顺利完成访谈。为了能够收集更丰富、全面的资料，我们还访谈了先生的特殊教育同行、聋校和北师大的同事及学生，并专程到上海拜访先生当年留苏的同学银春铭老师。先生执教鞭数十载，高足早已遍及祖国各地，很多都已是特殊教育领域的中坚力量。为了联系这些老师，我们打电话、发邮件，还趁着老师们到京参加学术会议的机会对他们进行面对面的访谈。好几次访谈结束时已接近凌晨，我们背着大包小包的设备和资料，走在回师大的路上：累，却幸福着……

先生的故事就是一部新中国特殊教育学科发展的历史。在聆听先生讲述他与特殊教育的故事的过程中，我们能真切地感受到他对新中国特殊教育事业的热爱和眷恋。先生的一生都在为中国特殊教育事业而奋斗，哪怕是退休后，也依然没有放下对这份事业的执着，依然在用自己的行动去推动特殊教育的发展。先生对特殊教育的使命感和责任感让我们感触良多，也让我们年轻一辈感到肩上沉甸甸的责任。先生一直强调，我们要形成具有中国特色的特殊教育，不能只盲目学习西方。他曾感慨地说："现在你们看的、研究的都是美国、英国的东西，但你们也要多看看别的国家，要有广阔的视角，辩证地去看问题。你们要批判，也得有个靶子啊，如果你们连看都不看，就连个靶子都没有。"先生的这些观点，对我们来说，不可谓不振聋发聩。

先生常说："我的钱够花就行了。我的钱取自于特殊教育，也要用于特殊教育。我能帮多少算多少，也算是发挥自己的余热。"几十年来，先生外出讲课从不肯收劳务费，也从不接受登门拜访的学生或友人的礼物，每次都会提前告诉对方"若带东西来，我就不见"。先生一生厉行节俭，却毫不犹豫地将自己的一大笔存款捐助给特殊教育机构，帮助他们渡过难关，他还曾多次资助北师大特殊教育研究所的研究生完成学业。

先生是个热情且和善的人，对待我们就像对待自己的孙子孙女一样。每次去他家访谈，他都会早早等候在门口，为我们准备好鞋套，端来茶水果品。每次访谈结束，先生都亲自送我们离开。在访谈之余，先生也很关心我们的学习。有一次北师大举办一个重要的学术论坛，他嘱咐我们一定要去听，还说如果不是自己身体不好，他一定会去。先生告诉我们，博士一定要有广博的知识基础，眼中要有学术大世界，不能只陷在自己的小圈子里。八十高龄的先生依然具有高涨的学术热情，让吾等后辈汗颜。

2015年隆冬，书稿初成，我们又数次前往先生家中拜访，听取先生的修改意见，彼时先生的眼疾复发，需要用8倍的目镜才能看清东西。我们把厚厚的书稿交给先生，看着老人家倔强地把脸贴近书稿，一行一行地移动目镜，我们不禁潸然泪下。先生笑谈着回应：当年自己在北师大教学用的目镜，没想到现在倒派上了用场。2016年初春，先生刚做完白内障手术不久，又开始修改书稿。因为用眼不便，先生便将我们叫至家中，让我们将书稿一句一句读给他听，他口述修改意见并进行补充。在修改书稿的过程中，我们再次领略到先生超乎常人的严谨、认真、细致的做事态度，为了及时、全面补充资料，他甚至专程回到曾经工作过的北京市第二聋哑学校（现在的北京启喑实验学校）寻找老照片。先生德风高洁，学养深厚，令后辈景仰。我们唯有尽最大心力，以藉先生的诚恳与执着，也慰作为特殊教育人的教育良知——一步一履，当思儿童之需求，家长之需求，学校之需求。

修改稿完成后，肖非老师召集北师大特殊教育研究所的师生，利用周末的休息时间，对书稿进行了两次集体修改。第二次修改会持续了两天，先生也全程参与。当时先生眼疾尚未完全康复，不能长时间阅读，为了减轻他的用眼负担，大家轮流为他读书稿。逐句诵读近300页的书稿并不是件轻松的事，我们常常读到口干舌燥，有时还会为了修改标题中的某个词绞尽脑汁。但是特殊教育研究所的师生共读和修改先生的口述史对我们而言是难得的学习经历。有时，读至书稿中先生幼时所学的儿歌，先生一时兴起便会唱上几段，现场顿时充满了欢乐。

本书是集体智慧的结晶，各章编写任务具体分工如下。第一章、第二章：南京特殊教育师范学院教师、北京师范大学特殊教育研究所博士生汪斯斯；第三章：北京师范大学特殊教育研究所硕士生赵勇帅；第四章、第五章：西南大学教育学部教师、北京师范大学特殊教育研究所博士生江小英；第六章和附录：北京师范大学特殊教育研究所博士生赵梅菊。最后由江小英统稿和整理。

成书之际，作为本书的编写者和特殊教育的后辈，我们诚挚感谢为本书编写接受过访谈的所有老师，他们是：原上海市特殊教育师资培训中心主任、特级教师银春铭，北京师范大学特殊教育研究所肖非老师、邓猛老师、王雁老师、顾定倩老师、钱志亮老师、张树东老师，华东师范大学方俊明老师，华中师范大学雷江华老师、彭兴蓬老师，北京联合大学刘全礼老师，陕西师范大

编写组全体成员和朴永馨教授合影，左一、左二为赵勇帅、江小英，右一、右二为赵梅菊、汪斯斯

学兰继军老师，华南师范大学葛新斌老师，郑州师范学院李玉向老师，泉州师范学院邓岳敏老师、吴春玉老师，昆明学院李里老师，四川师范大学吴春艳老师，中国教育科学研究院杨希洁老师，吉林省教育学院贾君老师，广州市教育研究院特殊教育研究室邱举标老师，北京市特教中心孙颖老师，杭州市杨凌子学校前校长洪佳琳老师，北京市海淀区培智中心学校王红霞老师，原北京市第二聋哑学校校长王克南老师、毕业生刘红星。特别感谢朴先生的夫人陈乐修女士能够欣然接受我们的访谈。朴先生和夫人伉俪情深，携手相伴走过半个多世纪的风风雨雨。60年来，她对先生无怨无悔的支持，是先生最坚实的后盾。

特别感谢参与书稿修改的老师和同学，他们是：北京师范大学特殊教育研究所肖非老师、顾定倩老师、刘艳虹老师、张悦歆老师以及研究生傅王倩、谢燕、瞿婷婷、莫琳琳、田语、牛爽爽、伊丽斯克、童琳、杨茹、侯雨佳等，以及西藏自治区日喀则特殊教育学校刘毅老师、乌鲁木齐市盲聋哑学校吴志红老师。同时非常感谢本书责任编辑康悦细致、专业的付出。北京师范大学出版社的陈红艳女士也为本书的出版做了许多工作，一并感谢！此外，还要十分感谢北京师范大学特殊教育研究所研究生郭志云、张文秀、颜廷睿和博士生钟芳芳为本书的编写提供的无私帮助。编写组虽倾心倾力，多方面搜集资料，精心撰写和校对审查，仍难免有疏漏不妥之处，敬请广大读者和同行指正，预先向提出意见和建议的读者和同行致以诚挚的敬意。

编写组：江小英　赵梅菊　汪斯斯　赵勇帅
2017年2月于北京师范大学

本书得到北京师范大学教育学部资助。

图书在版编目（CIP）数据

　　特殊教育和我：朴永馨口述史/朴永馨口述；江小英等整理. —北京：北京师范大学出版社，2017.5（2025.6重印）
　　（教育口述史系列）
　　ISBN 978-7-303-21937-7

　　Ⅰ.①特… Ⅱ.①朴… ②江… Ⅲ.①朴永馨-生平事迹 ②特殊教育-研究-中国 Ⅳ.①K825.46②G769.2

　　中国国家版本馆 CIP 数据核字（2017）第 015798 号

TESHU JIAOYU HE WO PIAOYONGXIN KOUSHUSHI

出版发行：北京师范大学出版社 https：//www.bnupg.com
　　　　　北京市西城区新街口外大街 12-3 号
　　　　　邮政编码：100088
印　　刷：北京盛通印刷股份有限公司
经　　销：全国新华书店
开　　本：787 mm×1092 mm　1/16
印　　张：19
字　　数：287 千字
版　　次：2017 年 5 月第 1 版
印　　次：2025 年 6 月第 3 次印刷
定　　价：78.00 元

策划编辑：陈红艳　鲍红玉　　　　　责任编辑：齐　琳　康　悦
美术编辑：李向昕　　　　　　　　　装帧设计：锋尚设计
责任校对：陈　民　　　　　　　　　责任印制：马　洁